GegenSpieler – das sind Biographien und Geschichte(n) aus dem 20. Jahrhundert, das sind Menschen im Wettbewerb der Ideen und Überzeugungen, das sind die Namen und Köpfe zum Zeitalter der Extreme. Ihre Rivalität ist mal wohlwollend, mal unerbittlich, aber verspricht jederzeit Spannung. *GegenSpieler* – das sind auch Phänomene ihrer Zeit, die vor allem in der Auseinandersetzung an Profil gewinnen, denn das eine funktioniert nur bedingt ohne das andere. *GegenSpieler* – das sind immer zwei Seiten derselben Medaille.

Unsere Adresse im Internet: www.fischer-tb.de

Beide kamen in den 1920er Jahren als Söhne schwarzer Baptistenprediger im amerikanischen Süden auf die Welt, beide wurden früh mit Rassendiskriminierung, Gewalt und Segregation konfrontiert, und beide avancierten in den 1950er und 60er Jahren zu den populärsten und umstrittensten Anführern der schwarzen Befreiungsbewegung in den USA. Doch die Wahl ihrer Mittel im Kampf um Gleichberechtigung unterschied sie radikal: Galt Martin Luther King, Jr., als charismatischer Vertreter des gewaltlosen Widerstandes und somit als legitimer Nachfolger Mahatma Gandhis, erschien Malcolm X vor allem der konservativen amerikanischen Öffentlichkeit als teufelgesandter Agitator, der eine blutige Revolution einforderte. So verpaßte Malcolm X Anfang der 1960er Jahre auch keine Gelegenheit, um King als »Marionette der weißen Machthaber« zu bezeichnen, während sich der Friedensnobelpreisträger meist öffentlicher Kommentare über seinen Gegenspieler enthielt. In Wahrheit allerdings, das zeigt dieses Buch, ergänzten sich ihre Ideen in vielerlei Hinsicht, und die kollektive Energie im Kampf um Freiheit potenzierte sich im Spannungsfeld ihrer entgegengesetzten Meinungen. Erst die zweifache suggestive Wirkung ihrer unterschiedlichen Lehren und Aktionen ermöglichte die Verbesserung des Lebensalltags schwarzer Amerikaner.

Britta Waldschmidt-Nelson, Jahrgang 1965, ist Dozentin für Amerikanische Kulturgeschichte am Amerika-Institut der Ludwig-Maximilians-Universität München. Veröffentlichungen zur Geschichte der schwarzen Bürger- und Frauenrechtsbewegungen in den USA.

GegenSpieler

Britta Waldschmidt-Nelson

Martin Luther King

Malcolm X

Fischer Taschenbuch Verlag

Herausgegeben von Claudio Gallio

Originalausgabe
Veröffentlicht im Fischer Taschenbuch Verlag GmbH
Frankfurt am Main, Mai 2000

Fischer Taschenbuch Verlag GmbH,
Frankfurt am Main 2000
Typographie: Katja von Ruville
Gesamtherstellung: Clausen & Bosse, Leck
Printed in Germany
ISBN 3-596-14662-3

Inhalt

Vorwort

Bei der Verleihung des deutschen Medienpreises Bambi im November 1999 in Berlin war Whitney Houston der unbestrittene Star des Abends. Millionen von Besuchern weltweit geraten bei Konzerten von Tina Turner, Puff Daddy oder Michael Jackson regelmäßig in ekstatische Begeisterung, Millionen andere halten Michael Jordan, Arthur Ashe oder Evander Holyfield für die größten Sportler aller Zeiten. In Hollywood zählen Whoopi Goldberg, Wesley Snipes und Denzel Washington zu den begehrtesten (und bestbezahlten) Publikumslieblingen, halb Amerika hängt täglich an den Lippen des Talk-Show-Stars Ophra Winfrey, und die Dichterin Maya Angelou wurde gebeten, bei der Amtseinführung Präsident Clintons zu sprechen. Zahlreiche amerikanische Städte haben schwarze Bürgermeister, im Kongreß sitzen 40 afroamerikanische Abgeordnete, und zur Clinton-Regierung gehören mehrere schwarze Minister. Kurzum: *Black seems to be beautiful*, und den Aufstiegs- und Anerkennungsmöglichkeiten von Afroamerikanern scheinen heute kaum noch Grenzen gesetzt zu sein. Doch warum kommt es dann immer wieder zu Rassenunruhen in den USA? Warum ist der Anteil an Schwarzen innerhalb der US-amerikanischen Unterschicht und in den Gefängnissen so unverhältnismäßig hoch, und warum bezeichnen viele den alltäglichen Rassismus als das nach wie vor brennendste soziale Problem in den Vereinigten Staaten?

Befaßt man sich näher mit diesen Fragen und setzt sich mit der Geschichte der schwarzen Minderheit in den USA auseinander, so fallen unvermeidlich zwei Namen: Martin Luther King, Jr., und

Malcolm X. Das Leben beider Männer war dem Kampf für schwarze Gleichberechtigung und Freiheit gewidmet, und die Bürgerrechtsbewegung der 1950er und 60er Jahre, das damals neu erwachte schwarze Selbstbewußtsein sowie grundsätzliche Veränderungen in den inneramerikanischen Rassenbeziehungen wären ohne King und Malcolm X nicht vorstellbar. Obwohl zweifellos zahlreiche andere Aktivisten am Erfolg dieses Freiheitskampfes beteiligt waren – insbesondere eine Reihe bedeutender und von Historikern zu Unrecht lange Zeit vernachlässigter Frauen (etwa Rosa Parks, Ella Baker und Fannie Lou Hamer) –, so stehen Martin Luther King und Malcolm X seit jeher als entgegengesetzte Pole der Bewegung im Zentrum des öffentlichen und historischen Interesses. Der Name Kings ist mittlerweile mit Begriffen wie »Gewaltlosigkeit« und »Integration« ebenso untrennbar verbunden wie jener von Malcolm X mit »Black Power« und »Widerstand mit allen Mitteln«.

Die Methoden und Zielsetzungen beider Kontrahenten sind allerdings nie unumstritten gewesen. Heute noch, mehr als dreißig Jahre nach ihrer Ermordung, gibt es leidenschaftliche Befürworter und Gegner ihrer Ideen. Insbesondere seit Beginn der 1990er Jahre wird die Debatte über King und Malcolm in den USA erneut verstärkt geführt. Zu einer Zeit also, in der die Rassenbeziehungen in Amerika so angespannt wie schon lange nicht mehr sind, suchen viele nach neuen Lösungen für alte Probleme. So hat sich einerseits seit Beginn der 1990er Jahre die politische Repräsentanz schwarzer Amerikaner, die sich als Erben Kings sehen, im amerikanischen Kongreß sichtbar konsolidiert; andererseits erfreut sich Malcolm X vor allem bei der jüngeren Generation neuer Beliebtheit – insbesondere in den schwarzen Subkulturen der Großstadtghettos.

Konfrontation oder Kooperation mit der weißen Mehrheit? Diese Frage ist für viele schwarze Amerikaner heute noch genauso aktuell wie zur Mitte des 20. Jahrhunderts, und die Argumente Martin Luther Kings und Malcolm X' sind deshalb heute noch genauso relevant wie damals. Im Hinblick auf die Welt unserer Tage scheint zudem die Geschichte des afroamerikanischen Befreiungskampfes – die Geschichte von Malcolm und Martin – nicht nur für Länder wie die Türkei, Israel und das ehemalige Jugoslawien von Bedeutung zu sein, sondern auch für ein Deutschland im Zentrum globaler Migrations- und Einwanderungsströme.

1. Der amerikanische Alptraum – eine kurze Geschichte der Unterdrückung

»I still have a dream. It is a dream deeply rooted in the American dream that one day this nation will rise up and live out the true meaning of its creed, ›We hold these thruths to be self-evident that all men are created equal.‹ I have a dream that one day (...) sons of former slaves and sons of former slave owners will be able to sit down together at the table of brotherhood (...) This will be the day when all of God's children will be able to sing with new meaning, »My country, 'tis of thee, sweet land of liberty, of thee I sing.«

Martin Luther King, 28. August 1963

»No, I'm not an American. I'm one of the 22 million black people who are the victims of Americanism. One of the victims of democracy, nothing but disguised hypocrisy. So, I'm not standing here speaking to you as an American, or a patriot, or a flag-saluter, or a flag-waver – no, not I! (...) I'm speaking as a victim of this American system. And I see America through the eyes of the victim. I don't see any American dream; I see an American nightmare!«

Malcolm X, 3. April 1964

Der eine glaubte an einen Traum, der fest im *American Dream* verankert war: die Vision von einem Amerika der Gleichberechtigung und Freiheit; die Hoffnung, daß alle Amerikaner, gleich welcher Hautfarbe, in Frieden und Harmonie zusammenleben könnten. Der andere hielt diesen Traum für Schwachsinn. Für ihn war der *American Dream* nur eine perfide Heuchelei, die den Zwecken wohlhabender Weißer diente, während die ausgebeuteten Schwarzen in einem unentrinnbaren Alptraum gefangen blieben. Während Martin Luther King, Jr., als Führer der Bürgerrechtsbewegung immer für die Integration von Weißen *und* Schwarzen als notwendige Voraussetzung für die Verwirklichung seines Traumes eintrat, propagierte Malcolm X als Sprecher der Nation of Islam (NoI) die strikte Trennung der Rassen, um Schwarze vor dem Einfluß der – laut NoI-Doktrin – minderwertigen und bösartigen Weißen zu schützen. Wie kam es dazu, daß zwei Afroamerikaner – beide in den 1920er Jahren als Söhne von Baptistenpredigern aus Georgia geboren – zu solch diametral entgegengesetzten Überzeugungen gelangen konnten? Fest steht: Beide konkurrierenden Haltungen – Integration gegen Separatismus –, der Konflikt zwischen dem Wunsch, *ganz* Amerikaner zu sein, und dem, das Erbe der eigenen Rasse hochzuhalten und sich von der weißen Mehrheit abzugrenzen, existierten schon lange vor Martin Luther King und Malcolm X. So wird auch die Bedeutung der Bürgerrechtsbewegung der 1950er und 1960er Jahre erst vor dem Hintergrund des schwarzen Freiheitskampfes verständlich, der von der Sklavenzeit an bis tief ins 20. Jahrhundert hineinreichte.

Die ersten zwanzig Afrikaner wurden im Jahre 1619 von einem holländischen Schiff nach Nordamerika gebracht, dessen Kapitän seine menschliche Fracht in Jamestown, Virginia, gegen frisches Wasser und Lebensmittel eintauschte. Dort galten sie zunächst als *indentured servants*: keine Sklaven, sondern Zwangsarbeiter, die nach einem bestimmten Zeitraum – in der Regel sieben Jahre – freigelassen wurden. In Virginia und den anderen britischen Kolonien Amerikas gab es damals auch zahlreiche weiße Zwangsarbeiter. Einige waren verurteilte Straftäter, die meisten jedoch mittellose Neuankömmlinge, die sich freiwillig zwangsverpflichtet hatten, um so ihre Überfahrt in die Neue Welt bezahlen zu können. Die weißen Landbesitzer in Amerika benötigten dringend billige Arbeitskräfte für ihre Zucker- und Tabakplantagen. Und da es ihnen nicht gelungen war, die sich wehrende Urbevölkerung zu versklaven (die sogenannten Indianer wurden statt dessen Schritt für Schritt nach Westen vertrieben beziehungsweise systematisch ausgerottet), präsentierte sich das System der *indenture* zumindest anfangs als gute Lösung für das Problem. Dieses wurde auch von der britischen Krone gefördert, um so die Anzahl ihrer Siedler in den Kolonien zu erhöhen. In Virginia beispielsweise erhielten Grundbesitzer für jeden Zwangsarbeiter, den sie importierten, ein zusätzliches Stück Land von der Krone geschenkt. Aus späterer Sicht bemerkenswert ist hierbei, daß in diesen Anfangstagen schwarze und weiße *indentured servants* rechtlich gleichgestellt waren. Nach ihrer Freilassung konnten Schwarze wie andere ehemalige Zwangsarbeiter ein Stück Land erwerben und so zum stimmberechtigten Bürger der Kolonie aufsteigen. So gelangten im 17. Jahrhundert sogar einige schwarze Familien zu beachtlichem Wohlstand und ließen schließlich selbst ihre Ländereien von *indentured servants* bearbeiten. Solche schwarzen Erfolgsgeschichten blieben zwar eher die Ausnahme, sie erregten allerdings den Neid vieler weißer Siedler, denen die Gleichstellung schwarzer Zwangsarbeiter von Anfang an ein Dorn im Auge war.

Solche Mißgunst sowie ökonomische und demographische Entwicklungen sorgten schließlich dafür, daß sich die rechtliche Stellung schwarzer Neuankömmlinge in Amerika rapide verschlechtern sollte. Da sich die Zahl weißer Einwanderer nach einem Geburtenrückgang in England in der zweiten Hälfte des 17. Jahrhunderts stark verminderte, reichte das bisherige Zwangsarbeitersystem nicht mehr aus, um den steigenden Bedarf an billigen Arbeitskräften in den Kolonien zu decken. Angesichts des Anstiegs der durchschnittlichen Lebenserwartung war es mittlerweile auch profitabler geworden, in einen Sklaven statt in einen *indentured servant* zu investieren. Ein zweiter Grund waren die zunehmenden Spannungen unter den europäischen Einwanderern, die sich manchmal in blutigen Unruhen äußerten (etwa 1676 beim Aufstand des Indianerschlächters Nathaniel Bacon gegen Virginias Gouverneur William Berkeley). So hoffte man, durch Gesetze, welche die Minderwertigkeit der schwarzen Rasse festschrieben, das Solidaritätsgefühl innerhalb der weißen Bevölkerung zu stärken. Schließlich ging eine Kolonie nach der anderen dazu über, das Zwangsarbeitersystem schrittweise durch die Einführung schwarzer Sklaverei zu ersetzen (Maryland bereits 1641, Virginia und die meisten anderen Kolonien folgten zwischen 1660 und 1715, zuletzt Georgia 1750). Gleichzeitig wurden zwischen 1660 und 1720 in den meisten Kolonien Dekrete verabschiedet, welche die Heirat zwischen Weißen und Schwarzen generell verboten und festlegten, daß Kinder von Sklavinnen – auch wenn der Vater ein freier Mann war – ebenfalls als Sklaven und damit als Eigentum des Besitzers der Mutter geboren wurden. Damit begann die Ausbeutung schwarzer Frauen und Männer in der Neuen Welt, welche in den folgenden drei Jahrhunderten die amerikanische Politik, Kultur und Wirtschaft entscheidend prägen sollte.

Ohne Sklaven hätten die riesigen Zucker-, Baumwoll- und Tabakplantagen der Südstaaten sowie der aristokratische Lebensstil ihrer Besitzer nicht aufrechterhalten bleiben können. Die bloße Einfuhr afrikanischer Sklaven wurde zum Riesengeschäft, an dem sich viele bereicherten. Man sprach damals von dem »goldenen Dreieck« zwischen England (beziehungsweise Europa), Afrika und den amerikanischen Kolonien. So segelten Händler von England oder Holland aus nach Afrika, kauften dort Sklaven ein und brachten diese auf den neuen Kontinent (nicht nur in die britischen Kolonien Nordamerikas, sondern auch nach Mittel- und Südamerika sowie auf die Karibikinseln). Dort beluden sie ihre Schiffe mit Zucker, Baumwolle, Tabak und weiteren sogenannten Kolonialwaren, um diese wieder zurück nach Europa zu bringen. Gelockt von riesigen Profiten, verloren viele Sklavenhändler im Zuge dieses Geschäfts auch ihre letzten Skrupel. Die Afrikaner wurden wie Tiere in Ketten auf allerengstem Raum zusammengepfercht, um das Schiff mit der größtmöglichen Anzahl beladen zu können. Beim gerne angewendeten »tight pack« mußten sie die Überfahrt auf übereinandergestapelten Holzpritschen in Seitenlage verbringen – oft tagelang in ihrem eigenen Kot, Blut oder Erbrochenen liegend. Viele starben an Infektionen, andere begingen aus Verzweiflung Selbstmord. Nicht nur tote, sondern auch kranke Sklaven wurden von profitsüchtigen Händlern, die kein Trinkwasser an »schlechte Ware« vergeuden wollten, über Bord geworfen. Historiker schätzen, daß von den rund zwölf Millionen Schwarzen, die auf diese Weise aus Afrika verschleppt wurden, mindestens ein Fünftel auf der Überfahrt den Tod fand.

Das Los derjenigen, welche die Fahrt überlebten, war allerdings nicht viel beneidenswerter. Wie Rinder wurden sie auf öffentlichen Sklavenmärkten zum Verkauf angeboten, Familien und Freunde gnadenlos auseinandergerissen, Mütter von ihren Kindern getrennt. Mit glühenden Eisen brannten viele Plantagenbesitzer den neuerworbenen Sklaven ihr Zeichen ein. Zwar konnten die Lebens- und Arbeitsbedingungen der Sklaven – je nachdem, wem sie in die Hände fielen, ob sie in der Stadt oder auf dem Land arbeiten mußten oder ob sie zur Feld- oder Hausarbeit eingesetzt wurden – sehr unterschiedlich sein. Grundsätzlich galt aber für alle Sklaven, daß sie vor dem Gesetz dem Vieh gleichgestellt waren, also keinerlei persönliche Rechte besaßen. Sie waren damit der Willkür ihrer Besitzer ausgeliefert, die sie jederzeit verhungern, foltern oder umbringen lassen konnten. Junge Sklavinnen wurden oft von ihren Herren oder von Aufsehern vergewaltigt und dazu genötigt, regelmäßig »Nachwuchs zu produzieren«, um den Besitzstand ihres Eigentümers zu erweitern. Sklaven war es verboten, lesen und schreiben zu lernen, sie durften keine Waffen tragen und ohne Erlaubnis den Grund ihres Eigentümers nicht verlassen, sie hatten kein Recht auf Eigentum und ebensowenig auf Familiengründung.

Die meisten Sklavenhalter kannten kein Unrechtsbewußtsein – sie waren vielmehr der Ansicht, daß sie wie Väter für »ihre Nigger« sorgten, die ja aufgrund ihres »minderwertigen Verstandes« und »animalischen Gemütes« auf die Fürsorge und die Leitung ihres weißen »Schutzherrn« angewiesen waren. Diese paternalistische Sichtweise war besonders bei christlichen Sklavenhaltern populär, die stolz darauf waren, durch die erzwungene Christianisierung ihrer Sklaven deren heidnische Seelen vor dem Fegefeuer gerettet zu haben. Christianisierte Sklaven wurden im übrigen als unproblematischer in der Handhabung angesehen, da sie sich angeblich durch die Verheißung auf das Paradies von ihrem elenden irdischen Dasein ablenken ließen und in Befolgung der Zehn Gebote ihre Herren nicht so oft bestahlen oder belogen wie heidnische Sklaven. Mit Ausnahme der deutschstämmigen Quäker, die bereits 1688 in Germantown, Pennsylvania, einen Aufruf gegen die Sklaverei verfaßten, protestierte bis zum 19. Jahrhundert keine der zahlreichen anderen weißen Kirchen und Sekten in Amerika gegen die Sklaverei. Im Gegenteil, die meisten hielten sie für eine gottgewollte Institution, die im Alten Testament ausdrücklich befürwortet wurde. Hatte nicht Gott selbst Kain, nachdem dieser seinen Bruder Abel erschlagen hatte, mit einem schwarzen Mal gekennzeichnet und befohlen, er müsse nun zur Sühne den Nachkommen Abels dienen? Es lag also auf der Hand, daß alle Schwarzen Nachkommen Kains und deshalb zum Dienst für die weißen Gotteskinder vorgesehen waren. Da sich auch im Neuen Testament an keiner Stelle eine Verurteilung der Sklavenhaltung finden läßt, sahen die Sklavenhalter Jesu Gebot »Liebe deinen Nächsten wie dich selbst« als Formel an, die nur innerhalb der eigenen Rasse galt.

Angesichts dieses umfassenden Unterdrückungssystems, das jeden Widerstand durch grausame Strafen im Keim zu ersticken suchte, lautete das Ziel nur Überleben – und den Sklaven blieb in der Regel nichts anderes übrig, als sich damit so gut es ging zu arrangieren. Jenen, die als Sklaven geboren wurden und zudem vielleicht verhältnismäßig gutmütige Besitzer hatten, fiel dies leichter, und einige konnten sogar unter relativ humanen Bedingungen leben. Bekannte Beispiele dafür sind zweifellos die Fälle von echter Zuneigung zwischen schwarzen Nannies und den von ihnen betreuten weißen Kindern. Oft diente die Nannie später ihrem Schützling als Zofe oder Köchin, und manchmal wurden besonders treue Dienerinnen und Diener sogar von ihren Herren oder Herrinnen freigelassen beziehungsweise ihre Freilassung testamentarisch verfügt. Im allgemeinen waren Sklaven, die ihren Dienst im Herrenhaus leisteten und Tag und Nacht mit den weißen Herren zusammenlebten (die sogenannten »Haussklaven«), materiell besser gestellt als die Sklaven, die auf den Feldern arbeiten mußten. Diese »Feldsklaven«, die in der Regel von Aufsehern überwacht wurden, ihre Besitzer nur selten sahen und in vieler Hinsicht ein härteres Dasein fristeten, konnten allerdings nach Sonnenuntergang in ihren Unterkünften von den Weißen ungestört zusammenkommen, Informationen austauschen, afrikanische Geschichten erzählen, Musik machen und ihre eigenen religiösen Bräuche praktizieren. Zahlreiche Bräuche vermischten sich so im Laufe der Zeit mit christlichen Ritualen, und afrikanische Rhythmen verbanden sich mit der Musik der Weißen, so daß auf diese Weise schließlich eine neue, spezifisch afroamerikanische Kultur und Tradition entstand.

Malcolm X sollte sich später in seinen öffentlichen Ausführungen zur afroamerikanischen Geschichte häufig über die seiner Ansicht nach verweichlichten und angepaßten Haussklaven lustig machen, die wie »brave Hunde« ihrem Herrn treu gedient hatten. Dagegen lobte er die Feldsklaven dafür, unabhängiger geblieben zu sein, sich ihre eigene Kultur bewahrt und den Weißen mehr Widerstand entgegengesetzt zu haben. Allerdings steht fest, daß sich die Sklaven meist nicht aussuchen konnten, ob sie im Haus oder auf dem Feld arbeiteten. Die Haussklaven (besonders junge und attraktive Sklavinnen) mußten zudem ihrem Herrn auch abends und nachts ständig zur Verfügung stehen und nicht selten Schikanen erdulden, wenn diese ihre schlechte Laune an ihnen ausließen. Es gab daher nicht nur Feldsklaven, sondern auch Haussklaven, die gegen ihre Unterdrückung rebellierten und Widerstand leisteten.

Doch welche Formen der Gegenwehr standen überhaupt zur Verfügung? Zunächst gab es die weitverbreitete Form des passiven oder geheim ausgeübten Widerstandes – etwa sich dumm zu stellen oder Arbeiten möglichst langsam und ineffektiv auszuführen. Es darf als Ironie der Geschichte gelten, daß die meisten Sklavenhalter ihre Theorie von der minderwertigen Intelligenz der Schwarzen durch solches Verhalten nur bestätigt sahen und es demnach selten bestraften. Auch das Stehlen (insbesondere von Lebensmitteln), Lügen sowie kleinere Sabotageakte (beispielsweise das absichtliche Zerstören von Arbeitsgeräten) fallen in diese Kategorie der versteckten Gegenwehr. Manche schwarzen Köche und Köchinnen rächten sich täglich, indem sie in die herrschaftlichen Mahlzeiten spuckten oder urinierten.

Die effektivste, wenn auch gefährlichste Form der Rebellion war die Flucht. Einigen Sklaven gelang es, in den von Weißen unbewohnten Wäldern und Sumpfgebieten der Südstaaten Unterschlupf zu finden. Manche schlossen sich den dort lebenden Indianerstämmen an, andere bildeten eigene Gemeinschaften, sogenannte *Maroon Societies*, wieder anderen gelang es sogar, bis nach Kanada zu fliehen. Nach dem Unabhängigkeitskrieg (1776–1783) wurden schließlich die Nordstaaten das gelobte Land für Flüchtlinge, denn dort wartete die tatsächliche Freiheit. Thomas Jefferson hatte versucht, in die amerikanische Unabhängigkeitserklärung von 1776 ein allgemeines Verbot der Sklaverei aufzunehmen. Er und viele Nordstaatler hielten diese Institution für unvereinbar mit dem neuen amerikanischen Credo der Gleichheit aller Menschen (»All Men are Created Equal«). Allerdings spielte die Sklaverei im Norden Amerikas ökonomisch eine wesentlich geringere Rolle als in dem von Plantagenlandwirtschaft dominierten Süden. Am Ende konnten sich die Gegner der Sklaverei bei der Diskussion um die neue Verfassung nicht gegen die auf ihre Eigentumsrechte pochenden Südstaatler durchsetzen, für die Schwarze eben keine Menschen, sondern eine Kapitalanlage darstellten. In der Verfassung von 1787 wurde deshalb die Entscheidung für oder gegen die Sklaverei jedem einzelnen Staat überlassen. So endete mit dem 18. Jahrhundert die Sklaverei im Norden der Vereinigten Staaten, während sie im Süden unverändert andauerte. Die neue Situation verkürzte den Weg in die Freiheit für Sklaven aus dem Süden jedoch erheblich und erhöhte somit den Anreiz zur Flucht. Seit Beginn des 19. Jahrhunderts entstanden im Norden zudem zahlreiche Gesellschaften, die sich für die Abschaffung der Sklaverei einsetzten (die sogenannte Abolitionistenbewegung) und die, wo immer möglich, fliehenden Sklaven behilflich waren.[1] Geleitet wurden die meisten dieser Gruppen von weißen Gegnern und Gegnerinnen der Sklaverei, aber auch schwarze Kirchen spielten hierbei eine entscheidende Rolle.

Gelang die Flucht, traf der Zorn des Sklavenhalters die Familienangehörigen des Geflohenen. Das Weglaufen mit Kindern war besonders schwer, und da Mütter ihre Kinder nicht zurücklassen wollten, wagten nur wenige Frauen diesen Weg. Es gab allerdings auch Fälle von geflohenen Sklavinnen, die so verzweifelt waren, daß sie, in die Enge getrieben, ihre eigenen Kinder lieber töteten, als sie den Sklavenfängern in die Hände fallen zu lassen.[2] Viele derjenigen Schwarzen, deren Flucht in den Norden erfolgreich war, widmeten sich später dem schwarzen Widerstand. Zum Beispiel Harriet Tubman, die immer wieder heimlich in den Süden zurückkehrte und über 300 Sklaven befreite, oder Frederick Douglass, der nach seiner Flucht seine Autobiographie veröffentlichte, die Abolitionistenzeitung *The North Star* herausgab und eine der bekanntesten Führungspersönlichkeiten der Abolitionistenbewegung wurde.

Die radikalste Möglichkeit des schwarzen Widerstandes gegen die Sklaverei war die bewaffnete Rebellion. Beim ersten Aufstand schwarzer Sklaven in Newton, Long Island, wurden 1708 sieben Weiße getötet, bevor die Aufständischen überwältigt werden konnten (sie wurden alle hingerichtet, einige lebendig verbrannt). 1739 gab es in Stono, South Carolina, eine weitere Revolte, bei der 25 Weiße und alle beteiligten Schwarzen den Tod fanden. In Richmond, Virginia, scheiterte 1800 ein lange vorbereiteter Aufstand von mehreren hundert Sklaven unter Leitung von Gabriel Prosser an sintflutartigen Regenfällen und dem Verrat zweier Mitverschwörer. Prosser und 15 weitere Schwarze wurden hingerichtet. Das gleiche Schicksal ereilte eine zweite große Verschwörung in Charleston, South Carolina. Unter der Leitung des freien Schwarzen Denmark Vesey planten über tausend Sklaven 1822, die Waffenarsenale der Armee zu plündern und dann die Stadt zu erobern. Auch dieser Plan wurde von einem Haussklaven an seinen Herrn verraten. Vesey und 42 seiner Mitstreiter endeten am Galgen. Der letzte große Sklavenaufstand fand 1831 in Southampton, Virginia, statt. Hier brachte Nat Turner – ein mystischer Prediger, der glaubte, von Gott erwählt zu sein, sein Volk zu befreien – mit einer kleinen Schar von Anhängern insgesamt sechzig Weiße um. Panik brach unter den Weißen aus, und obwohl die Schwarzen nur mit Messern und Beilen bewaffnet waren, benötigte man über zweitausend herbeigerufene Soldaten, um den Aufstand niederzuschlagen. In dem folgenden Rachefeldzug wurden nicht nur Turner und seine Anhänger, sondern über 200 andere, zum Teil am Aufstand gänzlich unbeteiligte Sklaven getötet.

Letztendlich scheiterten all diese Aufstände auf nordamerikanischem Boden an der weißen Übermacht und endeten ausnahmslos mit dem Tod der Beteiligten.[3] Trotzdem blieben sie nicht ohne Wirkung: Einerseits stärkten sie das afroamerikanische Selbstwertgefühl, indem sie zeigten, daß es den Schwarzen nicht an Mut und Tatkraft fehlte, sich trotz der geringen Erfolgsaussichten ihren weißen Unterdrückern entgegenzustellen und gegebenenfalls lieber den Tod als eine Fortdauer ihres Sklavendaseins zu akzeptieren. Andererseits widerlegten diese Aufstände – wie auch die Fluchtversuche einzelner Sklaven – eindeutig das Argument der Sklavenhalter, daß es ihren Sklaven doch gutginge und sie im Grunde zufrieden mit ihrem Leben seien. Jeder Aufstand war daher Wasser auf den Mühlen der Abolitionistenbewegung, die im Norden immer mehr Anhänger gewinnen konnte. Gleichzeitig klagten die Südstaatler empört darüber, daß die Abolitionisten durch ihre Agitation die Gemüter der ansonsten »braven Nigger« vergifteten, sie zur Rebellion anstachelten und sie dabei gewiß auch heimlich unterstützten. So wurde die Spannung zwischen Nord und Süd immer größer. Wirtschaftliche Streitpunkte – vor allem über Einfuhrzölle – trugen ebenfalls zur Verschärfung dieses Konfliktes bei. 1860 kam es schließlich zum Bürgerkrieg. 620 000 Amerikaner verloren in diesem Krieg ihr Leben (davon rund 40 000 Schwarze, die als Freiwillige in der Unionsarmee gekämpft hatten). Mit dem Sieg der Nordstaaten endete 1865 dieses blutige Kapitel inneramerikanischer Geschichte, und noch im gleichen Jahr verabschiedete der Kongreß den 13. Verfassungszusatz, durch den die Sklaverei in den gesamten Vereinigten Staaten abgeschafft wurde.

Bei alledem ist bemerkenswert, daß Frederick Douglass und die meisten anderen schwarzen Mitglieder der Abolitionistenbewegung sowie die schwarzen Soldaten, die im Bürgerkrieg mitgekämpft hatten, keinen Groll gegen Weiße hegten. Ihr Haß richtete sich gegen die Institution der Sklaverei, nicht gegen weiße Amerikaner im allgemeinen. Im Gegenteil, die meisten betonten immer wieder die Gemeinsamkeiten, die zwischen beiden Rassen bestünden. Schließlich seien sie alle in erster Linie Amerikaner, deren unterschiedliche Hautfarbe keine große Rolle spielen sollte. Genau wie später Martin Luther King waren diese frühen schwarzen Integrationisten darum gerne bereit, mit Weißen zu kooperieren und gemeinsam mit ihnen für das Ziel eines friedlichen und harmonischen Zusammenlebens von Weiß und Schwarz in Amerika zu kämpfen. Wie King hundert

Jahre später, so unterstrich Douglass beispielsweise stets seinen festen Glauben an die amerikanische Verfassung, an den *American Dream* und daran, daß das Schicksal und Wohlergehen schwarzer und weißer Amerikaner untrennbar miteinander verknüpft sei. Für Douglass erfüllte sich dieser Traum auch weitgehend: Als erster schwarzer Amerikaner erhielt er nach dem Bürgerkrieg ein wichtiges Bundesamt – den Posten des US-Marshall von Washington, D.C. 1889 wurde er zum amerikanischen Botschafter in Haiti ernannt, und auch in seinem Privatleben praktizierte Douglass erfolgreiche Integration: Nach dem Tod seiner ersten Frau heiratete er eine Weiße.

Der bekannte ehemalige Sklave und Methodisten-Pfarrer Richard Allen, der 1794 aus Protest gegen die in der Methodistenkirche praktizierte Rassentrennung eine neue Kirche, die African Methodist Episcopal (AME) Church, gegründet hatte, sprach sich ebenfalls für ein friedvolles Miteinander von weißen und schwarzen Christen aus. Gott habe alle Menschen gleich, als Brüder und Schwestern geschaffen, die sich lieben sollten. Das Heil Jesu komme allen Menschen zu, deshalb sei die Integration schwarzer und weißer Amerikaner in einer Gottes-Gemeinschaft der einzige Weg für wahre Christen. Diese Überzeugung Allens ist nahezu deckungsgleich mit den theologischen Argumenten, die King im 20. Jahrhundert ins Feld führen sollte.

Doch neben den Befürwortern der Rassenintegration gab es von Anfang an auch Schwarze, die sich nicht mit den Weißen verbrüdern wollten, sondern ihr afrikanisches Erbe und die Unterschiede der Rassen betonten. Sie fühlten sich nicht in erster Linie als Amerikaner, sondern als Afrikaner. Afrika, das Land ihrer Vorfahren, das Land der Freiheit, galt ihnen als die wahre Heimat. Amerika dagegen war das Land der Weißen, der Unfreiheit und Ausbeutung. Ein friedliches Zusammenleben zwischen den Rassen konnten sie sich nicht vorstellen, da die machtgierigen Weißen niemals aufhören würden, Schwarze zu unterdrücken. Die einzige Lösung war deshalb, das Joch der Weißen falls nötig mit Gewalt abzuwerfen und getrennt von ihnen zu leben. Die Wurzeln dieses Denkansatzes, des sogenannten schwarzen Nationalismus, der später auch die Überzeugungen von Malcolm X maßgeblich prägte, reichen bis zur Zeit der ersten Sklavenaufstände zurück. Männer wie Gabriel Prosser, Denmark Vesey oder Nat Turner verabscheuten Weiße grundsätzlich und hielten Sklavenhalter für sadistische Monster, die die Freiheit der Sklaven mit ihrem Leben bezahlen sollten. Auch der radikale Abolitionist David Walker bezeichnete Weiße als die »natürlichen Feinde« schwarzer Amerikaner. Ihre Grausamkeit mache Sklavenhalter zu Teufeln, darum empfahl Walker allen Sklaven, ihren tyrannischen Herren so bald wie möglich die Kehle durchzuschneiden. Martin Delany, ein anderer Abolitionist, der oft als »Vater des schwarzen Nationalismus« bezeichnet wird, rief alle Schwarzen und Mulatten – Freie und Sklaven – dazu auf, sich auf ihre Identität als Afrikaner, als eigenes Volk zu besinnen. Wie Malcolm X hundert Jahre später, betonte Delany, daß Schwarze den Kopf hoch tragen und stolz auf ihre Rasse sein sollten. »Wir sind eine Nation in einer Nation – so wie die Polen in Rußland oder wie die Ungarn in Österreich«, erklärte er 1852 und forderte entweder die Schaffung eines eigenen Lebensraumes für Schwarze in Amerika oder die Rückkehr aller Afroamerikaner nach Afrika.

Nach dem Bürgerkrieg verlor der schwarze Nationalismus vorübergehend an Bedeutung. Mit dem Ende der Sklaverei und der Verabschiedung des 14. und 15. Verfassungszusatzes, die offiziell allen schwarzen Amerikanern die vollen Bürgerrechte (1869) und das Wahlrecht (1870) verliehen, war ein maßgeblicher Schritt zur Befreiung und Gleichberechtigung der Afroamerikaner in den USA vollzogen worden.[4] Vielen Schwarzen schien deshalb während dieser als *Reconstruction* bekannten Zeitperiode (1865–1876) die Möglichkeit, mit der weißen Mehrheit in Frieden zusammenzuleben und am *American Dream* gleichberechtigt teilhaben zu können, greifbar nah. Der Kongreß wurde von Freunden der Rassengleichberechtigung kontrolliert, und die Anwesenheit von Unionstruppen in den Südstaaten sorgte für die Einhaltung der neuen Gesetze.

Zum ersten Mal wurde eine beachtliche Anzahl von Afroamerikanern in politische Ämter gewählt. So gab es zum Beispiel in den 1870er Jahren zwei schwarze Senatoren und 16 Abgeordnete im US-Kongreß, und im Parlament von South Carolina stellten Schwarze sogar die Mehrheit der Abgeordneten. Unter ihnen befand sich übrigens auch Martin Delany, der sich angesichts der neuen Lage dazu entschlossen hatte, seine Forderungen nach Trennung der Rassen aufzugeben. Viele ehemals radikale Nationalisten dachten ähnlich, und diejenigen Schwarzen, die schon immer eine Kooperation mit Weißen befürwortet hatten, fühlten sich nunmehr bestätigt. Die politische Integration der Schwarzen während der *Reconstruction* löste somit in allen Lagern der *Black Community* Zustimmung aus, manchmal sogar Begeisterung, und stärkte die Hoffnung, daß im Alltag soziale *und* ökonomische Gleichstellung bald folgen würden.

Doch diese vielversprechende Stimmung hielt nicht lange an. Weiße Rassisten im Süden sorgten für die Durchsetzung neuer Gesetze in ihren Staaten, der sogenannten *Black Codes*, mit denen sie die vom Bundesgesetz bestimmte Gleichstellung der Schwarzen umgehen konnten. Diese *Black Codes* verfolgten drei Hauptziele: erstens die Rassentrennung (Segregation) in allen Bereichen des öffentlichen Lebens - zum Beispiel in Schulen, Restaurants, Theatern, Krankenhäusern und öffentlichen Verkehrsmitteln; zweitens die Kontrolle über die schwarze Arbeitskraft: So war es Afroamerikanern in vielen Südstaaten verboten, Handel zu treiben, ein Handwerk auszuüben, eigenes Land oder Häuser zu besitzen. Auf diese Weise wollte man die ehemaligen Sklaven dazu zwingen, weiterhin auf den Feldern der weißen Grundbesitzer zu arbeiten - meist für einen Hungerlohn. Schließlich - drittens - zielten die *Black Codes* auf die politische Entmachtung der Afroamerikaner. Mit Hilfe raffinierter Wahlzugangsbeschränkungen gelang es weißen Südstaatlern bald, ihre schwarzen Mitbürger nahezu vollständig aus dem demokratischen Prozeß auszuschließen. Ein beliebter juristischer Winkelzug war zum Beispiel der Einsatz der »Großvater-Klausel«. Dieses im Süden weitverbreitete Statut sagte nicht etwa, »nur weiße Amerikaner dürfen in unserem Staat wählen«, denn dies wäre eine direkte Verletzung des 15. Verfassungszusatzes gewesen. Statt dessen schrieb das Großvatergesetz vor, daß nur diejenigen Amerikaner zur Urne gehen durften, deren Großväter bereits gewählt hatten. Auf diese Weise wurden alle Schwarzen, die Nachkommen von Sklaven waren, politisch entmündigt.

Natürlich protestierten die Schwarzen gegen dieses Vorgehen. Aber am Ende der *Reconstruction* hatten die Befürworter der schwarzen Gleichberechtigung die Mehrheit im Kongreß verloren, und mit dem Abzug der letzten Unionstruppen aus dem Süden zeigte sich die Bundesregierung nicht weiter daran interessiert, die Interessen der Schwarzen dort aktiv zu verteidigen. Einige Afroamerikaner hofften, daß der Oberste Gerichtshof der USA sich für ihre Rechte einsetzen würde. Doch ihre Hoffnungen wurden enttäuscht. In dem berüchtigten »Plessy vs. Ferguson«-Urteil von 1896 entschied der Supreme Court, daß Gesetze zur Rassentrennung durchaus verfassungskonform seien, solange die getrennten Einrichtungen von gleicher Qualität wären. Diese »separate but equal«-Doktrin (»getrennt, aber gleich«) hatte den entscheidenden Nachteil, daß das Gericht den Qualitätsstandard der Einrichtungen für Schwarze nie überprüfen sollte und dieser wie zu erwarten immer weit unter dem der Weißen lag. Mangelhafte Bildungsmöglichkeiten zählten deshalb neben Armut und politischer Entmündigung weiterhin zu den gravierenden Problemen schwarzer Amerikaner im Süden.

Nicht nur Gesetze und Gerichtsurteile, auch nackte Gewalt zementierte die Herrschaft der weißen Rassisten. Der 1867 gegründete Ku-Klux-Klan (KKK), mit dessen gnadenloser Brutalität später auch Malcolm X und Martin Luther King konfrontiert wurden, erlebte nach der *Reconstruction* seine Blütezeit. Seine Mitglieder glaubten fest an die Überlegenheit der weißen Rasse und taten alles, um deren Herrschaftsanspruch gegenüber »aufmüpfigen Niggern« durchzusetzen. Afroamerikaner, die gegen ihre wirtschaftliche Ausbeutung protestierten, sich öffentlich für Gleichberechtigung aussprachen, wählen wollten oder sich andere »Unverschämtheiten« erlaubten (dazu zählte beispielsweise auch das Anbandeln mit einer weißen Frau), wurden von Klan-Mitgliedern verprügelt, ausgepeitscht, verstümmelt und nicht selten auch ermordet. Die meisten schwarzen Opfer wurden gehenkt, einige jedoch auch zu Tode gefoltert oder lebendig verbrannt. Allein zwischen 1889 und 1922 gab es mehr als 3400 solcher »Lynchings« im Süden, die öffentlich bekannt und dokumentiert wurden; dazu kommt eine weit größere Anzahl heimlich begangener Greueltaten des KKK. Dieser brutale Terror, der Afroamerikaner im ganzen Süden in ständige Angst versetzte, sorgte auch in Gegenden ohne Großvatergesetz für den Niedergang schwarzer politischer Repräsentation. Es wurden keine schwarzen Politiker mehr gewählt, und der letzte afroamerikanische Kongreßabgeordnete der *Reconstruction*-Ära, George White, verlor sein Amt mit der Jahrhundertwende.[5]

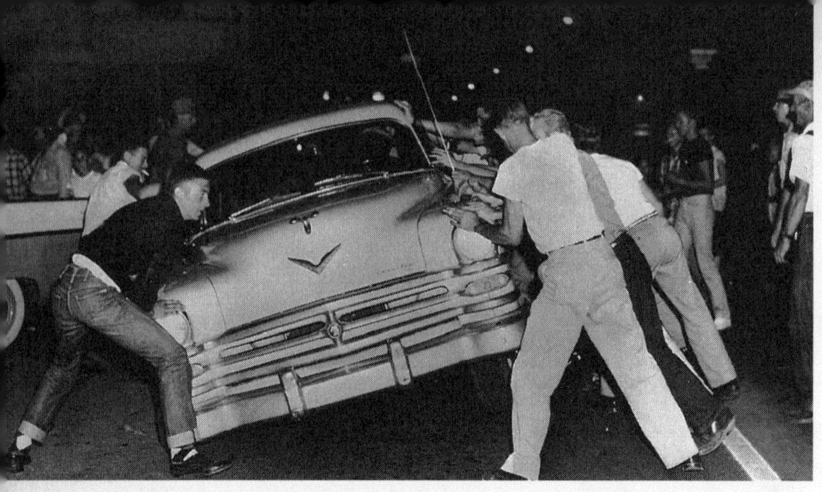

»Unverschämtheiten« schwarzer Amerikaner – wie das Baden am falschen Strandabschnitt oder Autofahren in einem weißen Wohngebiet – riefen in den Südstaaten vor allem nach der sogenannten Periode der *Reconstruction* (1865–1876) bis in die 1960er Jahre hinein häufig unkontrollierte rassistische Gewalt hervor: Tobende Weiße in Tennessee 1956 (oben), prügelnde Weiße in Florida 1964 (rechts unten).

Bitter enttäuscht über diesen Verrat der *Reconstruction* reagierten Schwarze auf unterschiedliche Weise auf die neue Situation. Viele kamen zu dem Schluß, daß es wohl das beste sei, die Segregationsgesetze sowie die politische Alleinherrschaft der Weißen zunächst zu akzeptieren und sich ihnen ohne Widerstand zu fügen. Hauptvertreter dieser sogenannten Akkommodationsphilosophie war der ehemalige Sklave Booker T. Washington. Er hielt es für falsch, sofortige Gleichberechtigung für Schwarze zu fordern. Diese, so glaubte er, würde sich im Laufe der Zeit quasi von alleine ergeben, wenn Afroamerikaner durch bessere Ausbildung (vor allem im handwerklichen Bereich) und harte Arbeit ihren eigenen wirtschaftlichen und sozialen Status allmählich verbessert hätten. 1881 gründete Washington das Tuskegee-Institut in Alabama, eine Ausbildungsstätte für Afroamerikaner, um seine Theorie in die Praxis umzusetzen. Diese erfreute sich übrigens nicht nur bei schwarzen Anhängern Washingtons, sondern auch bei vielen Weißen großer Popularität.

Die Akkommodationsphilosophie rief allerdings innerhalb der *Black Community* auch viele Gegner auf den Plan, und sowohl Teile der Integrationisten als auch der Separatisten lehnten sie entschieden ab. Als Vertreter der ersten Gruppe wurde der schwarze Philosoph, Schriftsteller und Bürgerrechtler W.E.B. DuBois bald zum wichtigsten Gegenspieler Washingtons. Sich an Segregationsgesetze anzupassen und darauf zu warten, daß die herrschende Klasse irgendwann gnädigerweise schwarzen Amerikanern eine ernst zu nehmende Gleichberechtigung zugestehen würde, hielt DuBois nicht nur für dumm, sondern angesichts des KKK-Terrors auch für unverantwortlich. Seiner Ansicht nach war kaum davon auszugehen, daß weiße Rassisten im Süden den Afroamerikanern freiwillig die ihnen

verfassungsmäßig garantierten Rechte zugestehen würden. Die Segregation und Diskriminierung schwarzer Wähler sollte deshalb auf nationaler Ebene kompromißlos bekämpft werden. Um sich effektiver für diese Ziele einsetzen zu können, gründete DuBois gemeinsam mit einer Reihe von schwarzen und weißen Verbündeten im Februar 1909 die National Association for the Advancement of Colored People (NAACP). Diese erste und bis heute größte nationale Bürgerrechtsorganisation der Vereinigten Staaten versuchte vor allem durch öffentliche Aufklärungsarbeit und Gerichtsverfahren, die Gleichberechtigung schwarzer Amerikaner und die Aufhebung der Segregationsgesetze zu erreichen. Ihren ersten großen Erfolg erzielte die NAACP in einem Prozeß im Jahre 1915: Der Oberste Gerichtshof entschied, daß die diskriminierenden »Großvatergesetze« in den Verfassungen von Oklahoma und Maryland verfassungswidrig seien (1939 weitete das Gericht dieses Urteil auf alle anderen Südstaaten mit »Großvatergesetzen« aus).

Die schwarzen Separatisten zeigten sich von den Erfolgen der NAACP kaum beeindruckt, denn ihnen war die Idee der Rassenintegration genauso zuwider wie die der fügsamen Anpassung an die weiße Vorherrschaft. Das Scheitern der *Reconstruction* hatte sie vielmehr nur in ihrer Ansicht bestärkt, daß eine friedliche Koexistenz zwischen Weiß und Schwarz in Amerika nicht möglich war. Anfang des 20. Jahrhunderts gewann der schwarze Nationalismus neue Popularität. Ein Grund waren die fortgesetzten Greueltaten des Ku-Klux-Klan, die bei den Opfern zunehmend Wut und Haß erzeugten. Viele ergriffen schließlich die Flucht. Zwischen 1900 und 1930 verließen über zwei Millionen Afroamerikaner den Süden – in der Hoffnung, im Norden bessere Arbeits- und Lebensbedingungen zu finden. Die meisten wurden jedoch bitter enttäuscht und mußten mit ihren Familien in den übervölkerten Ghettos der Großstädte ein elendes Dasein fristen. Im Norden existierten zwar keine Segregationsgesetze, aber mehr oder weniger verdeckter Rassismus war auch hier an der Tagesordnung. Zudem kam es aufgrund des plötzlichen Auftauchens von billigen, nicht ausgebildeten Arbeitskräften zum Verfall von Löhnen und zu steigender Arbeitslosigkeit. Die Konkurrenz zwischen Afroamerikanern und weißen Neuankömmlingen um Arbeitsplätze führte zu Rassenkonflikten, die dadurch zusätzlich angeheizt wurden, daß Arbeitgeber Afroamerikaner gerne als

Streikbrecher gegen gewerkschaftlich organisierte weiße Arbeiter einsetzten.

Auch die Teilnahme von über 370 000 schwarzen amerikanischen Soldaten am Ersten Weltkrieg verbesserte die Lage nicht. Im Gegenteil: Während des Krieges fanden zahlreiche Ausschreitungen weißer Rassisten gegen schwarze Soldaten statt, und kurz nach dem Sieg der USA kam es im sogenannten Roten Sommer von 1919 zu Rassenunruhen in mehr als zwanzig Städten. Dabei wurden über 70 Schwarze getötet und mehrere Hundert schwer verletzt. Kaum verwunderlich also, daß während dieser Zeit immer mehr Afroamerikaner ihren letzten Rest Geduld und Kooperationsbereitschaft verloren und statt dessen die Weißen zum Teufel wünschten. So erlebte der schwarze Nationalismus eine neue Blütezeit. An der Spitze der Separatisten stand jetzt der redegewandte Marcus Garvey, dessen berühmte »Back to Africa«-Bewegung (»Zurück nach Afrika«) auch den Vater von Malcolm X in ihren Bann zog. Garvey, ein gebürtiger Jamaikaner, gründete 1916 in New York die Universal Negro Improvement Association (UNIA). Wie Martin Delany und andere Separatisten vor ihm predigte Garvey, daß schwarze Amerikaner sich auf ihre afrikanischen Wurzeln besinnen und stolz darauf sein sollten. Auch er propagierte den Auszug in das gelobte Land Afrika als letztendlich einzige wirkliche Lösung. Kollektive Auswanderung war jedoch eher ein schrittweise anzustrebendes Fernziel. Ein direkteres Ziel Garveys lag darin, das neu entfachte schwarze Selbstbewußtsein mit Geschäftstüchtigkeit zu kombinieren. Afroamerikaner sollten nur noch bei ihren Brüdern und Schwestern einkaufen, deren Einrichtungen besuchen und – wenn möglich – ausschließlich für schwarze Unternehmen arbeiten, die wiederum ausschließlich Afroamerikaner einzustellen hatten. *Black Dollars* sollten nicht mehr hauptsächlich in weiße, sondern in schwarze Taschen wandern und so nicht nur das Selbstwertgefühl der *Black Community,* sondern auch deren finanzielle Schlagkraft stärken. Mit dieser Kombination aus *black pride* und *black business power* führte Garvey neue, erfolgversprechende Strategien in den schwarzen Befreiungskampf ein. Er selbst ging mit gutem Beispiel voran und gründete eine Reihe von schwarzen Geschäftsketten im Hotel- und Gastronomiegewerbe sowie eine eigene schwarze Dampfschiffahrtsgesellschaft, die Black Star Line.[6]

1921 zählte die UNIA laut eigenen Angaben mehr als drei Millionen Mitglieder. Auch wenn Historiker diese Zahl für zu hoch halten, ist unumstritten, daß Garveys Organisation es verstand, schwarze Amerikaner in einem noch nie dagewesenen Maße zu mobilisieren. Sie veranstaltete beeindruckende Paraden in New York City, und Garvey selbst trat auf wie ein König. Er löste bei seinen Reden regelmäßig Begeisterungsstürme unter der Zuhörerschaft aus, insbesondere als er auf dem Höhepunkt seiner Macht zu Beginn der 1920er Jahre die Gründung einer »African Republic« in Amerika ankündigte. Weißen Amerikanern, aber auch schwarzen Integrationisten begann der Erfolg der UNIA unheimlich zu werden, und einige sahen darin eine echte Gefahr für ganz Amerika. 1923 wurde Garvey unter dem Vorwurf verhaftet, er habe das Postsystem zu betrügerischen Zwecken mißbraucht. Obwohl es nie klare Beweise für diesen angeblichen Betrug gab, wurde Garvey von einem weißen Gericht schuldig gesprochen, das ihn nach zwei Jahren Gefängnishaft nach Jamaika deportieren ließ und für immer aus den USA verbannte. Ohne ihren charismatischen Führer brach die UNIA bald in sich zusammen, und fast alle der von Garvey initiierten schwarzen Geschäftsunternehmen lösten sich nach und nach auf. Die Bilder der stolzen, farbenprächtigen UNIA-Paraden blieben jedoch unauslöschlich in den Köpfen vieler Afroamerikaner präsent, und die Theorien und Strategien Garveys bildeten den Nährboden für neue separatistische Organisationen – so auch für die Nation of Islam (NoI), in der Malcolm X später seine geistige Heimat finden sollte.

»Man fühlt immer die eigene Zerrissenheit: ein Amerikaner, ein Neger – zwei Seelen, zwei Gemüter, zwei unversöhnliche Begehren, zwei sich bekämpfende Ideale in einem dunklen Körper, dessen zähe Stärke allein ihn davor bewahrt, auseinandergerissen zu werden!« Mit diesen Worten hatte W.E.B. DuBois in seinem berühmten Buch *Die Seele der Schwarzen* (1906) das Gefühl der inneren Zerrissenheit schwarzer Amerikaner zu Beginn des 20. Jahrhunderts zum Ausdruck gebracht. Die 1920er Jahre – die Dekade, in der Malcolm X und Martin Luther King geboren wurden – waren eine Zeit, in der die Zwiespältigkeit der Empfindungen und die Zerrissenheit der *Black Community* besonders deutlich zutage traten. Auf der einen

Seite war das Leben der Afroamerikaner von Armut, Diskriminierung und Rassismus geprägt. Auf der anderen Seite wuchs der Widerstand – und organisierte sich in immer entschiedenerer Weise: Neben Garveys separatistischer »Back to Africa«-Bewegung, der NAACP und der 1911 gegründeten National Urban League (eine auf urbane Probleme ausgerichtete Bürgerrechtsorganisation, die ebenso wie die NAACP für Rassenintegration eintrat) formierte sich die schwarze Anti-Lynching-Bewegung. Sie prangerte die Greueltaten des KKK öffentlich an, veranstaltete große Protestmärsche und verfaßte Petitionen an die Regierung, etwas gegen den rassistischen Terror im Süden zu unternehmen. Zwar scheiterte 1922 ein Anti-Lynching-Gesetzesvorschlag im Kongreß, aber der durch die fortgesetzten Aktionen herbeigeführte Umschwung in der öffentlichen Meinung trug unter anderem dazu bei, daß die Zahl der »Lynchings« in den folgenden Jahren merklich zurückging. 1925 wurde die erste schwarze Gewerkschaft, die Brotherhood of Sleeping-Car Porters, gegründet, die sich erfolgreich für bessere Arbeitsbedingungen der schwarzen Schlafwagenschaffner einsetzte. Auch die NAACP errang 1927 einen wichtigen Erfolg mit der Entscheidung des Supreme Court, daß der generelle Ausschluß von Schwarzen bei den Vorwahlen eines Staates verfassungswidrig sei. 1928 wurde schließlich Oscar DePriest aus Chicago, Illinois, als erster afroamerikanischer Abgeordneter des 20. Jahrhunderts in den Kongreß gewählt. Währenddessen kam es in den schwarzen Ghettos der Städte, vor allem in New York City, zu einer neuen Blütezeit schwarzer Kultur, der sogenannten *Harlem Renaissance.* Afroamerikanische Künstler, insbesondere Schriftsteller, Dichter und Musiker (zum Beispiel Langston Hughes, Zora Neale Hurston und Louis Armstrong) erlangten nationale Bekanntheit und begeisterten auch ein weißes Publikum. Die ganze Welt hörte jetzt Jazz. Allerdings änderte dies nichts daran, daß in vielen eleganten Restaurants, in denen afroamerikanische Musiker zum Tanz aufspielten, schwarze Gäste keinen Zutritt erhielten. Die Segregation dauerte ebenso fort wie die wirtschaftliche Ausbeutung und die politische Entmündigung schwarzer Bürger.

Fünfzig Jahre nach dem Bürgerkrieg blieben Afroamerikaner weiterhin Bürger zweiter Klasse. Sollte man überhaupt noch an den *American Dream* glauben und Energie in den Versuch einer friedlichen Koexistenz mit der weißen Bevölkerung investieren oder lieber versuchen, dem Alptraum der Ausbeutung durch Trennung der Lebenssphären zu entgehen? Hineingeboren in das zwiespältige Erbe ihrer Vorfahren, waren Martin Luther King und Malcolm X von frühester Kindheit an mit dieser Problematik konfrontiert, und die Suche nach einer Lösung dafür – wenn auch auf unterschiedlichste Weise – sollte zu ihrer Lebensaufgabe werden.

2. Wurzeln des Zorns, Quellen der Hoffnung – Familie und Religion im Leben Martin Luther Kings und Malcolm X'

»It is quite easy for me to think of a God of love mainly because I grew up in a family where love was central (...) It is quite easy for me to think of the universe as basically friendly mainly because of my uplifting hereditary and environmental circumstances. It is quite easy for me to lean more toward optimism than pessimism about human nature mainly because of my childhood experiences.«

Martin Luther King, »Autobiography of Religious Development«, 1949

»I think that an objective reader may see how in the society, to which I was exposed as a black youth here in America, for me to wind up in a prison was really just about inevitable.«

Malcolm X, »The Autobiography of Malcolm X«, 1965

Martin Luther King, Jr., kam am 15. Januar 1929 zur Welt. Schon als Kind redete er viel, besonders gerne vor Publikum, und er hatte schon früh eine besondere Vorliebe für »große Worte«. Allerdings hätten sich seine Mutter Alberta und Martin Luther King, Sr., damals wohl kaum träumen lassen, daß eines Tages die Worte ihres Sohnes um die Welt gehen würden. Gemeinsam mit seinen Eltern und Großeltern, einer älteren Schwester, Willie Christine, sowie einem jüngeren Bruder, Alfred Daniel, wuchs Martin in einem geräumigen Haus in Atlanta auf. Vater und Großvater waren Pfarrer in der Ebenezer-Baptistenkirche, einer der wohlhabendsten schwarzen Kirchen in Atlanta. Die Kings waren nicht reich, gehörten aber durchaus zur schwarzen Mittelschicht, und so wuchsen die Kinder relativ unbeschwert auf. Selbst während der großen Wirtschaftskrise in den 1930er Jahren, von der schwarze Amerikaner besonders betroffen waren, litt die King-Familie keine Not.

Martin war ein auffallend intelligentes und lebhaftes Kind. Er trieb viel Sport (besonders mochte er Rollschuhlaufen und Baseball), aber er spielte auch gerne Violine, las viel, und seine Leistungen in der Schule waren so hervorragend, daß er in frühen Jahren zwei Klassen überspringen konnte. Besonders eng war das Verhältnis zu seiner Großmutter, deren erklärter Liebling er war. Die Beziehung zu seinem Vater war dagegen nicht unkompliziert. Einerseits blickte Martin mit Bewunderung zu ihm auf, denn er war ein einflußreicher, stolzer und innerhalb der *Black Community* von Atlanta hochangesehener Mann, der seine Familie liebte und gut für sie sorgte.

Andererseits führte »Daddy King« zu Hause ein strenges Regiment, duldete keinen Widerspruch und züchtigte seine Kinder nicht selten mit einem Lederriemen, wenn sie ungehorsam waren. Sein Glaube war fundamentalistisch. Mit anderen Worten: Er nahm die Bibel wörtlich. Deshalb verbot er seinen Kindern auch alle »sündigen Aktivitäten« wie Tanzen, Karten- oder Billardspielen, die der junge Martin wiederum durchaus attraktiv fand. Solange Martin noch im Elternhaus wohnte, mußte er sich der Bevormundung seines Vaters beugen, und auch später machte ihm »Daddy King« Vorschriften für die Planung seines weiteren Lebensweges. Mit zunehmendem Alter versuchte Martin jedoch immer öfter, seinen eigenen Willen gegenüber dem Einfluß seines dominanten Vaters durchzusetzen, und so gab es zwischen den beiden manchmal heftige Auseinandersetzungen. Trotz dieser Spannungen beschrieb Martin Luther King das Verhältnis zu seinem Vater später als ein überwiegend positives. Wie in dem anfangs angeführten Zitat betonte er oft, daß sein strenges, aber liebevolles Elternhaus sowie die glückliche, relativ unbeschwerte Kindheit seine gesamte Lebenseinstellung, seinen Glauben an Gott und an das Gute im Menschen in entscheidender Weise geprägt hätten.

Diese Prägung fand auch im Hinblick auf Martins Erfahrungen mit Segregation und Rassismus statt. Seine Eltern konnten ihn zwar nicht davor bewahren, Diskriminierung zu erfahren, aber sie halfen ihm dabei, darauf nicht mit Haß oder Aggression zu reagieren. Leicht war dies allerdings im tief rassistischen Georgia auch für die King-Familie nicht. Mit sechs Jahren bekam Martin zum ersten Mal zu spüren, daß es eine unsichtbare Barriere zwischen Weißen und Schwarzen gab. Der Vater eines seiner weißen Spielkameraden verbot ihm, mit seinem Sohn weiterhin zu verkehren, da er »farbig« sei. Weinend erzählte Martin zu Hause von diesem ihm unverständlichen Verbot. Genau wie sein Spielkamerad hatte er ihrer unterschiedlichen Hautfarbe bislang keine weitere Bedeutung beigemessen. Seine Eltern versuchten, ihm die Rassenproblematik so schonend wie möglich zu erklären. Dabei betonten sie immer wieder, daß Afroamerikaner trotz der Segregationsgesetze und der herablassenden Art, mit der sie oft von Weißen behandelt wurden, genauso achtbare und wertvolle Menschen seien wie diese. »Du mußt dich von diesen Dingen nicht entmutigen lassen«, sagte

»Daddy King« eindringlich, »laß dir nicht einreden, daß du weniger wert bist als Weiße. Du bist genauso gut wie jeder andere, vergiß das niemals!« Dieser Ratschlag war jedoch nicht leicht zu befolgen in einer Umwelt, in der alles darauf hinzuweisen schien, daß Schwarze nur Bürger zweiter Klasse waren. Als er älter wurde, fiel Martin zum Beispiel auf, daß Afroamerikaner Weiße immer respektvoll mit »Herr« oder »Frau« und dem Nachnamen anredeten, während diese sie einfach beim Vornamen riefen. Schwarze durften nicht dieselben Trinkbrunnen, Toiletten oder Warteräume benutzen wie Weiße. Zu vielen Geschäften oder Restaurants in Atlanta erhielten sie keinen Zutritt, sie durften nicht in der Eisdiele sitzen oder die besonders schönen städtischen Parkanlagen und Schwimmbäder benutzen. Im Kino und im Theater durften sie nur hinten auf dem Balkon Platz nehmen. Und auch im Bus mußten sie in den hinteren Reihen sitzen und bei Bedarf ihre Sitzplätze für weiße Passagiere frei machen.

Und so machte auch Martin die für Schwarze typischen Erfahrungen: Als er im Alter von acht Jahren durch ein Kaufhaus ging, schlug ihn auf einmal eine weiße Frau heftig ins Gesicht und schrie ihn wütend an: »Du bist der kleine Nigger, der mir gerade auf den Fuß getreten ist!« Ein anderer Vorfall ereignete sich, nachdem Martin, der zu dieser Zeit die elfte Klasse besuchte, einen Rhetorikwettbewerb mit einer Rede zum Thema »Schwarze und die Verfassung« gewonnen hatte. Auf der Rückfahrt von Dublin, Georgia, wo der Wettbewerb stattgefunden hatte, wurden er und seine Lehrerin von dem weißen Busfahrer lautstark beschimpft und verflucht, weil sie nicht sofort für ein paar neu zugestiegene weiße Passagiere ihre Plätze frei gemacht hatten. Der empörte Martin wollte daraufhin zunächst gar nicht mehr aufstehen. Seine Lehrerin, wohl wissend, daß eine solche Weigerung für den jungen Mann lebensgefährlich sein konnte, überredete ihn schließlich dazu, sich der Vorschrift zu fügen. »Wir mußten die ganzen 90 Meilen bis Atlanta im Gang stehen«, erinnerte sich Martin später. »Es war eine Nacht, die ich niemals vergessen werde. Ich glaube, daß ich niemals vorher oder später in meinem Leben so furchtbar wütend gewesen bin.«

Zu der Wut gesellte sich in diesen Tagen eine tiefe Abscheu gegen alle Weißen, die von diesem ungerechten System profitierten. Wie Martin selbst später zugab, rang er einige Jahre lang mit diesem aufkeimenden Haß, und unter anderen Umständen wäre er vielleicht wie Malcolm X ein radikaler Befürworter des Separatismus geworden. Daß sein Weg ihn schließlich in eine andere Richtung führte, lag neben der Familie sicherlich auch an der Tradition und Lehre seiner Kirche, der Black Baptist Church.

Bereits seit Generationen war Martins Familie in der Kirche aktiv gewesen. Nicht nur sein Vater und Großvater, sondern auch sein Urgroßvater, ein Sklave, waren Baptistenprediger gewesen. Wie bereits beschrieben, hielten viele Weiße christliche Sklaven für gehorsamer als heidnische und unterstützten deshalb die Gründung schwarzer Kirchen. In Wahrheit allerdings waren die meisten schwarzen Kirchen – insbesondere die Black Baptist Church – von Anfang an maßgeblich an der Organisation des Widerstandes gegen die Sklaverei beteiligt. Im Norden unterstützten sie die Abolitionistenbewegung, und im Süden boten regelmäßige Gottesdienste den Sklaven die Gelegenheit, sich in größeren Gruppen zu treffen und ein Informationssystem aufzubauen. Die auch von den Weißen so gerne gehörten, da melodisch und wehmütig klingenden Lieder der Schwarzen (*Gospels* und *Spirituals*) enthielten oft versteckte Hinweise über den Aufenthaltsort verkaufter Familienmitglieder oder über Fluchtmöglichkeiten. In den Kellerräumen der schwarzen Kirchen wurden flüchtige Sklaven versteckt und für ihren Weg in den Norden mit Nahrungsmitteln versorgt – sie fungierten als Stationen des sogenannten *Underground Railroad.* Damit setzten schwarze Baptisten jenes in die Praxis um, was bis heute als Grundmoment ihrer Lehre gilt: Die Theologie der Black Baptist Church stellt nicht die Gehorsamspflicht oder die Vorherbestimmtheit des Schicksals, sondern das Element der Erlösung und Befreiung zentral in den Vordergrund. Ihr Glaube betont stets, daß Gott ein Gott der Unterdrückten und Helfer der Geknechteten sei. So identifizierten sich christliche Sklaven schon früh mit dem Volk Israel, das mit der Hilfe Gottes aus der ägyptischen Sklaverei befreit wurde – worauf auch ein bekannter *Spiritual* rekurriert: »When Israel was in Egypt's Land – Let my People go!« Dabei verharrten die *Black Baptists* keineswegs in der bloßen Hoffnung auf Gerechtigkeit im Jenseits (wie christlichen Kirchen oft vorgeworfen wurde), sondern erwarteten die Verwirklichung des Reiches Gottes als Zeitalter der Befreiung, des Friedens und der Brüderlichkeit aller Menschen durchaus im Diesseits. Folgerichtig hielten die schwarzen Baptisten immer an der Idee eines friedlichen Miteinanders von Schwarz und Weiß fest, und so engagierten sich ab 1909 viele von ihnen in der NAACP. Auch Martin Luther Kings Großvater, Adam Daniel Williams, trat der neugegründeten Bürgerrechtsorganisation bei und leitete einen Boykott gegen eine rassistische Zeitung. Kings Vater wiederum wurde in den 1930er Jahren Vorstandsmitglied der NAACP-Ortsgruppe von Atlanta und organisierte unter anderem Protestmärsche gegen den Ausschluß schwarzer Bürger von den Wahlen sowie gegen die ungleiche Bezahlung weißer und schwarzer Lehrer an öffentlichen Schulen. »Daddy King« protestierte auch öffentlich gegen die Segregation. Als Martin einmal mit seinem Vater in einem Schuhgeschäft vom Verkäufer aufgefordert wurde, sich in den hinteren Teil des Ladens zu begeben, da der vordere Teil für Weiße reserviert sei, verließ sein Vater wütend den Laden und erklärte seinem Sohn: »Es ist mir egal, wie lange ich mit diesem Ding {der Segregation, Anm d. Verf.} leben muß. Ich werde es niemals akzeptieren. (...) Niemand kann einen Sklaven aus dir machen, solange du selbst nicht denkst wie ein Sklave!«

Als Martin Luther King, Jr., 1944 sein Studium am Morehouse College begann, einer der renommiertesten schwarzen Universitäten des Südens, spürte er zwar immer noch starke Aversionen gegenüber Weißen, die er nicht ohne weiteres mit dem christlichen Gebot der Feindesliebe vereinbaren konnte. Er fühlte sich jedoch durch den Glauben gestärkt, daß Gott immer auf seiten der Unterdrückten steht, und die Hoffnung, daß die Segregation sich durch fortgesetzten schwarzen Widerstand eines Tages überwinden lassen würde.

Während sich im Februar 1946 der 17jährige Martin Luther King, Jr., voll Begeisterung und Tatendrang seinem Studium widmete, schlossen sich hinter dem 20jährigen Malcolm statt Hörsaaltüren Gefängnistore. Wegen Einbruch und Diebstahl war er zu einer sechsjährigen Haftstrafe verurteilt worden, und sein junges Leben schien bereits verpfuscht. Malcolm war ein haßerfüllter junger Mann, der Gott und die Welt derart verfluchte, daß seine Mitgefangenen ihm den Spitznamen »Satan« gaben. Unterschiedlichere Realitäten in den Lebenssituationen Martins und Malcolms hätte man sich kaum ausdenken können, und dies galt von Anfang an.

Malcolm wurde am 19. Mai 1925 in Omaha, Nebraska, als viertes

Kind von Earl Little und seiner Frau Louise geboren. Er hatte drei ältere Geschwister (Wilfred, Hilda und Philbert), vier jüngere (Reginald, Yvonne, Wesley und Robert) kamen später dazu sowie drei Halbgeschwister aus einer ersten Ehe seines Vaters (Ella, Earl und Mary). Wie Martins war auch Malcolms Vater ein Baptistenprediger, der aus Georgia stammte, aber darin erschöpfen sich bereits die Gemeinsamkeiten. Earl Little besaß keine feste Stelle in einer eigenen Gemeinde, sondern predigte gewissermaßen als Aushilfspfarrer in verschiedenen Kirchen. Die Littles hatten demnach häufig mit finanziellen Schwierigkeiten zu kämpfen und wechselten mehrmals den Wohnsitz. Unter diesen Voraussetzungen verlief die Ehe der Eltern nicht gerade harmonisch, und Malcolms Vater mißhandelte seine Mutter offenbar des öfteren. Auch die Kinder wurden von beiden Eltern regelmäßig geschlagen – wobei, wie Malcolm selbst später berichtete, er am meisten Prügel von seiner Mutter erhielt. Die Ursache hierfür, so vermutete er später, lag wohl in seinem Aussehen. Malcolm war das hellhäutigste aller Kinder der Familie Little und hatte keine schwarzen, sondern rötlich-braune Haare, die er von seiner Mutter geerbt hatte. Auch Louise Little war eine so hellhäutige Afroamerikanerin, daß viele sie auf den ersten Blick für eine Weiße hielten. Laut Malcolm schämte sie sich ein Leben lang dafür, da es sie daran erinnerte, daß ihre eigene Mutter einst von einem Weißen (einem rothaarigen Schotten) vergewaltigt worden war. So pflegte sie Malcolm regelmäßig in die Sonne zu schicken, damit er »etwas mehr Farbe« bekäme.

Die Frage nach der »richtigen« Hautfarbe spielte also in Malcolms Leben sogar innerhalb der eigenen Familie schon früh eine Rolle. Seine ersten Eindrücke von der Rassenproblematik in Amerika wurden zudem von den separatistischen Grundsätzen seines Vaters geprägt. Obwohl Earl Little ein ordinierter Baptistenpfarrer war, hielt er ein friedliches Zusammenleben mit den machthungrigen, bösartigen Weißen für unmöglich. Er war ein überzeugter Anhänger Marcus Garveys, und als Präsident der Ortsgruppe der UNIA in Omaha sprach er sich vehement gegen Integration und für eine Rückkehr aller Schwarzen nach Afrika aus. Er forderte seine Zuhörer dazu auf, stolz auf ihr afrikanisches Erbe zu sein und sich nicht länger von den Weißen alltäglich degradieren zu lassen. Seine UNIA-Mitgliedschaft mag wohl dazu beigetragen haben, daß Earl Little keine feste Stelle als Gemeindepfarrer fand. Gravierender als das Unverständnis schwarzer Integrationisten seiner Haltung gegenüber war jedoch der Zorn weißer Rassisten. Wie Malcolm zu Beginn seiner Autobiographie berichtet, hatte der Ku-Klux-Klan kurz vor seiner Geburt das Haus seiner Eltern nachts überfallen, die Fensterscheiben eingeschlagen und gedroht, die Familie umzubringen, wenn sie die Stadt nicht verlassen würde. Dies war der Grund, warum die Littles erst nach Milwaukee, Wisconsin, und wenig später nach Lansing, Michigan, umzogen. In beiden Orten lebten nur relativ wenige Schwarze, aber Earl Little setzte seine Arbeit für die UNIA unermüdlich fort. Oft nahm er den jungen Malcolm zu Versammlungen der Garvey-Anhänger mit. Dieser lauschte voll Stolz, wie sein Vater von der Kraft und Würde der schwarzen Rasse sprach und davon, daß sie bald das Joch der tyrannischen Weißen abwerfen würden. Auch in Lansing blieben die Littles nicht von Repressalien verschont. 1929 brannten eines Nachts Mitglieder einer Gruppe weißer Rassisten, die sich *Black Legionnaires* nannte, ihr Haus bis auf die Grundmauern nieder. Die Familie entkam nur knapp den Flammen. Für Malcolm grub sich dieses Erlebnis wie ein Alptraum in seine Kindheitserinnerung ein. Es sollte jedoch noch schlimmer kommen.

1931, als Malcolm sechs Jahre alt war, kam Earl Little unter mysteriösen Umständen ums Leben. Sein Körper wurde zerstückelt auf den Schienen einer Straßenbahn gefunden. Laut Zeugenaussagen und Polizeibericht handelte es sich um einen tragischen Unfall. Die Polizisten sowie der Arzt und der Straßenbahnfahrer waren jedoch alle weiß – und so glaubte ihnen Malcolm kein Wort. Er äußerte später immer wieder die Überzeugung, daß der Tod seines Vaters kein Unfall, sondern Mord gewesen sei. Ob Earl Little tatsächlich aus Unachtsamkeit oder Trunkenheit auf die Schienen gestürzt war oder ob – wie Malcolm vermutete – die *Black Legionnaires* ihn erschlagen und anschließend vor die Straßenbahn geworfen hatten, konnte nie eindeutig geklärt werden.[7] In jedem Fall trug dieser Vorfall dazu bei, daß in Malcolm nicht nur ein Gefühl des Mißtrauens, sondern auch Furcht und Haß gegenüber Weißen ihre Wurzeln schlugen.

Durch den Tod des Vaters verschlechterte sich auch die wirtschaftliche Situation der Familie Little dramatisch. Als alleinstehende Mutter von acht Kindern versuchte Louise Little verzweifelt, ihrer Familie ein Überleben zu ermöglichen. Die beiden ältesten

Kinder mußten die Schule verlassen, um den Familienunterhalt mitzusichern, doch mit der großen Wirtschaftskrise der 1930er Jahre wurde dies beinahe unmöglich. Den stolzen Vorsätzen des toten Vaters folgend, versuchte die Familie jedoch so lange wie möglich, ohne fremde Hilfe, vor allem ohne Hilfe von Weißen auszukommen. Ab Mitte der 1930er Jahre sah sich Louise Little jedoch gezwungen, für ihre Kinder Sozialhilfe und Essensspenden in Anspruch zu nehmen. Dies brachte auch regelmäßige Besuche von Mitarbeitern der Sozialhilfebehörde bei der Familie mit sich, die Mrs. Littles psychische Verfassung und damit ihre Erziehungsberechtigung offenbar immer häufiger in Frage stellten. Malcolm verabscheute diese »weißen Schnüffler« und beschuldigte sie später, die Familie systematisch zerstört zu haben. Nachdem Malcolm einige Male beim Stehlen von Lebensmitteln erwischt worden war, veranlaßte das Sozialamt 1937, daß er bei einer benachbarten Familie untergebracht wurde. Kurz darauf erlitt Louise Little einen Nervenzusammenbruch. Laut Malcolm war die Ursache hierfür der unzumutbare Druck, den die weißen Sozialarbeiter auf seine Mutter ausgeübt hatten. Daß die Belastung nach 1934 durch die Geburt eines weiteren unehelichen Kindes noch größer wurde, zumal sich die Mutter weigerte, dem Sozialamt den Namen des Vaters zu nennen, verschweigt Malcolm in seiner Autobiographie allerdings. In jedem Fall mußte Louise Little nach ihrem Zusammenbruch in eine Nervenheilanstalt eingeliefert werden, wo sie die nächsten 26 Jahre ihres Lebens verbrachte. Ein weißes Vormundschaftsgericht ordnete die Unterbringung der Kinder bei verschiedenen Familien in Lansing an. Malcolm, der mittlerweile von der Schule verwiesen worden war, kam in ein Heim für schwererziehbare Jugendliche in Mason, zwanzig Kilometer von Lansing entfernt.

Mit zwölf Jahren hatte Malcolm somit nicht nur seinen Vater, sondern auch seine Mutter und seine Geschwister verloren – und doch versuchte er zunächst, das Beste aus der Situation zu machen. Er benahm sich gut, war fleißig und erarbeitete sich so das Wohlwollen der weißen Heimleitung. In seiner neuen Klasse war er der einzige Schwarze – und bei seinen weißen Mitschülern so beliebt, daß er einmal sogar zum Klassensprecher gewählt wurde. Er spielte im Basketballteam der Schule, und seine Leistungen im Unterricht waren ausgezeichnet. Als Malcolm 15 war, geschah jedoch zweierlei, das sein Leben aus der Bahn werfen sollte: zunächst ein Besuch in Boston bei seiner Halbschwester Ella Collins. Malcolm war tief beeindruckt vom Leben in der großen Stadt und von den vielen Schwarzen, die in Boston lebten. Ihm gefiel es, nicht der einzige Schwarze, sondern einer von vielen zu sein. In Ella erkannte Malcolm zudem die erste wirklich stolze afroamerikanische Frau, und sie belebte die alten Ideale seines Vaters in ihm. Nach seiner Rückkehr aus Boston fühlte sich Malcolm in Mason mehr als unwohl. Daß die Heimleiter sowie viele seiner Mitschüler ihn oft als »Nigger« bezeichneten, was ihm vorher kaum aufgefallen war, empfand er nun als tägliche Beleidigung. Wie er selbst später beschrieb, wurde ihm auf einmal klar, daß das Wohlwollen der weißen Mitschüler ihm gegenüber nicht darauf basierte, daß sie ihn als gleichwertigen Menschen akzeptierten, sondern daß sie ihn als eine Art schwarzes Maskottchen ansahen – gut genug, um mit ihnen Basketball zu spielen, aber nicht gut genug, um mit ihren Schwestern auszugehen. Immer fragwürdiger erschien Malcolm sein bisheriges Ziel, sich der Welt der Weißen so gut wie möglich anzupassen. Der entscheidende Vorfall jedoch, der ihn dazu brachte, sich ganz von diesem Ziel zu verabschieden, geschah, als er in der achten Klasse war. Sein Lieblingslehrer, Mr. Ostrowski, erkundigte sich nach dem Unterricht bei Malcolm, ob er sich schon Gedanken über seine berufliche Zukunft gemacht hätte. Malcolm erwiderte spontan, daß er gerne Jura studieren und Rechtsanwalt werden würde. Mr. Ostrowski, der ansonsten seine Schüler immer dazu anhielt, sich hohe Ziele zu setzen und ihre Träume zu verwirklichen, schüttelte ungläubig den Kopf. Malcolm müsse schon ein wenig realistischer sein, sagte er, Rechtsanwalt sei nun wirklich »kein realistisches Berufsziel für einen Nigger. Wie wäre es denn mit einer Schreinerlehre?« Mit Mühe hielt es Malcolm noch bis zum Ende des Schuljahrs aus, dann zog er im Herbst 1940 zu Ella nach Boston.

Malcolm war nunmehr fest entschlossen, sein Leben in vollen Zügen zu genießen – endlich frei von weißer Bevormundung. Der Zwang, den Ansprüchen anderer genügen zu müssen, war ihm mittlerweile derart verhaßt, daß er selbst die vorsichtigen Versuche seiner Halbschwester ablehnte, ihn zur Suche nach einer »anständigen

Arbeit« zu bewegen. So gelang es Ella auch nicht, ihn an die Werte der schwarzen Mittelklasse heranzuführen. Statt dessen faszinierte ihn die glitzernde Welt der Bars, Tanzlokale, Spielhöllen und Freudenhäuser zutiefst. Er besorgte sich einen Job als Schuhputzer vor einem Tanzlokal und freundete sich mit zwielichtigen Gestalten der Bostoner Unterwelt an, die ihn in ihre Geschäfte einweihten. Bald schon polierte Malcolm seinen Kunden nicht nur die Schuhe, sondern vermittelte ihnen die Dienste von Prostituierten. Er begann, Drogen zu nehmen – zunächst Marihuana, später auch Kokain – und die Nächte mit Tanzen, Trinken und Spielen zu verbringen. Um genauso »cool« aufzutreten wie seine neuen schwarzen Freunde, kaufte er sich auffällige Anzüge (sogenannte *Zoot Suits*), schaffte sich eine weiße Freundin als Statussymbol an und ließ sich die Haare »conken« – eine schmerzhafte Prozedur, in der durch das Auftragen einer Chemikalie krauses oder lockiges Haar glatt wird. Damals hielt er sich für »the coolest kid in town«. Später jedoch sagte er über diese neue Frisur: »Das war mein erster großer Schritt zur Selbsterniedrigung, daß ich all diese Schmerzen erduldete, mein Fleisch regelrecht verbrannte, nur um mein Haar so wie das eines weißen Mannes aussehen zu lassen. Ich war ein Teil jener Massen von schwarzen Männern und Frauen in Amerika geworden, die man durch eine Hirnwäsche dazu gebracht hat zu glauben, daß Schwarze minderwertig und Weiße überlegene Menschen sind. So verblendet sind sie, daß sie sogar ihren eigenen, gottgeschaffenen Körper verletzen und verstümmeln, nur um einem weißen Schönheitsideal zu entsprechen!«

1942 besuchte Malcolm zum ersten Mal New York und war von Harlem völlig begeistert. Nachdem er eine Zeitlang bei der Eisenbahn gejobbt hatte und zwischen Boston und New York hin und her gependelt war, akzeptierte er 1943 ein Angebot, in Harlems berühmtem Nachtclub Small's Paradise als Kellner zu arbeiten. Nebenher verdiente er Geld als Zuhälter und Dealer. Als er nach einem Zwischenfall mit der Polizei die Stelle im Paradise verlor, widmete er sich schließlich ganz seinen kriminellen Aktivitäten. Sein bester Freund, Sammy the Pimp genannt, machte ihn mit allen wichtigen Figuren der Harlemer Unterwelt bekannt. Bald zählte Detroit Red, wie Malcolm nun genannt wurde (»Red« wegen seiner Haarfarbe, »Detroit«, weil er angab, aus der Hauptstadt Michigans zu stammen), zu ihren erfolgreichsten Mitgliedern. Außer Zuhälterei, illegalem

Glücksspiel, Schieberei und Drogenhandel gehörten schließlich auch kleinere Diebstähle und sogar bewaffnete Überfälle zu seinem Gewerbe. Seine Drogensucht verschlang immer mehr Geld und zwang ihn zu immer riskanteren Unternehmen, wodurch sich die Gefahr, erwischt zu werden, ständig erhöhte. Außerdem trachteten ihm einige Gangster, in deren Gebiet er eingedrungen war, nach dem Leben. Als ihm 1945 der Boden unter den Füßen zu heiß wurde, setzte er sich nach Boston ab, wo er bei seinem alten Freund Shorty Unterschlupf fand. Wenig später organisierte Malcolm gemeinsam mit seiner weißen Geliebten Bea, deren Schwester, Shorty und einem anderen Schwarzen namens Rudi einen neuen Einbrecherring. Die beiden Frauen kundschafteten tagsüber lohnende Zielobjekte aus, welche dann nachts von den Männern ausgeraubt wurden. Eine Zeitlang operierte das Team sehr erfolgreich. Im Januar 1946 war es aber dann soweit: Die Polizei erwischte sie, nur Rudi konnte entkommen. Während Bea und ihre Schwester mit einer Strafe von ein bis fünf Jahren auf Bewährung davonkamen, wurden Malcolm und Shorty, die man während der Verhandlung als »gottverdammte Nigger« beschimpft hatte, im Februar 1947 zu je zehn Jahren Haft verurteilt. Malcom zufolge erhielten sie diese für nicht vorbestrafte Diebe außergewöhnlich hohe Strafe nicht in erster Linie für den Einbruch, sondern dafür, daß sie mit weißen Frauen liiert waren. In den Augen des weißen Gerichts war dies offensichtlich das unverzeihlichere Verbrechen.

Bei der Urteilsverkündung war Malcolm noch entsetzt. Im Rückblick jedoch bezeichnete er die Tatsache, daß er ins Gefängnis kam, als »Segen« – denn hier sollte er die Nation of Islam kennenlernen und ein neues Leben beginnen. Die ersten Jahre seiner Haft ließen allerdings noch nichts von diesem Segen ahnen. Für den stark kokainabhängigen Malcolm war der plötzliche Entzug ein physischer Schock, und zudem war das Charlestown State Prison, wo er einsaß, ein besonders veraltetes Gefängnis: winzige Zellen, kein fließend Wasser, geschweige denn Toiletten. Sein Haß und seine Feindseligkeit allen und allem gegenüber machten ihn schließlich zu »Satan«, doch Malcolm, der gerade erst einundzwanzig geworden war, störte das nicht. Es war ihm gelungen, sich in der Gefangenenhierarchie an sicherer Stelle zu etablieren. Die anderen hatten genug Angst vor ihm, um ihn in Ruhe zu lassen, und er hatte schließlich Wege entdeckt, mit dem Geld, das ihm Ella gelegentlich schickte, an neue Drogen heranzukommen. Er begann, sich an den Alltag im Gefängnis zu gewöhnen.

Währenddessen beendete Martin Luther King sein Grundstudium am Morehouse College. Er genoß die Zeit an der Universität und empfand für den Präsidenten von Morehouse, Reverend Benjamin Mays, große Hochachtung. Dr. Mays war nicht nur ein inspirierender Lehrer mit hohen Ansprüchen (»Ein Mann sollte seine Arbeit so gut machen, daß kein Lebender, kein Toter und kein Ungeborener sie besser machen könnte«), sondern auch ein engagiertes NAACP-Mitglied, das die Diskussion über Rassenprobleme und Proteste gegen Segregation stets ermutigte. Als Pfarrer vertrat Mays eine aufgeklärte Theologie des Liberalismus und war der Ansicht, daß die Kirchen sich unbedingt aktiv am Kampf gegen die Diskriminierung von Afroamerikanern beteiligen sollten. Martin hatte bereits vorher mit dem streng fundamentalistischen Glauben seines Vaters und mit dessen – für viele schwarze Kirchen typischen – sehr emotionalen Predigtstil zunehmend Probleme gehabt, die sich zu ernsten Glaubenskrisen ausweiteten. Wie er selbst später einmal sagte, stellte sich für ihn in diesen Tagen oft die Frage, ob Religion überhaupt intellektuell akzeptierbar sei. Die Emotionalität der schwarzen Baptistenprediger, das Schreien und Füßestampfen, fand er damals unangemessen und peinlich. In Martins Familie war man immer davon ausgegangen, daß der älteste Sohn genau wie sein Vater und Großvater Pfarrer der Ebenezer-Kirche werden sollte. Für Martin war das jedoch längst nicht klar, und zu Beginn seines Studiums spielte er durchaus mit dem Gedanken, keine geistliche, sondern eine Laufbahn als Arzt oder Rechtsanwalt einzuschlagen. Erst während seiner Studien in Morehouse lernte er eine Sicht des Christentums und der Aufgaben eines Pfarrers kennen, die diesen Beruf wieder attraktiv erscheinen ließ. Er erkannte, daß Seelsorge nicht nur stattfindet, wenn ein Pfarrer seiner Gemeinde strenge moralische Vorschriften macht, sondern auch, wenn er sich sozial engagiert und intellektuell anspruchsvolle Predigten hält. So entschloß sich Martin 1947 doch dazu, Pfarrer zu werden. Er erhielt im Sommer 1948 die Priesterweihe und wurde zum zweiten Pfarrer der Ebenezer-Kirche ernannt.

Noch etwas änderte sich für Martin während seiner Studienzeit in

Morehouse: »Ich konnte diese anti-weißen Gefühle nicht überwinden, bis ich an die Universität und mit weißen Studenten in direkten Kontakt kam.« Martin lernte diese Studenten durch seine Mitarbeit in dem Atlanta Intercollegiate Council kennen, eine Gruppe von weißen und schwarzen Studenten von verschiedenen Universitäten Atlantas. Hier traf er erstmals Weiße, die nicht nur dazu bereit waren, sich mit afroamerikanischer Geschichte zu befassen und über Rassenprobleme zu sprechen, sondern auch gemeinsam mit Schwarzen etwas gegen die Segregationsgesetze unternehmen wollten. Martin erkannte, daß nicht alle Weißen Rassisten waren, sondern daß Rassismus ein strukturelles und gesellschaftliches Phänomen war. Diese Einsicht wurde noch durch einen Sommeraufenthalt in Hartfort, Connecticut, bestärkt, wo er während der Semesterferien in einer Tabakfarm arbeitete. In Connecticut gab es keine Segregationsgesetze, und zum ersten Mal konnte Martin gemeinsam mit weißen Freunden Bus fahren, Restaurants besuchen und ins Kino gehen. Sein Haß gegen weiße Rassisten ließ nach, denn ihm war nun klar, daß nicht die Weißen an sich, sondern Segregation und Rassismus das Übel darstellten, das auf breiter gesellschaftlicher Basis bekämpft werden mußte.

Im Herbst 1948 vollendete Martin sein Grundstudium in Morehouse, doch er wollte seine Kenntnisse in Religion und Philosophie weiter vertiefen. Zur Enttäuschung von »Daddy King«, der gehofft hatte, sein Sohn würde sich nun in Atlanta niederlassen, heiraten und zusammen mit ihm die Ebenezer-Kirche leiten, entschied sich Martin dafür, einen Magistergrad in Theologie zu erwerben. Er schrieb sich am Crozer-Theologieseminar ein, einer kleinen, aber renommierten Universität in Chester, Pennsylvania. Martin entschied sich für den Norden der USA, denn dies hatte zwei Vorteile: Der Umzug nach Chester verschaffte dem 19jährigen einen willkommenen räumlichen Abstand zu seinem Vater, denn es war ihm klar, daß er neben diesem in Ebenezer immer nur die zweite Geige hätte spielen müssen. Zudem war Crozer eine integrierte Institution. Die Mehrheit der Studenten war zwar weiß, aber es gab auch eine Reihe von Afroamerikanern sowie Amerikaner indianischer, lateinamerikanischer und asiatischer Abstammung.

Zu Beginn seines Studiums war er geradezu übereifrig in seinen Bemühungen, sich anzupassen und nicht unangenehm aufzufallen. So erinnerte er sich später selbst einmal: »Ich kannte das typische

Stereotyp, das Weiße von Negern[8] hatten: daß sie immer zu spät kommen, daß sie laut sind und immer lachen, daß sie unordentlich und schmutzig sind. Für eine Weile war ich darum unglaublich bemüht, jede Identifikation mit diesem Stereotyp zu vermeiden (...) Wenn ich eine Minute zu spät zum Unterricht kam, hatte ich tödliche Angst, daß alle es bemerkten. Um nicht durch häufiges Lachen aufzufallen, tat ich mich eine Zeitlang durch grimmigen Ernst hervor (...) Ich räumte meinen Raum perfekt auf, hatte meine Schuhe immer blank geputzt und meine Kleider tadellos gebügelt.«

Trotzdem kam es auch in Crozer zu Zwischenfällen mit Weißen. Ein als Rassist bekannter Student aus dem Süden stürmte einmal mit einer Pistole in der Hand in Martins Unterkunft, schrie, Martin habe sein Zimmer in Unordnung gebracht, und wollte »den unverschämten Nigger« zur Strafe gleich erschießen. Martin blieb gelassen und beteuerte seine Unschuld, bis es den herbeigeeilten anderen Studenten gelang, den Südstaatler zum Niederlegen seiner Waffe zu überreden. Sein mutiges Verhalten in dieser Situation sowie die Tatsache, daß er zum allgemeinen Erstaunen den weißen Angreifer nicht verklagte, sondern dessen Entschuldigung akzeptierte, machte Martin in Crozer sehr populär.

An der Theologischen Hochschule von Boston, wo er anschließend promovierte, bestätigten sich Martins positive Erfahrungen mit weißen Kommilitonen, und er sah die Universität als einen zukunftsweisenden sozialen Mikrokosmos: Wenn Weiße und Schwarze sich erst einmal gleichberechtigt gegenüberstehen und wirklich kennenlernen könnten, würden rassistische Vorurteile nach und nach verschwinden. Dafür sprach, daß sogar der Student, der ihn einst mit der Waffe bedroht hatte, mittlerweile sein Freund geworden war.

1951 machte Martin seinen Magister mit Auszeichnung als bester Absolvent seines Jahrgangs, erhielt ein Promotionsstipendium für die Boston University, wo ihm 1955 der Grad eines Doktors der Theologie verliehen wurde. Während des Studiums erhielt Martin entscheidende Impulse dafür, mit welchen Mitteln man die Gegner der Integration überzeugen oder überwinden könnte. So lernte er das Prinzip des bürgerlichen Ungehorsams durch die Texte von Henry David Thoreau kennen – Philosoph und Gegner der Sklaverei, der 1849 ins Gefängnis kam, da er sich weigerte, in einem System Steuern zu zahlen, das Sklaverei zuließ. (Einem Freund, der ihn fragte, warum er denn im Gefängnis sei, antwortete Thoreau: »Warum bist du *nicht* im Gefängnis?«) Zudem hörte Martin mehrere Vorträge über den indischen Freiheitskämpfer Mahatma Gandhi, der zu seinem großen Vorbild werden sollte. Für das Ziel der Unabhängigkeit Indiens hatte Gandhi Thoreaus Prinzip vom individuellen zivilen Ungehorsam noch erweitert: Er organisierte Streiks, Boykotte und Protestmärsche gegen die englische Kolonialherrschaft. Gandhis Pazifismus sowie seine Strategie der Gewaltlosigkeit beruhten auf dem Prinzip von *Satyagraha* (»Kraft der Wahrheit« beziehungsweise »Macht der Liebe«), also der Überzeugung, daß Liebe und Wahrheit die beiden mächtigsten Waffen der Welt seien. Weder Gefängnisstrafen noch die Brutalität britischer Truppen konnten ihn und seine Anhänger dazu bringen, ihren gewaltlosen Widerstand aufzugeben. Die Engländer mußten schließlich kapitulieren, und Indien erhielt 1947 die Unabhängigkeit. King war zutiefst beeindruckt von Gandhis Methode und ihrem Erfolg. Zwar stellten Schwarze in den USA – im Gegensatz zu den Indern im eigenen Land – nur rund zwölf Prozent der Bevölkerung dar, trotzdem begann er zu hoffen, daß diese Strategie auch im afroamerikanischen Freiheitskampf zum zentralen Bestandteil des Widerstandes werden könnte.

Seine theologischen Studien bestärkten ihn in dieser Hoffnung. Er gewann zunehmend Abstand von dem christlichen Fundamentalismus, den sein Vater vertrat – und wandte sich statt dessen dem evangelischen Liberalismus zu, der Glauben auch als Aufgabe verstand, die Gesellschaft von sozialen Mißständen zu befreien. Dieser Liberalismus lehnte das pessimistische Menschenbild der Neoorthodoxie (wie sie zum Beispiel durch den Schweizer Theologen Karl Barth vertreten wurde) ab, er unterstrich den Glauben an das Gute im Menschen und zeigte sich offener gegenüber moderner Technologie und Kultur. Besonders Walter Rauschenbuschs 1907 erschienenes Buch *Das Christentum und die soziale Krise* bewegte King tief. Rauschenbusch, Pfarrer einer deutschen Baptistengemeinde in einem der ärmsten Stadtviertel New Yorks, stellte die »sozialen Ziele Jesu« in den Vordergrund seiner Verkündigung. Seine Lehre, der sogenannte *Social Gospel*, rief die Kirchen sowie alle Christen zum gemeinsamen Kampf für soziale Gerechtigkeit und Frieden auf. Den Kommunismus als alternativen Weg zur Schaffung einer sozial gerechten Gesellschaft lehnte Martin hingegen entschieden ab (auch wenn später seine Gegner oft das Gegenteil behaupteten). Er hatte Marx' *Kommunistisches Manifest* gelesen und sah dessen ethischen Relativismus und totalitären Anspruch als vollkommen inakzeptabel an. Seiner Ansicht nach konnte auch der gerechteste Zweck niemals ungerechte Mittel rechtfertigen.

Weiterhin setzte sich King mit den Schriften des amerikanischen Theologen Reinhold Niebuhr auseinander, der den liberal-protestantischen Optimismus und Weltverbesserungseifer in vielen Punkten kritisierte. Niebuhr betonte die Fähigkeit des Menschen, willentlich zu sündigen, und er machte damit nicht nur soziale Mißstände für ungerechtes Handeln verantwortlich. Die Theorien Niebuhrs über den Machtmißbrauch sozialer Gruppen, die andere mit Absicht unterdrückten oder mißhandelten und ihr unmoralisches Verhalten später gerne mit pseudorationalen Argumenten rechtfertigten, konnte Martin später auf die Problematik der Rassenbeziehungen und seine Arbeit in der Bürgerrechtsbewegung übertragen. Allerdings stimmte er nicht mit Niebuhr in dessen Kritik des Pazifismus überein. Wie bekannt, glaubte Martin, daß aktiver Pazifismus – so wie Gandhi ihn vorgelebt hatte – durchaus ein effektives Mittel gegen Machtmißbrauch sein konnte. Eine zusätzliche und ihn bekräftigende Erkenntnis, die King auch durch das Studium der Dialektik Hegels gewonnen hatte, lag darin, daß Verbesserungen und Fortschritt meist nur durch kollektive Anstrengungen und Auseinandersetzungen erreicht werden können (»growth comes through struggle«). Insofern sah er den Kampf der Bürgerrechtsbewegung gegen den Rassismus auch als Chance, die gesamtgesellschaftliche Verfassung Amerikas positiv zu verändern.

Intensiv beschäftigte sich Martin in der Endphase seines Studiums mit der Frage nach Gott selbst – mit dem Gottesbild verschiedener Theologen und Philosophen. Besonders faszinierte ihn der sogenannte Personalismus, der seinen eigenen Glauben an einen persönlichen Gott sowie an die Würde und den Wert jeder einzelnen Persönlichkeit maßgeblich prägte. In seiner Dissertation verglich Martin den Gottesbegriff von Paul Tillich mit jenem Henry Nelson Wiemans. Beide Begriffe kritisierte King als letztendlich zu begrenzt in bezug auf die unendliche Liebe und Gerechtigkeit Gottes. Seine Vorstellung von Gott, die sich während dieser Zeit herauskristallisierte, war die eines persönlichen, guten und gerechten Gottes; eines Gottes, der alle Menschen - einerlei welcher Hautfarbe - als seine Kinder liebt und ihr Bestes will; ein Gott, der immer auf seiten der Schwachen und Unterdrückten steht, der zum Frieden und zur Nächstenliebe aufruft. Dieses Gottesbild, das in allen späteren Reden und Schriften Martin Luther Kings erscheint, unterscheidet sich übrigens kaum von dem traditionellen Verständnis der schwarzen Baptistenkirche, das deren Vertreter bereits zur Sklavenzeit verkündeten. Die Idee, daß Gott der Vater aller Menschen ist, daß Schwarze und Weiße sich darum als Brüder und Schwestern in Christo gegenseitig achten und lieben sollten, diente bereits der Abolitionistenbewegung als Argument gegen die Sklaverei und später der Bürgerrechtsbewegung als Argument gegen die Rassentrennung. Christentum und Segregation stellten zwei unvereinbare Konzepte dar.

Ging also Kings Studienzeit sowohl mit einem Feinschliff als auch mit einer Erweiterung seines seit jeher vorhandenen Glaubens einher, vollzog sich für Malcolm während seines Aufenthaltes im Gefängnis eine radikale Wandlung seiner bisherigen Lebensgrundsätze. Alles begann damit, daß sich Malcolm 1947 mit einem Mitgefangenen namens Bimbi anfreundete, der ihn durch sein enzyklopädisches Wissen beeindruckte. Ob Philosophie, Geschichte, Recht oder Religion - Bimbi kannte sich bestens aus, obwohl er nie eine höhere Schule besucht hatte. Auch die anderen Gefangenen respektierten Bimbi, und wo manche mit Fäusten argumentierten, überzeugte er allein durch die Kraft seiner Worte. Bimbi machte Malcolm klar, daß Wissen den Geist befreien und Macht bedeuten kann. Er forderte seinen Freund auf, endlich die Kapazitäten seines Intellekts zu gebrauchen. Malcolm, der seit der achten Klasse kein Buch mehr in die Hand genommen hatte und kaum noch lesen und schreiben konnte, befolgte den Rat. Mühsam machte er sich zunächst wieder mit den Regeln der Grammatik vertraut und erweiterte seinen Wortschatz. Dann fing er an, sich - wie Bimbi - durch Bücher autodidaktisch fortzubilden. Seinem neuen Hunger nach Wissen kam die Verlegung in das progressivere Norfolk-Gefängnis entgegen, das über eine ausgezeichnete Bibliothek verfügte. Malcolm las Tag und Nacht. Er verschlang Werke schwarzer Philosophen und Bürgerrechtler wie

Sowohl Martin Luther King (rechts, 1965) als auch Malcolm Little (oben, 1963) fanden Anfang der 1950er – der eine im Hörsaal, der andere in einer Gefängniszelle – zu ihren Lebensmaximen und Glaubensgrundsätzen, die ihre spätere

W. E. B. DuBois ebenso wie jene afroamerikanischer Historiker (etwa Carter G. Woodson), aber auch Texte weißer Europäer wie Schopenhauer, Kant und Nietzsche. Sein Lieblingsthema war Geschichte, vor allem die Geschichte der Versklavung und Ausbeutung schwarzer Amerikaner sowie die des Widerstandes seiner Vorfahren gegen ihre weißen Unterdrücker. Malcolms Gefängnisaufenthalt und seine intensiven Studien bereiteten so allmählich den Boden für eine weitere Veränderung in seinem Leben, auf die er vorher wohl kaum vorbereitet gewesen wäre.

Eines Tages erhielt er einen Brief von seinem Bruder Reginald: »Malcolm, iß kein Schweinefleisch mehr und hör' auf zu rauchen. Ich werde Dir einen Weg aus dem Gefängnis zeigen.« Neugierig, was

Arbeit bestimmen sollten. King berief sich dabei auf Henry David Thoreau und Mahatma Gandhi, Malcolm hingegen auf W.E.B. DuBois und Allah.

Reginald sich wohl hatte einfallen lassen – vielleicht einen Trick gegenüber den Gefängnisaufsehern –, befolgte Malcolm die Anweisung und erwartete mit Ungeduld den Besuch des Bruders, um Näheres zu erfahren. Allerdings teilte ihm Reginald dann keinen Plan zur Flucht aus Norfolk mit, sondern erklärte Malcolm, er müsse sich aus seinem inneren Gefängnis befreien. Und dabei könne ihm nur der Glaube an Gott helfen. Nicht etwa der blonde, blauäugige Jesus, den die Weißen anbeteten, sondern der wahre Gott, Allah, der sich seinen schwarzen Kindern in Amerika offenbart hatte und durch seinen Propheten Elijah Muhammad zu ihnen sprach. Reginald und seine Geschwister Wilfred, Philbert und Hilda waren bereits Mitglieder von Muhammads Religionsgemeinschaft geworden, der Nation of Islam. In mehreren Gesprächen klärte sein Bruder Malcolm darüber auf, daß die Weißen in Wahrheit Teufel in Menschengestalt seien, die den Schwarzen nur einredeten, sie seien minderwertig, um sie auszubeuten und ins Verderben zu stürzen. Das Christentum, in dessen Namen der weiße Mann jahrhundertelang die nicht-weißen Völker der Erde ausgerottet oder versklavt hatte, sei eine verachtenswerte Pseudoreligion. Sein Bruder beschwor ihn, den Islam als den wahren Glauben des schwarzen Mannes zu akzeptieren und ebenfalls der NoI beizutreten. Nur dadurch könne er sich aus dem Gefängnis seiner eigenen Unwissenheit und Selbstverachtung befreien:

»Du weißt ja noch nicht einmal, wer Du bist (...) Du weißt es nicht, weil der weiße Teufel vor Dir geheimgehalten hat, daß Du von einem Volk mit einer alten, erhabenen Zivilisation abstammst, mit Reichtum und Königen. Du weißt nicht einmal Deinen wahren Familiennamen, kennst Deine wahre Muttersprache nicht. Der weiße Teufel hat Dich von all Deinem Wissen über Dein Volk abgeschnitten. Du warst sein Opfer, seit er die ersten Deiner Vorfahren ermordet, vergewaltigt und aus Deinem Heimatland gestohlen hat.«

Die Argumente Reginalds bewegten Malcolm zutiefst. Er verglich sie mit den Erfahrungen seines bisherigen Lebens – von den Überfällen des Ku-Klux-Klan und dem tragischen Tod seines Vaters über die Einweisung seiner Mutter in eine Nervenklinik, die niederschmetternden Worte seines ehemaligen Schullehrers und seine selbstzerstörerische Karriere im Untergrund bis zu dem weißen Gericht, das ihn zu zehn Jahren Haft verurteilt hatte. Unter diesen Umständen erschien ihm die Erklärung, daß die Weißen in Wahrheit Teufel und für das Elend der Schwarzen verantwortlich seien, sehr einleuchtend. Zudem war ihm die Erinnerung an das stolze afrikanische Erbe der Schwarzen in Amerika bereits durch die Reden seines Vaters und anderer Garvey-Anhänger vertraut, die er als Junge bei UNIA-Versammlungen gehört hatte.

Zweifellos zählt die separatistische Bewegung Marcus Garveys zu den wichtigsten Vorläufern der Nation of Islam. Die von Garvey popularisierten Ideen eines neuen schwarzen Selbstbewußtseins, schwarzen Nationalismus und von schwarzer Geschäftstüchtigkeit finden sich auch in der NoI alle wieder. Der zweite Ursprungsort der NoI war der sogenannte Moorish Science Temple, eine kleine muslimische Religionsgemeinschaft für Schwarze, die Timothy Drew

1913 in Newark, New Jersey, gegründet hatte. Drew, ein ehemaliger Laufbursche aus North Carolina, der sich als Prophet sah und Noble Drew Ali nannte, verkündete, daß alle Afroamerikaner marokkanischen Ursprungs seien und der islamische Glaube daher ihre wahre Religion darstelle. Nachdem Drew 1929 unter mysteriösen Umständen gestorben war (wahrscheinlich wurde er ermordet, aber es gab nie klare Beweise), spaltete sich seine Anhängerschaft auf. Eine kleine Gruppe zog nach Chicago, wo sie heute noch ein relativ unbedeutendes Dasein fristet. Der Rest scharte sich um Wallace D. Fard, einen von Drews früheren Gefolgsleuten, der sich später Wali Farrad beziehungsweise Farrad Mohammad Ali nannte. Fard, dessen genaue Herkunft unklar ist (man weiß nur, daß er eine Zeitlang als Hausierer in Michigan tätig war), behauptete, ein Mullah aus Mekka zu sein. Er gründete 1930 im schwarzen Ghetto von Detroit eine neue Organisation: die Nation of Islam mit einem »Ersten Tempel des Islam« als Hauptsitz. Einer von Fards neuen und eifrigsten Gefolgsleuten war Elijah Poole, Sohn einer armen Landarbeiterfamilie aus Georgia. Bald schon wurde Poole, dessen Name nunmehr Elijah Muhammad lautete, Fards engster Vertrauter und Stellvertreter. Nach dessen plötzlichem Verschwinden 1934 (böse Zungen sprachen auch hier von Mord) erklärte sich Muhammad zu dessen Nachfolger und führte die NoI weiter. Wenig später verkündete er, daß Wali Farrad in Wahrheit Allah selbst gewesen sei, der Menschengestalt angenommen hatte, um seinen schwarzen Kindern in Amerika den wahren Glauben zu verkünden. Die »Göttlichkeit« Wali Farrads – eines der zentralen Glaubensdogmen der NoI, in dem sie sich vom klassischen Islam unterscheidet – bot nicht nur eine perfekte Erklärung für sein plötzliches Verschwinden, sondern stattete Elijah Muhammad als dessen Propheten ebenfalls mit göttlicher Autorität aus. Da Muhammad seine Anweisungen somit direkt von Allah bekommen hatte, war sein Wort unumstößliches Gesetz in der Nation of Islam.

In den folgenden Jahren konnte Muhammad somit die NoI genau seinen Vorstellungen gemäß formen und erweitern. Er gründete den Tempel Nr. 2 in Chicago, der zum neuen Zentrum der Organisation wurde, und entwickelte zahlreiche theologische Doktrinen und Regeln für das tägliche Leben. Neben einer strengen Arbeitsethik und genauen Gebets- und Kleidungsvorschriften gehörte zu diesen

Regeln das Verbot bestimmter Speisen und Genußmittel (etwa Schweinefleisch, Alkohol, Zigaretten), ein striktes Unzuchtsverbot sowie das Verbot von Mischehen mit Weißen. Mitglieder der NoI hatten außerdem das Gebot der Selbsthilfe, der Unterstützung anderer Schwarzer sowie der finanziellen Unterstützung der Organisation zu beachten und waren dazu aufgerufen, sich Kenntnisse über die eigene (schwarze) Geschichte und Kultur anzueignen. Als äußeres Zeichen der Mitgliedschaft wurde der Nachname jedes NoI-Mitgliedes durch ein X ersetzt, da der bis dahin geführte Familienname in aller Regel dem weißen Besitzer ihrer Vorfahren entstammte. Die Unbekannte X trat an die Stelle dieses »Sklavennamens«, bis der ursprüngliche afrikanische Familienname des Mitglieds ausfindig gemacht werden konnte.

Die theologische Heilsgeschichte der Nation of Islam besagt, daß die ersten Menschen, die Allah vor 66 Millionen Jahren erschuf, Schwarze waren. Dieses Volk, Shabazz genannt, lebte friedlich im fruchtbarsten Gebiet der Erde, dem Nildelta, bis ein niederträchtiger Wissenschaftler, Dr. Yakub, vor 6600 Jahren durch geheime Experimente eine neue, böse Menschenrasse erschuf: die Weißen. Sechshundert Jahre später gelang es diesen »blauäugigen Teufeln«, die Herrschaft über die schwarze Rasse zu gewinnen, die durch mangelnden Glauben schwach geworden war. 1930 erschien endlich Allah in Gestalt von Wali Farrad seinem auserwählten Volk, um es auf den rechten Weg zurückzuführen. Bemerkenswert an dieser Geschichte ist das von der klassischen Islam-Lehre abweichende Gottes- und Menschenbild: Allah ist nicht nur ein allmächtiger, allwissender und persönlicher, sondern auch ein schwarzer Gott (»The Supreme Black Being«). Und während der schwarze Mensch seinem Wesen nach gut und göttlich ist (»divine by nature«), ist der Weiße ein »Teufel«, essentiell schlecht und böse (»evil by nature«). Im Kampf gegen das Böse wird laut NoI-Verkündigung Allah seinen gläubigen schwarzen Kindern beistehen und denen, die auf ihn vertrauen, in der finalen »Schlacht von Armageddon« zum endgültigen Sieg verhelfen.

Diese Kernaussagen der NoI-Doktrin machten sie insbesondere für die in »weißen« Gefängnissen eingesperrten schwarzen Strafgefangenen ausgesprochen attraktiv. So entschloß sich schließlich auch Malcolm Little dazu, der Nation of Islam beizutreten. 1948 –

im gleichen Jahr, in dem Martin Luther King, Jr., zum Baptistenpfarrer geweiht wurde – konvertierte Malcolm zum islamischen Glauben – beziehungsweise zu der beschriebenen schwarzen Lehre des Islam, die von Elijah Muhammad verkündet wurde. Nach seiner Bekehrung begann er, Muhammad täglich Briefe zu schreiben. In seinen Antworten ermutigte dieser ihn, einen nach muslimischen Gesetzen vorbildlichen Lebenswandel zu führen, regelmäßig zu beten und sich in Vorbereitung auf sein Leben nach dem Gefängnis weiterzubilden – vor allem in bezug auf die Lehren der Nation of Islam. Und Malcolm widmete sich seinen Studien jetzt noch eifriger als zuvor. Er las vor allem theologische und historische Werke, setzte sich intensiv mit der Bibel auseinander und übte seine rhetorischen Fähigkeiten. Mit Vorliebe nahm er an organisierten Gefängnisdebatten teil. Gleichgültig, welches das Ausgangsthema der Diskussion war, Malcolm gelang es immer, auf die immensen historischen Verbrechen zu kommen, die weiße Menschen im Verlauf der Jahrhunderte anderen Völkern der Erde angetan hatten.

Im August 1952 wurde Malcolm nach siebeneinhalb Jahren Haft begnadigt. Er zog nach Detroit zu seinem Bruder Wilbert, der ihm einen Job in einem Möbelgeschäft besorgte, später arbeitete er am Fließband in der Autofabrik Ford. Bei Wilbert lernte Malcolm das Leben einer strenggläubigen islamischen Familie kennen, deren Frömmigkeit ihn ebenso beeindruckte wie ihre Disziplin, Höflichkeit und Ordnung. Drei Wochen nach seiner Ankunft besuchte Malcolm gemeinsam mit Wilbert und anderen *Black Muslims* (wie sich die Anhänger der NoI auch nannten) aus Detroit den Tempel Nr. 2 in Chicago, wo er Elijah Muhammad zum ersten Mal selbst sprechen hörte. Malcolm war zutiefst bewegt. Die persönliche Begegnung mit dem »Botschafter Allahs« festigte seinen Glauben und ließ ihn den Entschluß fassen, sein Leben ebenfalls vollkommen in den Dienst Allahs zu stellen. Im September 1952 erhielt er sein X von Elijah Muhammad, das offizielle Zeichen seiner Mitgliedschaft in der Nation of Islam. Nach seiner Arbeit verbrachte Malcolm X, wie er nun hieß, jede freie Minute entweder im Tempel bei Elijah Muhammad oder mit dem Werben neuer Mitglieder für die NoI. Im Juni 1953 wurde Malcolm zum *Assistant Minister* (Hilfspriester) des Tempels Nr. 1 in Detroit ernannt. Glücklich und stolz über das in ihn gesetzte Vertrauen gab er seine Arbeitsstelle in der Fabrik auf, um sich ganz der neuen Aufgabe zu widmen. Malcolms Predigten waren sehr erfolgreich. Es zeigte sich, daß er ein natürliches Redetalent besaß und daß er religiösen Ernst mit brillantem Witz und beißender Ironie zu verbinden wußte. Außerdem galt er als dynamisch und gutaussehend, so daß es ihm in relativ kurzer Zeit gelang, viele – vor allem jüngere – Afroamerikaner für die Lehre der Nation of Islam zu begeistern. Seine Ergebenheit für Elijah Muhammad, mit dem er viel Zeit verbrachte, wurde immer größer. Elijah, der schon bald das große Potential des jungen Minister Malcolm erkannte, lud ihn in sein Haus ein, zeichnete ihn mit besonderem Wohlwollen aus und nannte ihn »Sohn«. Zum ersten Mal seit langer Zeit fühlte sich Malcolm rundherum glücklich. Er hatte eine geistige Heimat und eine Aufgabe gefunden, die ihn mit Zufriedenheit und Stolz erfüllte – sowie eine Vaterfigur, zu der er voll Bewunderung und Liebe aufblicken konnte. Nach und nach übertrug ihm der »Botschafter Allahs« immer größere Aufgaben.

Nachdem Malcolm sich nicht nur in Detroit, sondern auch beim Aufbau neuer Tempel in Boston und Philadelphia bewährt hatte, ernannte Muhammad ihn im Juni 1954 zum neuen Leiter des Tempels Nr. 7 in New York City. Über eine Million Afroamerikaner lebten damals in der Stadt – mehr als in jedem anderen Ort der USA. Der New Yorker Stadtteil Harlem bildete das Zentrum schwarzer Kultur und spielte daher für die Nation of Islam eine Schlüsselrolle bei der Verbreitung ihrer Lehre. Allerdings war Tempel Nr. 7 bisher aufgrund geringer Mitgliederzahlen und unzuverlässiger Leitung ein besonderes Sorgenkind Elijah Muhammads gewesen. Malcolm akzeptierte freudig die neue Herausforderung und kehrte voller Eifer als »Diener Allahs« nach Harlem zurück – dem Ort, wo er einst als drogensüchtiger Detroit Red die Höhepunkte seiner kriminellen Karriere erlebt hatte.

Im gleichen Monat, in dem Malcolm X sein erstes offizielles Amt in der Nation of Islam übernahm, ereignete sich auch in Martin Luther Kings Leben eine wichtige Veränderung: Er heiratete Coretta Scott, eine zwei Jahre ältere Musikstudentin aus Alabama, die er im Frühling 1953 in Boston kennengelernt hatte. Coretta besuchte dort das New England Conservatory of Music, und Martin, der seit Anfang der 1950er Jahre mit konkretesten Vorstellungen nach einer Frau Ausschau hielt, war sogleich entzückt von ihr. Seine Lebenspartnerin sollte nämlich »gewisse Qualifikationen« mitbringen, vor allem »Charakter, Intelligenz, Glaube und Schönheit« – und all dies sah er in Coretta. Wie die meisten Männer seiner Zeit erwartete er darüber hinaus, daß seine Frau bereit war, mit den Kindern zu Hause zu bleiben und ihn in seiner Arbeit als Pfarrer aktiv zu unterstützen. Coretta, die von einer Karriere als Sängerin träumte, war zunächst gar nicht begeistert von der Idee, ihre eigenen Berufsziele aufzugeben, um an Martins Seite ein womöglich langweiliges Dasein als Pfarrersfrau und Vollzeitmutter zu fristen. Ein Besuch bei Martins Eltern hatte auch nicht gerade zu ihrer Ermutigung beigetragen, denn »Daddy King« verhielt sich ihr gegenüber arrogant und abweisend. Er erwartete nämlich, daß Martin ein Mädchen aus einer vornehmen Familie in Atlanta heiratete. Martin ließ sich jedoch nicht länger von seinem Vater vorschreiben, was er zu tun hatte, und bei Coretta siegte schließlich die Liebe zu dem jungen Mann über ihre anfänglichen Bedenken. Am 18. Juni 1953 wurden die beiden von »Daddy King«, der seinen anfänglichen Widerstand gegen die Heirat schließlich aufgegeben hatte, im Garten von Corettas Elternhaus getraut.

Im Herbst des gleichen Jahres vollendete Martin seine Pflichtkurse für die Promotion an der Boston University. Neben dem ursprünglichen Ziel, als Pfarrer zu arbeiten, bot sich nun auch die Option, eine akademische Laufbahn einzuschlagen. Vor allem sein Doktorvater, Harold DeWolf, der ihn für einen der besten Studenten hielt, die er je betreut hatte, ermutigte ihn zu diesem Weg. Mehrere Universitäten, unter anderem auch seine *Alma mater*, Morehouse, boten ihm Stellen an – und die Vorstellung, Professor für Theologie zu werden, übte durchaus ihren Reiz auf Martin aus. Nach langem Überlegen entschied er sich jedoch für den aktiven Dienst in der Kirche, und die nächste Frage, die es zu beantworten galt, war jene nach dem zukünftigen Lebensstandort. Auf seine Bewerbungen hin boten ihm eine Reihe von Gemeinden – unter anderem in New York und in Massachusetts – Stellen an. Coretta und er diskutierten lange darüber. Beide hatten nach ihrer Jugend im rassistischen Süden das freie Leben in Boston sehr genossen und waren sich bewußt, daß ihnen ein Verbleiben im Norden – auch im Hinblick auf die geplante Familiengründung – sicherlich einiges leichter machen würde. Außerdem würden sich in einer Stadt wie New York Corettas musikalische Ambitionen vielleicht doch noch verwirklichen lassen. Trotz all dieser Überlegungen beschlossen Martin und Coretta schließlich, in den Süden zurückzukehren. Beiden war das Engagement in Sachen schwarze Gleichberechtigung ein zentrales Anliegen, und sie wußten, daß sie sich im Süden unmittelbarer am Kampf gegen Segregation und Rassismus beteiligen konnten. Im Frühling 1954 wurde Martin von der Dexter Avenue Baptist Church in Montgomery, Alabama, das Angebot gemacht, ihr neuer Pfarrer zu werden. Dexter war zwar nur eine kleine Kirchengemeinde, aber die rund 300 Mitglieder waren relativ wohlhabend und gehörten zu den gebildetsten schwarzen Bürgern von Montgomery. Viele hatten einen Hochschulabschluß, und Martin gefiel es sehr, daß er hier vor einer Gemeinde sprechen konnte, die seine intellektuellen Fähigkeiten und theologischen Kenntnisse verstehen und würdigen konnte. Nachdem auch Coretta ihre Zustimmung gegeben hatte, nahm Martin das Angebot an. »Daddy King« war entsetzt, als er von Martins Entscheidung erfuhr. Er hatte fest damit gerechnet, daß dieser nun endlich nach Atlanta und zur Ebenezer-Kirche zurückkehren würde. Genau dies wollte Martin weiterhin nicht, in Montgomery konnte er allein Verantwortung tragen, Entscheidungen fällen und seine Fähigkeiten so für die Gemeinde einsetzen, wie er es für richtig hielt. Im September 1954 zogen Martin und Coretta in ihre neue Heimatstadt, wo er am 31. Oktober offiziell sein Amt als Pfarrer der Dexter Avenue Baptist Church antrat.

Sowohl für Martin Luther King, Jr., als auch für Malcolm X begann also 1954 eine neue Phase ihres Lebens. Beide waren aufgrund ihrer bisherigen Lebenserfahrung erfüllt von einem tiefen Glauben an Gott und dem Vorsatz, all ihre Fähigkeiten für eine Verbesserung der Situation schwarzer Amerikaner einzusetzen. Beide begannen ihren Dienst als Geistliche in einer neuen Gemeinde – wenn auch in sehr verschiedenen Glaubensgemeinschaften –, und beide sollten innerhalb weniger Jahre durch ihre Tätigkeit nationale Berühmtheit erlangen.

3. Geliebte Brüder, gehaßte Teufel – Visionen im Kampf um Gleichberechtigung

»We cannot solve this problem with retaliatory violence. We must meet violence with nonviolence (...) We must love our white brothers no matter what they do to us (...) Remember, if I am stopped, this movement will not stop, because God is with the movement.«

Martin Luther King, Montgomery, 30. Januar 1956

»Hell is right here in North America (...) Hell is when you don't have freedom and when you don't have justice. And when you don't have equality, that's hell (...) The devil is the one who deprives you of justice (...) The devil is the one who robs you of your right to be a human being. I don't have to tell you who the devil is. You know who the devil is!«

Malcolm X, New York, 1. August 1957

Das Jahr 1954 stellte nicht nur in den Lebensbiographien Martin Luther Kings und Malcolm X', sondern auch in der Geschichte schwarzer Amerikaner einen bedeutenden Wendepunkt dar: Im Mai errang die NAACP ihren bis dahin bedeutendsten juristischen Erfolg. Nach jahrelangem Rechtsstreit entschied der Oberste Gerichtshof der Vereinigten Staaten, daß die Rassentrennung an Schulen verfassungswidrig sei. Durch dieses Urteil (»Brown vs. Board of Education of Topeca«) wurde die »Gleich-aber-getrennt«-Doktrin von 1896 für ungültig erklärt. Die Richter argumentierten, daß rassengetrennte Schulen inhärent ungleich seien, da sie – wie psychologische Tests gezeigt hatten – schwarzen Kindern ein Gefühl der Minderwertigkeit vermittelten. Mit dieser berühmt gewordenen »Brown-Entscheidung« sprach sich das oberste Gericht der USA zum ersten Mal seit der *Reconstruction* eindeutig gegen die Rassentrennung aus. So hatten schwarze Amerikaner in ihrem Kampf gegen die Segregation nunmehr zumindest das Gesetz auf ihrer Seite. Während die *Black Community* dies begeistert feierte, protestierten weiße Südstaatler empört gegen die Einmischung in ihre lokale Gesetzgebung, stellte doch das Urteil gegen Rassentrennung an Schulen die Legalität aller Segregationsgesetze in Frage. Es war darum eine entscheidende Voraussetzung für den Beginn der großen schwarzen Protestbewegung, die ein Jahr später in Montgomery ihren Anfang nehmen sollte.

Doch bereits vor der Brown-Entscheidung hatten andere Faktoren den Boden zur Entstehung dieser Protestbewegung vorbereitet. Der Zweite Weltkrieg spielte hierbei eine wichtige Rolle: Allein die

Tatsache, daß die USA einen Krieg gegen Hitler und dessen Rassenwahn führten, machte es zunehmend schwierig, den Rassismus im eigenen Land zu rechtfertigen oder auch nur zu tolerieren. Außerdem wurden viele afroamerikanische Soldaten, die gegen Deutschland gekämpft hatten, für ihre Tapferkeit ausgezeichnet und in Frankreich als Befreier genauso begeistert gefeiert wie ihre weißen Kameraden. Nach ihrer Rückkehr in den Süden waren diese nicht mehr dazu bereit, die demütigenden Segregationsgesetze hinzunehmen. So kam es immer häufiger zur Konfrontation mit weißen Rassisten, und die Stimmen des schwarzen Widerstandes wurden lauter. 1941 gelang es dem Bürgerrechtler A. Philip Randolph, Präsident Roosevelt unter Androhung eines großen schwarzen Protestmarsches in Washington zu einem wichtigen Zugeständnis zu bewegen: In der gesamten Rüstungsindustrie und allen Trainingsprogrammen der Regierung wurde Diskriminierung aufgrund von Rassen- oder Religionszugehörigkeit verboten. 1942 gründeten weiße und schwarze Studenten an der Universität von Chicago gemeinsam eine neue pazifistische Bürgerrechtsorganisation, den Congress of Racial Equality (CORE). 1943 setzte CORE zum ersten Mal Sitzstreiks (*sit-ins*) als Protestmittel gegen die Diskriminierung schwarzer Amerikaner ein. Zwar erlangte die Gruppe zu diesem Zeitpunkt noch keine nationale Aufmerksamkeit, aber sie ermutigte andere Schwarze, sich der Segregation zu widersetzen. Nach dem Ende des Krieges richtete Präsident Truman 1946 eine Regierungskommission zur Untersuchung der Rassenfrage ein. Ein Jahr später veröffentlichte diese einen Bericht, in dem die Diskriminierung schwarzer Bürger in den USA scharf kritisiert wurde. Daraufhin ordnete Truman 1948 die Beendigung der Rassentrennung innerhalb der amerikanischen Streitkräfte an, und innerhalb weniger Jahre wurde das Militär die weitestgehende integrierte öffentliche Einrichtung in den USA.[9]

Die Brown-Entscheidung stellte somit das letzte Glied in einer Kette von Ereignissen dar, die dazu beitrugen, das Selbstbewußtsein schwarzer Amerikaner zu stärken – ebenso wie ihre Bereitschaft, sich gegen Diskriminierung zu wehren. 1955 sorgten zwei weitere Vorfälle für das Anwachsen einer größeren schwarzen Protestbewegung. Der erste war eine Zusatzentscheidung des Obersten Gerichtshofs zum »Brown-Urteil«: Die einzelnen Bundesstaaten mußten demnach ihre Schulen nicht sofort integrieren, sondern konnten dies nach eigenem Ermessen »mit angemessener Geschwindigkeit« tun. Das Zusatzurteil enttäuschte schwarze Bürgerrechtler zutiefst, bot es doch den Südstaaten die Möglichkeit, den Prozeß der Integration nahezu beliebig hinauszuzögern.

Der zweite Vorfall, der die Gemüter schwarzer Amerikaner im Sommer 1955 erregte, war die brutale Ermordung von Emmett Till, einem schwarzen Jungen aus Chicago, der den Sommer bei seinen Verwandten in Money, Mississippi, verbrachte. Der 14jährige Emmett, der daheim gemeinsam mit weißen Kindern zur Schule ging, war die strenge Rassentrennung und das demütige Verhalten, das Schwarzen im Süden abverlangt wurde, nicht gewohnt. Um seine Cousins zu beeindrucken, rief er deshalb beim Verlassen eines Geschäfts aus Spaß einer weißen Frau ein lässiges »Bye Baby!« zu. Diese zwei Worte sollten Emmett zum Verhängnis werden. In der folgenden Nacht wurde er von dem Ehemann und dem Bruder der Frau aus dem Haus seines Onkels entführt. Entschlossen, den »unverschämten kleinen Nigger« gebührend zu bestrafen, schlugen ihn die beiden Männer brutal zusammen. Da er nicht um Gnade winselte, gerieten sie zunehmend in Rage. Sie befestigten mit Stacheldraht einen schweren Eisenventilator an seinem Hals und zwangen ihn, das Gerät zum Ufer des Tallahatchie-Flusses zu schleppen. Dort schossen sie ihm eine Kugel in den Kopf und warfen ihn ins Wasser. Emmetts Leiche wurde erst drei Tage später gefunden – um den Hals hing noch der Stacheldraht, das Gesicht war zertrümmert, ein Auge fehlte. Außer sich vor Kummer und Zorn, entschied sich Emmetts Mutter in Chicago für eine öffentliche Aufbahrung des geschundenen Körpers – die ganze Welt sollte sehen, was der Haß weißer Rassisten ihrem einzigen Sohn angetan hatte. Die Bilder des toten Jungen erschienen in den Zeitungen und lösten im ganzen Land Empörung aus. Die Mörder Emmett Tills wurden jedoch trotz eindeutiger Identifizierung durch seinen Onkel von einem weißen Gericht in Mississippi freigesprochen. Sie prahlten später sogar mit der Tat. Schwarze und weiße Bürgerrechtler waren zutiefst schockiert. Wie lange noch würde der Rest Amerikas tatenlos zusehen, wie die Rechte schwarzer Amerikaner im Süden mit Füßen getreten, ja sogar Kinder ermordet wurden? Der brutale, ungesühnte Tod des jungen Emmett stellte für viele Schwarze den Tropfen dar, der das Faß zum

Überlaufen brachte. Es mußte endlich ein Weg gefunden werden, um den Rassismus im Süden effektiver als bisher bekämpfen zu können – aber wie?

Martin Luther King, Jr., war einer jener, die sich diese Frage stellten. Er hatte im Frühling 1955 seine Doktorarbeit beendet und erfreute sich wegen seiner ausgezeichneten Predigten sowie seiner engagierten Arbeit in seiner Gemeinde bei den Schwarzen in Montgomery zunehmender Beliebtheit. Im November brachte Coretta ihr erstes Kind zur Welt, doch angesichts der angespannten Situation im Süden wurde ihre Freude von der Sorge um die Zukunft der kleinen Yolanda überschattet. Die Verantwortung für das Wohl ihrer Tochter machte ihr Anliegen, sich am Kampf gegen die Unterdrückung Schwarzer zu beteiligen, dringender als je zuvor. Nur wenige Wochen später sollte sich für den jungen Vater auf einmal eine unerwartete Gelegenheit ergeben, genau dies zu tun.

Am 2. Dezember 1955 erhielt King einen Anruf von E. D. Nixon, dem Leiter der NAACP-Ortsgruppe von Montgomery. Nixon erzählte ihm, daß am Tag zuvor Rosa Parks, eine 41jährige Näherin und langjährige Angehörige der NAACP, auf dem Heimweg von der Arbeit verhaftet worden war. Sie hatte sich geweigert, ihren Sitzplatz im Bus für einen weißen Mann frei zu machen. Die Segregationsgesetze von Montgomery reservierten nicht nur die ersten vier Sitzreihen in jedem Bus ausschließlich für weiße Fahrgäste, sondern schrieben auch vor, daß im Fall von weiterem Platzbedarf weißer Mitfahrer die schwarzen Fahrgäste zusätzlich alle Sitzplätze im mittleren Teil des Busses räumen mußten. Parks hatte sich an jenem Abend auf dem Heimweg nach einem langen Arbeitstag befunden, sie fühlte sich müde und erschöpft, und, wie sie selbst später sagte, sie war es in diesem Moment einfach leid, sich herumkommandieren zu lassen. So blieb sie trotz der wütenden Beschimpfungen des weißen Busfahrers sitzen, bis die Polizei kam und sie verhaftete. Nixon besuchte Parks im Gefängnis, und diese erklärte sich – trotz der Einwände ihres um ihr Leben besorgten Ehemannes – dazu bereit, der NAACP ihren Fall als »Musterprozeß« zur Herausforderung der Segregationsgesetze von Alabama zur Verfügung zu stellen. Als sie wenige Tage später wegen Mißachtung der Segregationsgesetze zu einer Geldbuße verurteilt wurde, weigerte sich Parks, ihre Strafe zu bezahlen, und ihre NAACP-Anwälte legten umgehend Berufung gegen das Urteil ein.

Um Parks zu unterstützen und ihren Fall in der Öffentlichkeit bekannt zu machen, verfolgte E. D. Nixon noch einen zweiten Plan. Das sogenannte Women's Political Council (WPC), eine Organisation schwarzer Frauen in Montgomery, hatte schon seit längerem die Idee zu einem Boykott gegen die Rassentrennung in Bussen verfolgt. Jetzt bot Nixon Jo Ann Robinson, der Leiterin des WPC, seine Hilfe an. Gemeinsam begannen sie, den Boykottplan in die Tat umzusetzen. Innerhalb von zwei Tagen druckte und verteilte das WPC 35 000 Flugblätter, die alle Afroamerikaner in Montgomery dazu aufforderten, am folgenden Montag nicht mit Bussen zu fahren, um gegen die Rassentrennung und die Verhaftung von Rosa Parks zu protestieren. Nixon wußte, daß für den Erfolg einer solchen Aktion die Unterstützung der schwarzen Pfarrer in Montgomery von entscheidender Bedeutung war. Aufgrund ihrer Geschichte ist die Kirche innerhalb der *Black Community* bis heute nicht nur die oberste moralische Instanz, sondern setzt auch die Normen für das soziale und politische Verhalten ihrer Mitglieder. Die Kanzel war jahrhundertelang die einzige Möglichkeit für Afroamerikaner, öffentlich aufzutreten und von einer Position der Autorität aus zu sprechen. Deshalb ist der Pfarrer in schwarzen Gemeinden in der Regel nicht nur geistliches Oberhaupt, sondern auch politischer Anführer, dessen Einfluß häufig weit über jenen seiner weißen Amtskollegen hinausgeht.[10]

King war einer der über vierzig schwarzen Geistlichen Montgomerys, die Nixon anrief. Er sagte nicht nur seine Unterstützung zu, sondern stellte auch seine Kirche für ein Treffen aller interessierten Pfarrer zur Verfügung. Die Teilnehmer dieser Versammlung beschlossen, in ihren Sonntagspredigten auf den für den 5. Dezember geplanten Boykott aufmerksam zu machen. Wie King später berichtete, war er selbst in der Nacht von Sonntag auf Montag sehr aufgeregt. Zwischen Hoffnung und Furcht schwankend, fragte er sich immer wieder, ob die *Black Community* sich tatsächlich zusammenschließen würde, um zum ersten Mal gemeinsam und öffentlich gegen die Segregation zu protestieren. Als er um sechs Uhr morgens aus dem Fenster seines Hauses schaute, sah er zu seiner großen Freude einen vollkommen leeren Bus vorbeifahren. 15 Minuten später kam der nächste – ebenfalls ohne Passagiere. King konnte es kaum glauben – »es war wie ein Wunder«, sagte er später. Im Gegensatz zu den weißen besaßen die meisten schwarzen Bürger Montgomerys keine Autos und waren deshalb auf die Busse mehr als angewiesen, um zur Arbeit zu kommen. An diesem Tag jedoch blieben die Busse leer (von ein paar weißen Passagieren abgesehen). Die Bürgersteige dagegen waren voll mit Afroamerikanern, die zu Fuß zur Arbeit gingen. Andere fuhren per Anhalter oder teilten sich ein Taxi, einige ritten sogar auf Mauleseln – aber keiner stieg in einen Bus. Der Erfolg des Boykotts übertraf die kühnsten Erwartungen seiner Organisatoren. Am Abend luden sie alle Teilnehmer zu einem Treffen in der Holt Street Baptist Church ein, um über eine Verlängerung der Aktion zu entscheiden. Da King für seine rhetorischen Fähigkeiten bekannt war, bat man ihn, das Redneramt zu übernehmen.

Die Kirche in der Holt Street war an jenem Abend so überfüllt wie noch nie zuvor: 3500 Menschen drängten sich im Innenraum, und weitere 4000 standen draußen und verfolgten das Geschehen über Lautsprecher. King prangerte die Diskriminierung und Demütigung an, die Schwarze in den Bussen Tag für Tag erdulden mußten. Jetzt, so rief er, sei der Zeitpunkt erreicht, an dem die Geduld der *Black Community* endgültig erschöpft sei: »Es kommt einmal die Zeit, wenn Menschen es leid sind, vom eisernen Fuß der Unterdrükkung getreten zu werden. Es kommt die Zeit, wenn Menschen es leid sind, über den Abgrund der Erniedrigung gestoßen zu werden Wir sind heute abend hier, meine Freunde, um denen, die uns so lange mißhandelt haben, zu sagen, daß wir es jetzt leid sind! (...) Wenn wir im Unrecht sind, dann ist das Oberste Gericht dieser Nation im Unrecht. Wenn wir im Unrecht sind, ist die Verfassung der Vereinigten Staaten im Unrecht. Wenn wir im Unrecht sind, ist Gott der Allmächtige im Unrecht (...) Wenn wir im Unrecht sind, dann ist Gerechtigkeit eine Lüge!«

Kings Rede begeisterte die Zuhörer. Er rief die erregte Menge allerdings auch dazu auf, sich nicht vom Zorn leiten zu lassen. »Wir dürfen nicht bitter werden und anfangen, unsere weißen Brüder zu hassen«, warnte er. Nur wenn die *Black Community* mutig, aber gleichzeitig mit Würde und christlicher Liebe ihren Protest fortsetzte, könne sie wirklich etwas verändern, könne eine neue Ära der

Gleichberechtigung anbrechen. Die Zuhörer beantworteten diese Aufforderung mit tosendem Applaus und beschlossen einstimmig, den Boykott fortzusetzen. Noch am gleichen Abend wurde eine neue Organisation zur Koordination dieser längeren Boykottaktion gegründet: die Montgomery Improvement Association (MIA). Nixon schlug King als Präsidenten für die MIA vor, zum einen wegen seines beeindruckenden Redetalentes, zum anderen, weil der junge Pfarrer zu neu in der Stadt war, um irgendwelche Feinde zu haben. Die anderen stimmten dem Vorschlag sofort zu. King selbst zögerte allerdings und entgegnete, es wäre vielleicht besser, daß einer der älteren Pfarrer diese große Verantwortung übernehmen sollte. Erst als die anderen ihm vehement zuredeten und jemand sogar seinen Mut in Frage stellte, akzeptierte er die Wahl. So wurde der erst 26 Jahre alte Martin Luther King, Jr., zum offiziellen Anführer des schwarzen Widerstandes in Montgomery.

Der Busboykott dauerte fort – Tage, Wochen, Monate. Bald erregte die Aktion nationale und schließlich auch internationale Aufmerksamkeit – nicht zuletzt wegen der bewegenden und ausgesprochen medienwirksamen Ansprachen von King. Seine Worte beeindruckten nicht nur die Journalisten, sondern sie gaben der *Black Community* von Montgomery immer wieder neuen Mut und stärkten ihr Durchhaltevermögen. Tausende von Schwarzen verzichteten über ein Jahr lang bei Wind und Wetter auf die Bequemlichkeit der öffentlichen Verkehrsmittel. Die MIA gründete zwar ein alternatives Transportsystem, den »Montgomery Carpool« (an dem 325 Privatwagen beteiligt waren), aber ein Großteil der am Boykott beteiligten Frauen und Männer legte trotzdem jeden Tag lange Fußmärsche zurück, um zur Arbeit oder zum Einkaufen zu gehen. Dabei mußten sie oft Belästigungen und Schikanen weißer Segregationisten in Kauf nehmen. So wurden einige Boykotteilnehmer mit faulen Eiern, uringefüllten Luftballons oder Steinen beworfen, andere wurden krankenhausreif geprügelt.

Als Präsident der MIA wurde King zur besonderen Zielscheibe weißen Hasses. Er erhielt täglich bis zu 40 Drohbriefe und -anrufe. Eines Nachts im Januar 1956 beschimpfte ihn wieder einmal ein Anrufer als »verdammten Nigger« und forderte ihn dazu auf, innerhalb von drei Tagen die Stadt zu verlassen, wenn ihm das Leben seiner Familie lieb sei. Dies war das erste Mal, daß jemand direkt mit der

Ermordung seiner Frau und seiner kleinen Tochter gedroht hatte. Beinahe wäre er vor Angst verzweifelt, und er erwog ernsthaft aufzugeben. Doch dann hatte er ein Erlebnis, das er später selbst als eine Gotteserfahrung von unglaublicher Intensität beschrieb. Es war, als ob die Stimme Gottes ihm laut und deutlich Mut zusprechen würde und zum Durchhalten aufforderte. Die Stimme ließ alle Angst von ihm abfallen, sie verlieh ihm neue Kraft und erfüllte ihn mit der unerschütterlichen Gewißheit, daß Gott ihm im Kampf für Gerechtigkeit stets zur Seite stehen würde. Nach dieser Nacht, wie er selbst sagte, sollte er nie wieder an seiner Aufgabe zweifeln. Drei Tage später fand tatsächlich ein Anschlag auf seine Familie statt: Während King für die MIA eine Rede hielt, wurde ein Teil seines Hauses durch eine Bombenexplosion völlig zerstört. Glücklicherweise blieben Coretta und Yolanda unverletzt. Vor dem Haus versammelten sich Hunderte von wütenden, zum Teil bewaffneten Schwarzen, die nach Vergeltung riefen. King jedoch bat die aufgebrachte Menge um Ruhe und sagte: »Wenn ihr Waffen dabei habt, bringt sie nach Hause. Wenn ihr keine habt, bitte besorgt euch auch keine (...) Wir können dieses Problem nicht mit Gegengewalt lösen. Wir müssen Gewalt mit Gewaltlosigkeit begegnen (...) Wir müssen unsere weißen Brüder lieben, egal was sie uns antun (...) Wir müssen Haß mit Liebe überwinden. Denkt immer daran, auch wenn ich aufgehalten werde, diese Bewegung wird weitergehen, denn Gott ist auf ihrer Seite!«

Die meisten konnten es kaum fassen. Hier stand ein Mann, dessen Frau und Kind beinahe getötet worden waren, und er sprach von Gewaltlosigkeit und Liebe. Die Menschen gingen auseinander, mehr denn je dazu entschlossen, Kings Beispiel zu folgen und den gewaltlosen Widerstand gegen die Segregation fortzusetzen.

Währenddessen ging die Berufung von Rosa Parks durch alle Instanzen des amerikanischen Gerichtssystems. Am 13. November 1956 entschied der Oberste Gerichtshof schließlich, daß die Rassentrennung in Bussen verfassungswidrig sei. Die Stadtbehörde von Montgomery versuchte zunächst, den Gerichtsbeschluß einfach zu ignorieren. Wohl wissend, daß die durch den Boykott geweckte nationale und internationale Aufmerksamkeit auf ihnen ruhte, ließen die Richter jedoch am 20. Dezember der Stadt durch Bundesbeamte den offiziellen Gerichtsbefehl überbringen. Am 21. Dezember fuhren

Rosa Parks und Martin Luther King unter dem Jubel der schwarzen Bevölkerung von Montgomery zum ersten Mal ganz vorne in einem Bus durch die Stadt. Die Nachricht von diesem sensationellen Erfolg ging durch die Welt, und das Ende des 382 Tage langen Boykotts sollte der Beginn einer neuen Ära des schwarzen Massenprotests werden. Die intensive Medienberichterstattung über die Aktion hatte zum ersten Mal eine breite Öffentlichkeit in Amerika sowie in anderen Ländern auf die Rassendiskriminierung im Süden der USA aufmerksam gemacht und viel Sympathie für die protestierenden Schwarzen hervorgerufen. Der erfolgreiche Ausgang des Boykotts stärkte auch das Selbstbewußtseins der *Black Community*, denn zum ersten Mal hatte es eine Gruppe schwarzer Bürger mit einer Protestaktion geschafft, den Segregationsgesetzen die Stirn zu bieten. Außerdem wurde der vorher kaum bekannte junge Pfarrer Martin Luther King, Jr., durch den Boykott an die Spitze der schwarzen Widerstandsbewegung katapultiert. Er hatte sich nicht um diese Position gerissen – aber er war bereit, sie anzunehmen.

Während King in Montgomery Schlagzeilen machte, widmete sich Malcolm X der schwierigen Aufgabe, die kleine Anhängerschar Elijah Muhammads in New York zu revitalisieren. Während fast alle Afroamerikaner in Harlem regen Anteil an den Nachrichten vom Boykott nahmen, war das Interesse an der Nation of Islam ausgesprochen gering. Das wollte Malcolm ändern. In den Stadtvierteln, in denen er zehn Jahre zuvor die Nächte in Bars verbracht, Drogen genommen und als Einbrecher sein Geld verdient hatte, versuchte er jetzt, neue Mitglieder für die NoI zu gewinnen. Viele seiner ehemaligen Freunde – soweit sie nicht tot oder im Gefängnis waren – erkannten ihn kaum wieder. War das wirklich Detroit Red, der in einem schlichten schwarzen Anzug und mit kurzgeschorenen Haaren umherging, keinen Alkohol trank, keine Joints rauchte und statt zu fluchen von Allah sprach? Der Erfolg seiner Bekehrungsversuche in Malcolms früherem Milieu hielt sich zunächst in Grenzen. Die meisten Afroamerikaner in New York City hatten noch nie von Elijah Muhammads Lehre gehört. Es gab damals sehr viele kleine Kirchen und religiöse Gemeinschaften in der Stadt, eine konkurrierte mit der anderen, und die Nation of Islam war eine der am wenigsten bekannten. So begann Malcolm damit, Flugblätter zu drucken, die er gemeinsam mit einer Handvoll Mitarbeiter in der Stadt verteilte, insbesondere vor schwarzen Kirchen. »Der da repräsentiert den Gott der Weißen«, rief Malcolm auf den schwarzen Pfarrer zeigend, »ihr habt noch gar nichts gehört, wenn ihr noch nicht die Worte des ehrenwerten Elijah Muhammad vernommen habt.« Malcolm legte die sonntägliche NoI-Versammlung auf zwei Uhr nachmittags, damit sie sich nicht mit den morgendlichen Gottesdiensten überschnitt. So konnte er auch Christen dazu auffordern, einmal den Tempel zu besuchen, um sich über die »wahre Religion der Schwarzen« zu informieren. Einige folgten seiner Einladung, und nur wenige, die Malcolm im Tempel hörten, konnten sich der scharfen Logik und dem bitteren Sarkasmus seiner Rede entziehen:

»Brüder und Schwestern, der weiße Mann hat uns Schwarzen eine Hirnwäsche verpaßt, damit wir einen blonden, blauäugigen Jesus anbeten! (...) Er hat uns beigebracht, einen weißen Jesus anzubeten und einen Gott zu preisen, der sein Gott ist, der Gott der Weißen (...) Wir sollen auf den Tod warten und darauf hoffen, daß wir später in irgendeinen Himmel ins Jenseits kommen, während für den weißen Mann jetzt schon Milch und Honig in den Straßen fließen (...) Ihr wollt nicht glauben, was ich sage, Brüder und Schwestern? Geht hinaus und schaut euch um in eurer Gegend (...) Seht euch genau an, wie ihr lebt und alle die ihr kennt (...) und dann geht auf die andere Seite des Central Parks, und seht euch einmal an, wie der weiße Mann lebt! (...) Seht euch seine Wohnungen an, seine Geschäfte, seht seine Wall Street an – und dann seht euch selbst an!«

Malcolm nutzte seine im Gefängnis erworbenen Geschichtskenntnisse, um seinen Zuhörern mit Daten, Zahlen und Fakten aufzuzeigen, wie weiße Christen jahrhundertelang andere Völker der Erde unterjocht und ausgebeutet hatten. Er erinnerte sie daran, daß Weiße im Namen ihres Gottes Millionen von Afrikanern verschleppt, sie zu Sklaven gemacht, mißhandelt, getötet und vergewaltigt hatten. Das Christentum sei nichts als eine »versklavende Lüge«, mit deren Hilfe die »weißen Teufel« sie ins Verderben führten, donnerte Malcolm – der Islam dagegen sei die wahre Religion aller Schwarzen und Elijah Muhammad ihr gottgesandter Retter. Mit diesem provokanten Ansatz gelang es Malcolm, viele schwarze Christen zum Nachdenken zu bewegen, und die Mitgliederzahl von Tempel Nr. 7 begann zu steigen. Bald schon konnten Zweigstellen des Harlemer Tempels in Brooklyn und Queens, zwei ebenfalls überwiegend von Schwarzen bewohnten Stadtteilen New Yorks, eröffnet werden. Elijah Muhammad war sehr erfreut, daß sein Lieblingsschüler es geschafft hatte, die in ihn gesetzten Hoffnungen zu erfüllen. Minister Malcolm verstand es besser als jeder andere Mitarbeiter der NoI, neue Anhänger für die Organisation zu gewinnen. Aus diesem Grund beauftragte ihn Muhammad, neben seiner Tätigkeit in New York auch in andere Städte zu reisen, um dort zu predigen. Durch Malcolms Einsatz konnte die NoI in vielen großen Städten der USA neue Tempel gründen (beispielsweise in Buffalo, Pittsburgh, Atlantic City, Newark, Miami, Cleveland, Richmond und Atlanta). Auch in den bestehenden Tempeln, zu denen er als Gastredner kam, schnellten die Mitgliederzahlen deutlich in die Höhe.

Im April 1957 ereignete sich dann ein Vorfall, durch den ganz Harlem auf Malcolm X und die *Black Muslims* aufmerksam wurde. Johnson Hinton, ein Mitglied des Tempels Nr. 7, hatte versucht, einem betrunkenen schwarzen Mann zu Hilfe zu kommen, der von zwei weißen Polizisten zusammengeschlagen wurde. Die Polizisten ließen daraufhin ihre Wut auch an ihm aus und verprügelten ihn mit ihren Knüppeln, bis er bewußtlos zusammenbrach. Dann nahmen sie Hinton mit auf die Polizeistation. Derartige Fälle weißer Polizeibrutalität gegenüber Schwarzen waren keine Seltenheit in New York, aber diesmal sollte es ausnahmsweise nicht ohne Konsequenzen bleiben. Ein anderes Mitglied der NoI hatte gesehen, was passiert war, und rief Malcolm an. Keine dreißig Minuten später marschierten rund 100 schwarzgekleidete Mitglieder der *Fruit of Islam* (so wird die paramilitärische Organisation junger Männer innerhalb der NoI genannt) vor der Polizeistation auf. Malcolm verlangte, sofort zu Hinton gebracht zu werden. Die Polizei lehnte dies ab. Innerhalb kurzer Zeit versammelte sich jedoch hinter den Reihen der *Black Muslims* eine immer größer werdende Menge aufgebrachter Schwarzer, die offensichtlich dazu bereit waren, die Polizeistation zu stürmen. Den Polizisten wurde langsam mulmig zumute, denn sie erkannten, daß sie die Situation nicht länger unter Kontrolle hatten. So erlaubte man Malcolm schließlich, Hinton zu sehen, der bewußtlos und blutüberströmt in einer Zelle lag. Malcolm kochte vor Wut und forderte, Hinton sofort in ein Krankenhaus zu bringen und die verantwortlichen

Polizisten zu bestrafen. Angesichts der Tatsache, daß sich vor der Polizeistation mittlerweile über 2000 Schwarze versammelt hatten, ging der Polizeichef auf Malcolms Forderung ein. Dieser sollte im Gegenzug versuchen, die Menge draußen zu beruhigen, um Schlimmeres zu verhindern. Malcolm ging hinaus, hob ohne ein Wort zu sagen den Arm und winkte einmal mit der Hand. Augenblicklich marschierten die wartenden *Black Muslims* ab, und die still gewordene Menge zerstreute sich innerhalb weniger Minuten. Die Polizei und die herbeigeeilten Reporter waren fassungslos. »Haben Sie das gesehen?« fragte ein Polizist James Hicks, einen der anwesenden schwarzen Journalisten. Als Hicks bejahte, erwiderte der Polizist: »Kein Mann sollte so viel Macht haben!« Hicks zufolge meinte der Polizist natürlich: »Kein *schwarzer* Mann sollte so viel Macht haben!«

Die Nachricht über diesen Vorfall verbreitete sich in der *Black Community* von New York wie ein Lauffeuer. Hinton, der einen Schädelbruch erlitten hatte, überlebte dank einer sofortigen Notoperation im Krankenhaus. Später wurden ihm von einem Gericht 75000 Dollar Schmerzensgeld zugesprochen – die bis dato höchste Summe, die je ein schwarzes Opfer von Polizeibrutalität erhalten hatte. Diejenigen, die Malcolm kannten, feierten ihn als Helden. Die anderen fragten sich, wer wohl dieser junge Minister Malcolm war, der offenbar eine Art Privatarmee besaß, mit der er sogar den Polizeichef von New York einschüchtern konnte. Auch außerhalb von New York wurde über die spektakuläre Rettung Hintons berichtet, und das Interesse an der Nation of Islam erhöhte sich schlagartig. Die Zahl der NoI-Tempel stieg zwischen 1953 (dem Jahr, in dem Malcolm begann, für die NoI zu arbeiten) und dem Ende der 1950er Jahre von zehn auf dreißig, die der NoI-Mitglieder von rund vierhundert auf über zwanzigtausend. »Gott sei gedankt für meinen Bruder Minister Malcolm«, verkündete der darüber hocherfreute Elijah Muhammad und ernannte seinen Lieblingsschüler zum »Nationalen Repräsentanten« der Organisation.

Malcolm arbeitete unermüdlich für die NoI. Er schlief oft nur wenige Stunden und führte praktisch so gut wie kein Privatleben. Da er die strengen moralischen Vorschriften Elijah Muhammads eisern einhielt, kamen Vergnügungen wie Tanzen, Alkohol, Kino- oder Theaterbesuche für ihn ohnehin nicht in Frage. Auch von Frauen hielt Malcolm sich lange Zeit vollkommen fern, denn er wollte sich ganz auf seine Beziehung mit Allah konzentrieren. Mit bewundernswerter Selbstdisziplin hielt er einen wahrhaft asketischen Lebensstil aufrecht, der allen *Black Muslims* als Vorbild dienen konnte. 1957 war jedoch nicht nur wegen der »Hinton-Affäre« ein wichtiges Jahr für Malcolm. Er lernte in diesem Jahr auch Betty Sanders kennen, eine 23jährige Krankenschwester, die wie er aus Michigan stammte. Schwester Betty erteilte den anderen weiblichen Mitgliedern des Tempels Nr. 7 in New York kostenlosen Unterricht in Krankenpflege. Malcolm gefiel ihre freundliche, verantwortungsvolle Art, ihr selbstloser Einsatz für die NoI und ihr tiefer muslimischer Glaube. Er behauptete ihr gegenüber zwar stets, daß sein Interesse »rein freundschaftlicher Natur« sei, dachte jedoch immer öfter daran, daß es vielleicht doch gut wäre zu heiraten. Wie er selbst später sagte, verlockte ihn auch die Vorstellung, Söhne zu haben, die seine Arbeit eines Tages fortsetzen würden. Am 13. Januar 1958 entschied er sich während einer Reise nach Detroit ganz plötzlich dafür, Nägel mit Köpfen zu machen: Er rief Betty aus der nächsten öffentlichen Telefonzelle an und fragte, ob sie ihn heiraten wolle. Betty war zunächst fassungslos. Da sie sich jedoch von Anfang an zu Malcolm hingezogen fühlte und größte Bewunderung für seine Arbeit empfand, überlegte sie nicht lange, sondern sagte zu. Ihre Familie, der bereits ihr Eintritt in die NoI mißfallen hatte, protestierte heftig gegen diese Verbindung mit einem »religiösen Fanatiker und Rassisten«. Betty ließ sich jedoch nicht von ihrem Entschluß abbringen. Sie flog zu Malcolm nach Michigan, und schon am 14. Januar 1958 wurden die beiden in Malcolms Heimatstadt Lansing getraut. Im November 1958 wurde ihre erste Tochter Attallah geboren, und wenig später zog die junge Familie in ein geräumiges Haus in Queens, das die Nation of Islam ihnen zur Verfügung gestellt hatte.

Viel Zeit verbrachte Malcolm allerdings nicht in diesem Haus und mit seiner Familie. Er widmete sich mit unverändertem Eifer seiner Arbeit für die NoI, und die vielen Reisen, die er im Auftrag Elijah Muhammads unternahm (im Juli 1959 besuchte er zum Beispiel als dessen Botschafter den Iran, Ägypten, Syrien und Ghana), hielten ihn oft wochenlang von zu Hause fern. Wie Martin Luther King, Jr., so war auch Malcolm X dazu bereit, sein privates Glück sowie die Bequemlichkeiten eines geregelten Familienlebens hinter der Aufgabe zurückzustellen, für die er sich von Gott berufen fühlte. Daß

Bürgerrechtler wie Martin Luther King, Jr., im Süden damit begonnen hatten, gegen die Unterdrückung afroamerikanischer Bürger zu protestieren, fand Malcolm zwar lobenswert, aber er lehnte die Methode des gewaltlosen Widerstandes ebenso ab wie das Ziel der friedlichen Integration mit den Weißen. Auch wenn Malcolm während des Boykotts in Montgomery und danach privat mehrmals Hochachtung für Kings Mut äußerte, griff er ihn in der Öffentlichkeit zunehmend scharf an. Er warnte seine Zuhörer, daß Kings Lehre, die Weißen als Brüder zu lieben, ein gefährlicher Irrglaube sei. Schwarze müßten endlich der Wahrheit ins Auge sehen und den weißen Mann als ihren Erzfeind erkennen. Nur ein Dummkopf oder ein Blinder würde sich mit seinem Feind verbrüdern. Nur Schwachköpfe könnten Integration mit Weißen wünschen, denn je weiter man als Schwarzer von deren teuflischem Einfluß entfernt sei, desto besser! Laut Malcolm waren King und die anderen schwarzen Pfarrer, die sich für Integration, für Gewaltlosigkeit und Nächstenliebe gegenüber Weißen aussprachen, keine Helden, sondern Verrückte. Schlimmer noch, Kings Lehre wirkte »wie Opium« auf das Bewußtsein der schwarzen Opfer: Sie dämpfte ihre Sinne, verblendete ihren Geist, schwächte ihre Widerstandskraft. Im Grunde – so Malcolms vernichtendes Urteil – waren die schwarzen Anführer der Bürgerrechtsbewegung nichts als Helfershelfer und Werkzeuge der teuflischen weißen Unterdrücker. Einmal bezeichnete er King sogar als »die beste Waffe, die der weiße Mann in diesem Land je gehabt hat!«

Ungeachtet der schmähenden Kritik Malcolms erfreute sich Martin Luther King, Jr., in den USA und sogar über deren Grenzen hinaus zunehmender Popularität. Nur wenige Menschen außerhalb Harlems und außerhalb der Nation of Islam hatten bis zum Ende der 1950er Jahre von Malcolm X gehört. Der Name Kings war dagegen seit dem Busboykott in aller Munde. Die NAACP verlieh ihm im Juni 1957 ihre Ehrenmedaille. Die bekannten Magazine *Time* und *Nation* widmeten King Titelgeschichten, viele andere Zeitungen und Zeitschriften druckten Interviews mit ihm, und als Ghana 1957 als erster Staat Afrikas seine Unabhängigkeit feierte, zählte King zu den Ehrengästen. Als Hauptprotagonist der neuen, dramatischen Veränderungen innerhalb der Rassenbeziehungen im Süden stand er nun immer öfter im Rampenlicht der Öffentlichkeit.

Dabei hatte King zunächst gezögert, als ihm Freunde im Dezember 1954 rieten, den psychologischen Vorteil des Erfolges von Montgomery für weitere Protestaktionen zu nutzen. Insbesondere Ella Baker, eine erfahrene Bürgerrechtlerin aus der NAACP, war der Auffassung, daß der Augenblick für die Gründung einer neuen schwarzen Massenbewegung im Süden gekommen war; eine Bewegung, die direkt vor Ort gegen die Unterdrückung kämpfen sollte – sozusagen als Ergänzung zu der hauptsächlich auf juristischer Ebene operierenden und in New York beheimateten NAACP. King ließ sich schließlich überzeugen, und so wurde am 10. Januar 1957 in Atlanta, Georgia, die Southern Christian Leadership Conference (SCLC) gegründet – ein Dachverband aller kirchlichen Bürgerrechtsgruppen im Süden –, und sie wählte King zum Präsidenten. Da dieser jedoch noch als Pfarrer der Dexter-Avenue-Kirche in Montgomery verpflichtet war, übertrug man Ella Baker die Leitung des SCLC-Hauptbüros in Atlanta. In den folgenden drei Jahren konzentrierte sich die SCLC vor allem auf die Durchführung sogenannter *Citizenship Crusades.* Diese »Kreuzzüge für Bürgerrechte« sollten Afroamerikaner im Süden über ihre in der Verfassung garantierten Rechte als Bürger der Vereinigten Staaten informieren und sie zum Eintrag in das Wahlregister ermutigen. Aufgrund weißer Repressalien hielt sich allerdings der Erfolg dieser Kampagne zunächst in Grenzen.[11] Doch auch wenn es keinen meßbaren Anstieg schwarzer Wahlbeteiligung gab, stachelten die Aktionen der SCLC den Widerstandsgeist der schwarzen Bevölkerung an und machten eine immer breitere Öffentlichkeit in ganz Amerika auf das Problem aufmerksam. Mit Hilfe von Bakers Organisationstalent und Kings Charisma wurde die SCLC so bald zur wichtigsten Zentrale schwarzen Protestes im Süden.

Am 17. Mai 1957 veranstaltete King gemeinsam mit anderen Bürgerrechtlern eine sogenannte *Prayer Pilgrimage* (Gebetswallfahrt) nach Washington, D.C., anläßlich des dreijährigen Jubiläums der Brown-Entscheidung. In seiner ersten öffentlichen Rede in der Hauptstadt forderte er die Bundesregierung dazu auf, sich endlich aktiv für die 1954 vom Gericht angemahnte Integration der Schulen sowie für die Wahlrechte schwarzer Amerikaner im Süden einzusetzen. Vier Monate später, am 9. September 1957, verabschiedete der Kongreß den *Civil Rights Act of 1957.* Durch dieses Gesetz wurde eine

Militärischer Großeinsatz zum Schutz der Little Rock Central High School vor neun schwarzen Kindern. Schaulustige und Demonstranten (oben) beobachten am 4. September 1957, dem zweiten Tag des Ausnahmezustandes, die erfolgreiche Abwehrmaßnahme des Gouverneurs von Arkansas. Die schwarze Schülerin Elizabeth Echler (unten), von Reportern begleitet, versucht sich dennoch Zugang zur Schule zu verschaffen.

neue Kommission im Justitzministerium gegründet, welche Bürgerrechtsverletzungen untersuchen sollte. Dies war zwar nur ein kleiner Schritt zum Schutz schwarzer Rechte, aber es war auch das erste Mal seit der *Reconstruction*, daß der Kongreß überhaupt ein derartiges Gesetz verabschiedet hatte. Auch Präsident Eisenhower, ein Konservativer, der gewiß nicht als Vorkämpfer schwarzer Interessen galt, sah sich im September 1957 dazu gezwungen, gegen den illegalen Rassismus eines Südstaaten-Gouverneurs einzuschreiten. In Little Rock, der Hauptstadt von Arkansas, hatte die Schulbehörde beschlossen, daß zu Beginn des neuen Schuljahrs zum ersten Mal einige ausgewählte schwarze Kinder die bisher rein weiße Little Rock Central High School besuchen durften. Die Mehrzahl der 2000 weißen Schüler und Schülerinnen sowie deren Eltern stellten sich jedoch gegen diese Entscheidung. Als die neun schwarzen Kinder am 3. September 1957 versuchten, das Schulgebäude zu betreten, kam es vor dem Eingang zu Massenprotesten. Haßerfüllte Weiße riefen, man sollte die »Nigger« lieber lynchen als in die Schule zu lassen. Arkansas' Gouverneur Orval Faubus stellte sich auf die Seite der Segregationisten und schickte sogar Soldaten in die Stadt, um die Schwarzen am Betreten der Schule zu hindern. Ein Bundesgericht verurteilte das Verhalten des Gouverneurs als verfassungswidrig, und Präsident Eisenhower versuchte wochenlang, Faubus zum Einlenken zu überreden – vergeblich. Am 24. September unterstellte Eisenhower schließlich die Nationalgarde von Arkansas dem Befehl der Bundesregierung und schickte außerdem 1000 Soldaten der US-Luftwaffe nach Little Rock, um den »Little Rock Nine« ungehinderten Zugang zur Central High School zu verschaffen. Es war das erste Mal seit der *Reconstruction*, daß ein Präsident Bundestruppen zum Schutz der Rechte schwarzer Amerikaner eingesetzt hatte.

King und alle anderen Bürgerrechtler begrüßten die Entscheidung Eisenhowers. Aber die im Fernsehen übertragenen Bilder haßerfüllter weißer Demonstranten in Little Rock zeigten auch, wie schwierig der Kampf gegen die Segregation von Schulen und anderen öffentlichen Einrichtungen im Süden noch sein würde. Deshalb reiste King im ganzen Land umher, um moralische und finanzielle Unterstützung für diesen Kampf einzufordern. Im Oktober 1957 wurde sein zweites Kind, der kleine Martin Luther King III., geboren. King war glücklich, jetzt auch einen Sohn zu haben, aber es blieb wenig Zeit für gemütliche Stunden mit der Familie. Neben seiner Arbeit für die Bewegung und seinen Pflichten als Pfarrer arbeitete er an einem Buch über die Bürgerrechtsbewegung. *Schritt zur Freiheit: Die Montgomery Story* erschien im Herbst 1958. Während King in einem Buchladen in Harlem Exemplare seines Werkes signierte, stieß ihm eine schwarze Besucherin aus heiterem Himmel einen Brieföffner in die Brust. Die Klinge verfehlte die Herzarterie nur um Haaresbreite, und durch eine sofortige Notoperation konnte sein Leben gerettet werden. Wie sich später herausstellte, war die Attentäterin geisteskrank, und King wurde mehr oder weniger zufällig zum Opfer ihres Verfolgungswahns. Der Vorfall führte ihm jedoch die eigene Verwundbarkeit drastisch vor Augen. Er wußte, daß viele Weiße im Süden seinen Tod gefeiert hätten. Wieviel Zeit würde ihm noch bleiben?

Nach seiner Genesung unternahmen Martin und Coretta im Frühling 1959 eine vierwöchige Reise durch Indien. Als Gäste Präsident Nehrus folgten sie den Spuren Gandhis, und King setzte sich noch einmal intensiv mit der von seinem Vorbild so erfolgreich eingesetzten Methode der friedlichen Massendemonstrationen und des zivilen Ungehorsams auseinander. »Als ich Indien verließ«, sagte er später, »war ich mehr denn je davon überzeugt, daß gewaltloser Widerstand die mächtigste Waffe ist, die unterdrückten Menschen in ihrem Kampf für Freiheit zur Verfügung steht.« Doch der Umgang mit jeder Waffe erfordert Zeit und Übung, und so kündigte King zum Jahresende 1959 seine Stelle als Pfarrer der Dexter Avenue Baptist Church, um sich ganz auf seine Arbeit für die Bürgerrechtsbewegung konzentrieren zu können. Der Abschied von Montgomery fiel schwer, denn die Kings hatten mittlerweile in der Stadt viele gute Freunde gewonnen. Doch der Hauptsitz der SCLC lag in Atlanta, und so zog King mit seiner Familie im Januar 1960 in die Stadt seiner Kindheit zurück.

Für Malcolm X brachte das Jahr 1959 ebenfalls eine Veränderung mit sich, die für sein Leben und seine Arbeit von entscheidender Bedeutung sein sollte. Der New Yorker Fernsehsender WNDT-TV zeigte vom 13. bis zum 17. Juli 1959 eine fünfteilige Reportage über die

Nation of Islam, die in monatelanger Arbeit von dem bekannten Journalisten Mike Wallace vorbereitet worden war. »Der Haß, der vom Haß erzeugt wurde« (*The Hate That Hate Produced*) – so der Titel der Serie – schockierte landesweit die Zuschauer. Viele weiße Amerikaner, die vorher noch nie etwas von der NoI gehört hatten, wurden durch den Film zum ersten Mal darauf aufmerksam gemacht, daß das sogenannte Schwarzenproblem nicht nur eine Angelegenheit der Südstaaten war. Sie konnten es kaum fassen, daß es eine afroamerikanische Vereinigung gab, die verkündete, alle Weißen seien hassenswerte Teufel, mit denen man keineswegs zusammenleben wollte und deren Vernichtung durch Allah nur eine Frage der Zeit sei. Hauptsächlich verstörte die weißen Zuschauer, daß es sich hierbei nicht um eine kleine Gruppe religiöser Verschwörungstheoretiker handelte, sondern um eine gut funktionierende Organisation mit mehreren zehntausend Mitgliedern, einem paramilitärischen Arm und Niederlassungen im ganzen Land. Malcolm selbst verglich in seiner Biographie die Wirkung von *The Hate That Hate Produced* mit dem Lostreten einer mächtigen Lawine – über Nacht wurde die Nation of Islam berühmt und berüchtigt. Beinahe alle überregionalen Radio- und Fernsehsender berichteten in den kommenden Monaten ebenfalls über die *Black Muslims.* Zeitschriften wie *Life, Time* und *Newsweek* druckten Artikel über sie, und 1961 erschien die erste große wissenschaftliche Studie: C. Eric Lincolns *Black Muslims in America.* Als nationaler Repräsentant der NoI wurde Malcolm X zu einem der begehrtesten Interviewpartner der Medien, und Universitäten wie Harvard, Rutgers und Brown luden ihn zu Diskussionsveranstaltungen ein. Ob Malcolm denn wirklich *alle* Weißen hassen würde, wurde er bei solchen Gelegenheiten gefragt, da die meisten eine solche pauschale Verurteilung abwegig fanden. Malcolm antwortete: »Wenn ein weißer Mann einen schwarzen Mann fragt, ob dieser ihn hassen würde, ist das genauso, als wenn ein Vergewaltiger sein Opfer – oder der Wolf das Schaf – fragt ›Haßt du mich?‹ (...) Wie kann uns jemand fragen, ob wir die Weißen hassen, die uns vor vierhundert Jahren gekidnappt und hierher verschleppt haben, die uns unserer Geschichte, unserer Kultur und unserer Sprache beraubten, die uns alles wegnahmen, was zur menschlichen Zivilisation gehört, die uns zu Tieren degradierten, uns von Plantage zu Plantage verkauften wie einen Sack Mehl, verkauften wie einen Sack

Kartoffeln, verkauften wie ein Pferd oder einen Pflug, und die uns dann aufhängten von einem Ende des Landes zum anderen, und dann fragen Sie mich, ob ich ihn {den Weißen, Anm. d. Verf.} hasse? Was für eine unsinnige Frage!«

Je nach Einstellung waren die Zuhörer begeistert oder bestürzt von Malcolms radikalen Attacken gegen die »blauäugigen Teufel«. Doch fasziniert waren sie immer. Malcolm fesselte sein Publikum derart, daß die Menschen sogar stundenlang im strömenden Regen ausharrten, um ihn sprechen zu hören. Die neue Popularität und der unermüdliche Einsatz Malcolms sorgten dafür, daß die Nation of Islam weiterhin an Größe und Einfluß gewann. 1961 zählte sie rund 50 000 Mitglieder und Hunderttausende von Sympathisanten, besaß eine Reihe eigener Geschäfte und Restaurants, Kindergärten und Schulen (sogenannte »Universities of Islam«) sowie eine eigene, von Malcolm herausgegebene Zeitschrift *Muhammad Speaks.*[12] Keine andere schwarz-nationalistische Organisation hatte es je geschafft, in den USA derart viel Aufmerksamkeit zu erregen. Die Medien, insbesondere das neue Massenmedium Fernsehen, spielten hierbei natürlich eine wichtige Rolle.

Die im ganzen Land übertragenen Interviews und Reden von Malcolm X sowie die Sendungen und Berichte über die Nation of Islam erzielten eine zusätzliche und für die Geschichte der schwarzen Bürgerrechtsbewegung nicht zu unterschätzende Wirkung: In ihrer Radikalität relativierten sie die Forderungen der Integrationisten. Viele Weiße, die bislang die Ziele Martin Luther Kings und anderer Bürgerrechtler inakzeptabel fanden, änderten nun ihre Ansicht. Im Vergleich zu den *Black Muslims* erschienen die »nur« Gleichberechtigung fordernden Bürgerrechtler eher harmlos. Vor allem im Norden, aber zum Teil auch im Süden, fanden sich so zu Beginn der 1960er Jahre zunehmend Weiße, die dazu bereit waren, die Bürgerrechtsbewegung sowohl aktiv als auch finanziell zu unterstützen. Es ist schwer zu sagen, ob King sich bewußt war, daß er indirekt von der radikalen Rhetorik der *Black Muslims* und Malcolms Image als »Propheten der Wut« profitierte. Seinen Äußerungen zufolge stimmte ihn das Phänomen der Nation of Islam eher besorgt. Er fürchtete, daß schwarze Separatisten der Bewegung die Sympathie wohlwollender Weißer entziehen könnten. Im Gegensatz zu Malcolm X, der ihn bei jeder Gelegenheit als »Marionette der weißen

Machthaber« angriff, enthielt sich King deshalb meist öffentlicher Kommentare über seinen Widersacher. Er schlug Einladungen Malcolms aus, im NoI-Tempel in New York als Gastredner aufzutreten oder mit ihm in einer Fernsehdebatte zu erscheinen, denn laut eigener Aussage wollte er auf keinen Fall noch mehr Aufmerksamkeit auf diesen »radikalen Hitzkopf« lenken. (Manche Kritiker vermuteten auch, daß King der schnellen und scharfen Zunge Malcolms aus dem Weg gehen wollte.) Wurde er von Journalisten auf die Nation of Islam angesprochen, betonte King stets, daß ihm jede Form von Rassismus zuwider sei, also auch jener von den *Black Muslims* propagierte. Freunden gegenüber äußerte King, daß er Malcolm für einen Demagogen hielt, der über eine gefährliche emotionale Überzeugungskraft verfügte. In jedem Fall hatten die neue Popularität von Malcolm X sowie sein Talent, die Medien geschickt einzusetzen, ihn zu einem ernstzunehmenden Gegenspieler für den Präsidenten der SCLC gemacht. Ob er wollte oder nicht: King mußte sich dieser Herausforderung stellen, und das Leben beider Männer sollte in den folgenden Jahren zunehmend von diesem Spannungsverhältnis bestimmt werden.

Im Februar 1960 wurde die Aufmerksamkeit der Öffentlichkeit erneut auf den Süden gelenkt, wo eine eine Gruppe schwarzer Studenten durch Sitzstreiks versuchte, die Desegregation von Cafeterien, später auch von Restaurants und Geschäften zu erreichen. Das sogenannte *Sit-in-Movement* begann in Greensboro, North Carolina, und breitete sich innerhalb weniger Wochen in vielen Städten des Südens aus. Es kam zu Massenverhaftungen und Zwischenfällen, bei denen weiße Rassisten die sitzenden Demonstranten nicht nur verhöhnten oder mit Essensresten bewarfen, sondern ihnen auch heißen Kaffee über den Kopf gossen und sie mit Zigaretten verbrannten. Die Studenten wehrten sich nicht. Sie blieben unerschütterlich sitzen, und viele neue schlossen sich täglich dem Streik an. In einigen Fällen wurden die schwarzen Studenten auch von weißen Kommilitonen unterstützt. Die in Zeitungen und im Fernsehen gezeigten Bilder dieser *Sit-ins* – insbesondere die Brutalität weißer Rassisten gegenüber den friedlichen jungen Demonstranten – brachten die öffentliche Meinung schnell auf die Seite der Bürgerrechtler, und der Erfolg der Initiative war beeindruckend: In fast allen Fällen gaben die bestreikten Einrichtungen ihren Widerstand nach einigen Wochen auf und stellten ihren Service auch afroamerikanischen Gästen zur Verfügung.

King war von der neuen gewaltlosen Studentenbewegung begeistert, er beantwortete Hunderte ihrer Briefe, beteiligte sich an einem Sitzstreik in Atlanta und lobte öffentlich den Mut und die Opferbereitschaft der jungen Menschen. Ella Baker befürchtete allerdings, daß die an so vielen verschiedenen Orten stattfindenden Protestaktionen schnell verpuffen würden, wenn die Studenten nicht irgendeine Form der gemeinsamen Koordination finden würden. King stimmte ihr zu und stellte SCLC-Mittel zur Verfügung, um eine Konferenz für die *Sit-in*-Aktivisten in Raleigh, North Carolina, zu veranstalten. Bei diesem Treffen im April 1960 beschlossen die Studenten nicht nur, ihre Proteste gemeinsam fortzusetzen, sondern auch die kurzfristigen Aktionen zur Desegregation von Restaurants und Geschäften in eine größere Bewegung für Rassengleichberechtigung und soziale Gerechtigkeit umzuwandeln. King hätte die neue Studentenbewegung gerne als »Jugendabteilung« in die SCLC integriert, aber Baker sprach sich entschieden gegen diesen Plan aus. Ihrer Ansicht nach sollten die Studenten unbedingt ihre Unabhängigkeit bewahren. Schon seit längerer Zeit hatte Baker die zentralistische Struktur der SCLC kritisiert, die alleine auf Kings charismatische Figur ausgerichtet war. Bei allem Respekt für King glaubte Baker, daß anhaltende Veränderungen im Süden letztendlich nur erreicht werden konnten, wenn diese traditionellen hierarchischen Führungsstrukturen durch ein neues Konzept der kollektiven Gruppenleitung ersetzt werden würden. Und in der Studentenbewegung sah sie eine Chance, das neue Konzept der kollektiven Führung zu verwirklichen. Zu Kings Enttäuschung stimmten die Studenten Ella Baker zu. Statt sich der SCLC anzuschließen, gründeten sie ihre eigene Organisation, das Student Nonviolent Coordinating Committee (SNCC, gesprochen »Snick«), das in den folgenden Jahren eine Hauptrolle für den schwarzen Widerstand im Süden spielen sollte. In vielen Fällen arbeiteten die Studenten eng mit King zusammen, aber hin und wieder – vor allem in der zweiten Hälfte der 1960er Jahre – kam es zu Spannungen zwischen dem SNCC und den konservativeren Organisationen SCLC und NAACP.

Im Oktober 1960 wurde King in Atlanta während einer Demonstration wieder einmal verhaftet. Das war nichts Neues: Wenn ihn die Polizei nicht wegen Verstößen gegen die Segregationsgesetze verhaften konnte, tat sie es unter fadenscheinigen Vorwänden, wie Steuerhinterziehung oder Verletzung von Verkehrsregeln. In den meisten Fällen stellte sich die Haltlosigkeit der Anklagen jedoch schnell heraus, in anderen Fällen wurden die Strafen zur Bewährung ausgesetzt. Diesmal wurde King beschuldigt, seine Teilnahme an der Demonstration verstoße gegen die Bewährungsauflagen einer Strafe wegen Geschwindigkeitsübertretung, die mehrere Monate zurücklag. Der weiße Richter verurteilte ihn zu vier Monaten schwerer Zwangsarbeit in einem der berüchtigtsten Strafgefangenenlager von Georgia. Die im sechsten Monat schwangere Coretta King brach bei der Urteilsverkündung in Tränen aus, denn die Lager-Aufseher in Georgia waren als besonders sadistische Rassisten bekannt. Viele schwarze Gefangene waren dort auf ungeklärte Weise ums Leben gekommen. Noch in der gleichen Nacht wurde King mit Handschellen und Fußketten in das rund 400 km entfernte Lager gefahren. Jetzt packte auch King die Angst. Würde er die Geburt seines dritten Kindes noch erleben? Am nächsten Morgen wurde King zu seinem Erstaunen freigelassen und zurück nach Atlanta geflogen: Der demokratische Präsidentschaftskandidat John F. Kennedy, mit dem sich King im Juni 1960 erstmals getroffen hatte, um über die Rassenproblematik zu sprechen, hatte den Richter dazu überredet, King gegen eine Kaution von 2000 Dollar aus der Haft zu entlassen. Außerdem hatte Kennedy bei Coretta King angerufen, um sie zu trösten und ihr Mut zuzusprechen. Selbstredend war es nicht reiner Edelmut, der Kennedy zu diesen Schritten veranlaßte. Er wußte, daß bei der Wahl im November die Unterstützung der schwarzen Wähler für seinen Erfolg wichtig sein würde. Bisher hatte King weder für Kennedy noch für seinen republikanischen Gegner Richard Nixon im Wahlkampf Stellung bezogen, da beide sich seiner Ansicht nach nicht eindeutig genug für die Rechte der Schwarzen einsetzten. Dies änderte sich nun. King lobte Kennedy öffentlich für sein »mutiges Einschreiten gegen die schlechte Behandlung von Afroamerikanern im Süden«. Im November stimmten über zwei Drittel aller wahlberechtigten Afroamerikaner für den Demokraten, und Kennedys knapper Wahlsieg wäre ohne diese Stimmen wohl kaum zustande gekommen. Im

Januar 1961, als auch Kings zweiter Sohn Dexter Scott geboren wurde, zog John F. Kennedy als Präsident ins Weiße Haus ein. King setzte darauf, daß die neue Regierung entschiedener als die bisherigen gegen die Rassendiskriminierung vorgehen würde. Doch Kennedy verhielt sich in dieser Hinsicht zunächst eher passiv, und so gingen die Proteste im Süden weiter.

1961 initiierte der Congress of Racial Equality die sogenannten *Freedom Rides* (»Freiheitsfahrten«), um die Desegregation von überregionalen Reisebussen zu erreichen. Der oberste Gerichtshof hatte bereits 1946 die Rassendiskriminierung im sogenannten *Interstate Travel* verboten, doch bisher war dieses Verbot in den Südstaaten schlicht ignoriert worden. King half bei der Vorbereitung der Aktion und machte die Teilnehmer mit der Philosophie und den Techniken des gewaltlosen Widerstandes vertraut. Im Mai fuhren die ersten beiden Busse mit schwarzen und weißen *Freedom Riders* quer durch die Südstaaten, von Washington bis Jackson, Mississippi. Dabei wurden sie immer wieder von weißen Rassisten angegriffen, und es kam zu blutigen Zusammenstößen. Die Busse wurden mit Brandsätzen beworfen, die Passagiere zusammengeschlagen und zum Teil lebensgefährlich verletzt. Statt der Täter wurden die Opfer von der Polizei festgenommen. Über 350 *Freedom Riders* kamen schließlich ins Gefängnis.

In einer einstündigen, im Radio übertragenen Diskussion mit CORE-Präsident James Farmer kritisierte Malcolm X die *Freedom Rides* scharf. Da er sowohl die Methode der Gewaltlosigkeit als auch das Ziel der Integration ablehnte, sah er die Aktion als eine unsinnige und bedauernswerte Verschwendung des Mutes und der Entschlossenheit so vieler junger Schwarzer an. Wenn Blut fließe, sollte es wenigstens auch weißes Blut sein, argumentierte er. Die Regierung zeigte sich ebenfalls nicht erfreut über die Freiheitsfahrten. Kennedy wollte unbedingt weitere Konflikte mit den Südstaatlern vermeiden, deren Vertreter viel Macht im Kongreß besaßen. Mehrmals beschwor sein Bruder, Justizminister Robert Kennedy, King, sich für eine Beendigung der Aktion einzusetzen. Doch King weigerte sich, und immer neue Busse verließen Washington. Die Ausschreitungen gegen die *Freedom Riders* eskalierten weiterhin, so daß einige Staaten den Ausnahmezustand ausriefen. Die Kennedy-Regierung sah sich schließlich doch gezwungen, Bundestruppen zum Schutz der Bürgerrechtler nach Alabama und Mississippi zu schicken. Im November 1961 ordnete schließlich die für den staatenübergreifenden Verkehr verantworliche Bundesbehörde (Interstate Commerce Commission) ein sofortiges Verbot aller Segregation in überregionalen Bussen und Busbahnhöfen an, das auf Anweisung des Justizministers polizeilich durchgesetzt wurde. Malcolm hatte hierfür nur ein mitleidiges Lächeln übrig. Doch die Bürgerrechtsbewegung feierte dieses Ergebnis begeistert als weiteren Sieg, und King bezeichnete die *Freedom Rides* sogar als einen entscheidenden »psychologischen Wendepunkt«. Die Aktion hatte nämlich deutlicher als zuvor gezeigt, daß sich durch den Einsatz gewaltloser Bürgerrechtsproteste brutale Gewalt weißer Rassisten provozieren ließ. Dadurch wurde sowohl die öffentliche Meinung für die schwarzen Demonstranten eingenommen als auch die Bundesregierung zum Einschreiten gezwungen. King war nun mehr denn je davon überzeugt, daß die »Gandhische Waffe« das erfolgversprechendste Mittel im Kampf seiner Bewegung war. Er beschloß, sie von nun an ganz gezielt zur Desegregation der Städte im Süden einzusetzen.

Der nächste Versuch, den King in Albany, Georgia, unternahm, scheiterte allerdings kläglich. Nachdem einige *Freedom Riders* im Herbst 1961 in der streng segregierten Stadt verhaftet worden waren, hatte das SNCC versucht, mit Hilfe einiger kleiner örtlicher Bürgerrechtlergruppen in Albany eine ähnliche Protestbewegung aufzubauen, wie es sie in Montgomery gegeben hatte. King kam im Dezember in die Stadt und bot seine Hilfe an. Im Gegensatz zu Montgomery fehlten den Bürgerrechtlern in Albany allerdings ein klares Konzept für ihre Vorgehensweise sowie klar formulierte Ziele. Dies lag vor allem daran, daß es immer wieder Streitigkeiten unter den verschiedenen Bürgerrechtlern gab. Während einige sich nur auf die Desegregation der Buslinien konzentrieren wollten, strebten andere nach der Integration aller öffentlichen Einrichtungen und Geschäfte der Stadt. Manche Bürgerrechtler hielten Protestmärsche für ein ausreichendes Mittel, andere meinten, man sollte Sitzstreiks miteinbeziehen. Einige SNCC-Mitglieder kritisierten außerdem, daß King »wie eine Art Messias« in der Stadt aufgetaucht war, sich an die Spitze der Bewegung gesetzt hatte und nun alle Aufmerksamkeit auf sich zog. Neben diesen internen Rivalitäten stellte auch die Haltung des weißen Polizeichefs von Albany, Laurie Pritchett, ein gravierendes Problem für die Bewegung dar. Pritchett ließ sich nämlich nicht zur Gewaltanwendung provozieren. Er verbot seinen Beamten explizit, den Schwarzen auch nur ein Haar zu krümmen. Wenn die Demonstranten verhaftet wurden, blieben die Polizisten stets ruhig und freundlich. Pritchett stellte King sogar eine Polizeieskorte zu seinem Schutz zur Verfügung und sorgte dafür, daß King nach einer Verhaftung sofort wieder aus dem Gefängnis entlassen wurde. So ließ die Friedfertigkeit der Polizei von Albany die Aktionen der schwarzen Demonstranten quasi wirkungslos verpuffen. Nach einigen Monaten der erfolglosen Proteste lieferte sich dann am 24. Juli auch noch eine Gruppe frustrierter junger Schwarzer eine blutige Straßenschlacht mit weißen Segregationisten. King war entsetzt über diesen Gewaltausbruch aus den eigenen Reihen und ordnete einen »Tag der Buße« ohne jegliche Protestaktionen an. Dies lehnten Vertreter anderer Gruppen ab, die inzwischen ohnehin stark an der Effektivität des gewaltlosen Widerstandes zweifelten. An diesem Punkt erkannte King, daß seine Anwesenheit die Lage in Albany nicht verbessert hatte. Der Streit unter den Bürgerrechtsgruppen war seit seiner Ankunft eher schlimmer statt besser geworden, und die Stadtverwaltung machte keinerlei Anstalten, ihre Einrichtungen zu integrieren. King sah keine Möglichkeit mehr, positiv auf die sich täglich verhärtenden Fronten einzuwirken – und verließ im August 1962 frustriert die Stadt.

Wie zu erwarten, sparte Malcolm X nicht mit beißender Kritik an der Niederlage Kings und der SCLC in Albany: »Sie haben nichts erreicht, außer eins auf den Deckel zu bekommen«, höhnte er und beschrieb das Albany-Desaster als bestes Beispiel für die Ineffizienz des gewaltlosen Widerstandes. Und Malcolm unterstellte King eine entscheidende Fehleinschätzung bei dem Versuch, in Gandhis Fußstapfen treten zu wollen: zu unterschätzen, daß die Inder den britischen Herrschern zahlenmäßig tausendfach überlegen waren. Zudem kämpften sie für die Befreiung *ihres eigenen* Landes. King dagegen hatte Malcolms Ansicht nach überhaupt keine Chance, mit seinen Methoden etwas zu verändern, denn: »Gandhi war ein großer dunkler Elefant, der auf einer kleinen weißen Maus saß. King ist eine kleine schwarze Maus, die auf einem großen weißen Elefanten sitzt.«

Kings Hoffnung, daß die Bürgerrechtsbewegung auf die Hilfe der Bundesregierung bauen könne, hielt Malcolm ebenfalls für einen fatalen Fehler. Die Weißen wollten die Schwarzen genauso unterdrücken wie früher, sagte er, nur benutzten sie heute subtilere Methoden der Ausbeutung. Die freundliche Heuchelei der weißen Liberalen, mit der sie die schwarzen Gemüter beruhigten, sei nur »ein Trick«, ein Mittel zur Festigung ihrer Herrschaft: »Vor über hundert Jahren brauchten sie {die Weißen, Anm. d. Verf.} keine Tricks. Sie hatten Ketten. Und sie brauchten Ketten, denn du und ich hatten noch keine ausreichende Gehirnwäsche verpaßt bekommen, um ihre brutalen Akte der Gewalt brav zu ertragen. Vor über hundert Jahren gab es Männer wie Nat Turner, (...) die sich niemals der Sklaverei unterwerfen ließen. Die dagegen kämpften, mit allen notwendigen Mitteln. Erst nachdem der Mut des schwarzen Mannes vollständig zerbrochen war und sein Wunsch, ein Mann zu sein, vollständig zerstört war, da ließen sie sich neue Tricks einfallen. Sie nahmen die Ketten von seinen Füßen und legten sie seinem Hirn an!«

Malcolm betonte, daß das Recht jedes Menschen auf Selbstverteidigung gottgegeben sei. Die Schwarzen sollten endlich aufwachen und wieder die mutigen Männer sein, die sie einst waren. Christliche Nächstenliebe gegenüber weißen Rassisten sei pure Idiotie. Es ist allerdings bemerkenswert, daß sich die Gewaltbereitschaft der NoI nur in verbalen Attacken entlud. Malcolm forderte zwar bei jeder Gelegenheit seine schwarzen Zuhörer dazu auf, sich keine Ungerechtigkeiten der »weißen Teufel« gefallen zu lassen, ihnen entgegenzutreten und zurückzuschlagen, aber er ging nie soweit, einen tatsächlichen Angriff gegen Weiße oder einen bewaffneten Aufstand anzuführen. Er gründete auch keine schwarze Bürgermiliz (wie es später die *Black Panther* taten), und er beteiligte sich nicht an der Organisation anderer afroamerikanischer Protest- oder Widerstandsaktionen. Der Grund für diese Zurückhaltung lag im Glauben der *Black Muslims,* daß Allah allein die Rache an den »weißen Teufeln« vorbehalten sei. Der Allmächtige würde in der gewaltigen »Schlacht von Armageddon« alle Weißen wie Läuse zertreten, aber bis dahin mußten sich seine schwarzen Kinder gedulden und auf die strikte Einhaltung der von Elijah Muhammad verkündeten Gebote konzentrieren. Vielleicht spielte bei dieser NoI-Doktrin indirekt auch die Erkenntnis eine Rolle, daß ein bewaffneter Massenaufstand der schwarzen Minderheit nur mit einer blutigen Niederlage enden konnte (genau wie die von Malcolm so gepriesenen Sklavenaufstände). In jedem Fall verfolgte die NoI im Gegensatz zur Bürgerrechtsbewegung – und zu Organisationen wie Kings SCLC – keine politischen, sondern rein religiöse Ziele. Während Kings christlicher Glaube für ihn den moralischen Imperativ bedeutete, sich aktiv gegen Rassismus und Diskriminierung einzusetzen, verbot Elijah Muhammad seinen Anhängern ausdrücklich jeden politischen Aktionismus. Jede Beteiligung am System der »weißen Teufel«, das heißt auch Wahlbeteiligung, war in der NoI verpönt und galt als »Zeitverschwendung«, denn Allah allein oblag es, die Probleme der Schwarzen in Amerika zu lösen.

Sosehr Malcolm auch seinen Lehrmeister liebte und verehrte, so empfand er die strikte Verordnung politischer Abstinenz zunehmend als Belastung. Ein Schlüsselerlebnis in dieser Hinsicht war für ihn die blutige Auseinandersetzung zwischen weißen Polizisten und *Black Muslims* des Tempels Nr. 27 in Los Angeles im April 1962. Der genaue Tathergang ist bis heute ungeklärt. Beide Seiten beschuldigten die andere, grundlos angegriffen zu haben. In jedem Fall wurden mehrere der unbewaffneten Muslime durch Schüsse der Polizei schwer verletzt, der Sekretär des Tempels Ronald Stokes sogar getötet. Eine weiße Jury entschied später, daß die Polizisten in Notwehr gehandelt hätten, aber die *Black Muslims* im ganzen Land sahen dies naturgemäß anders. Hunderte von ihnen versammelten sich vor Tempel Nr. 27 und warteten auf den Befehl ihres Führers, die »Schlacht von Armageddon« endlich beginnen und es den »weißen Teufeln« heimzahlen zu können. Malcolm, der sowohl Stokes als auch dessen Familie gut gekannt hatte, war außer sich vor Zorn über den »brutalen, kaltblütigen Mord«. Aber Elijah Muhammad blieb bei seinem Verbot politischer Aktionen und verlangte von Malcolm, die NoI-Mitglieder in Los Angeles zu beruhigen. Malcolm gehorchte, doch er tat es nur widerwillig. In L. A. vertröstete er die nach Rache dürstenden NoI-Anhänger auf die bevorstehende göttliche Bestrafung der Weißen – wobei er sogar einen Flugzeugabsturz, bei dem gerade über einhundert Weiße gestorben waren, als erste Vergeltungsmaßnahme Allahs deutete. Wie üblich war seine Rede erfolgreich. Die Muslime in L. A. konzentrierten sich wieder auf die Befolgung der Gebote Allahs und die Verbreitung der NoI-Lehre. Aber Malcolm war frustriert. Der ungesühnte Mord an Stokes ließ ihn nicht mehr los. So verwandte er in seinen nächsten Vorträgen – ohne die Erlaubnis Muhammads – ein Foto des Getöteten, um die Gewalttätigkeit der rassistischen Polizei anzuprangern. Er erklärte zudem, daß Stokes nicht erschossen worden sei, weil er ein Muslim, sondern weil er ein Schwarzer war. Hier zeigten sich die ersten feinen Risse im Verhältnis Malcolms zur NoI und zu Elijah Muhammad. Aber noch folgte Malcolm seinem spirituellen Führer und äußerte kein einziges Wort der Kritik an der NoI. Um so mehr schien es Malcolm im Herbst 1962 zu genießen, sich über den Reinfall der SCLC in Albany lustig machen und über King als den »bankrotten Anführer« einer gescheiterten Bewegung herziehen zu können.

Ob er dem Spott Malcolms Beachtung schenkte oder nicht, King machte sich wochenlang bittere Vorwürfe, versagt zu haben. Allmählich erkannte er jedoch auch die organisatorischen Fehler, die in Albany begangen worden waren, und er entwickelte neue Strategien, wie man diese in Zukunft vermeiden könnte. Vor allem sollte man von Anfang an auf Einheit und Disziplin in der Bewegung achten. Am Prinzip der Gewaltlosigkeit und der Feindesliebe hielt King allerdings weiterhin entschieden fest. Neben den bereits erwähnten praktischen Gründen war für ihn dabei vor allem das religiöse Motiv maßgeblich. King sah darin nicht nur das Gebot der Nächstenliebe erfüllt, sondern auch die Bereitschaft, das Kreuz Christi zu tragen. King glaubte zudem, daß das Leid, das die Mitglieder der Bewegung in ihrem Kampf erduldeten, auch eine spirituelle Dimension hatte: Immer wieder findet sich in seinen Reden der Hinweis darauf, daß unverdientes Leiden Erlösung bringe (»undeserved suffering is redemptive«). Die Opfer der Bürgerrechtsbewegung, so King, hatten einen tieferen Sinn, der über das Ziel der Desegregation hinausging: Ihr Leiden würde »die Seele Amerikas erlösen«.[13] Kings Glaube an die spirituelle Dimension des gewaltlosen Widerstandes machte ihn dazu bereit, der Bewegung jedes Opfer zu bringen (und abzuverlangen), sogar das seines eigenen Lebens.

Die wichtigste Lehre, die King 1962 aus der Albany-Erfahrung zog, lag allerdings darin, daß die Wirksamkeit einer Aktion entscheidend von dem jeweiligen Gegner abhängt.[14] King beschloß, daß man bei der nächsten Aktion der SCLC einen Gegner finden müsse, der – im Gegensatz zu Albanys Polizeichef Pritchett – dazu bereit war, sich auf einen offenen Kampf mit der Bürgerrechtsbewegung einzulassen. Er fand diesen Gegner in Birmingham, Alabama, das stolz darauf war, als die »am meisten segregierte Stadt Amerikas« zu gelten. Der Polizeichef von Birmingham, Eugene »Bull« Connor, war ein bekannter Rassist und Freund des Ku-Klux-Klan. Connor brüstete sich mit dem Versprechen, er würde niemals zulassen, daß die Stadt integriert würde, eher würde Blut durch die Straßen fließen. Sämtliche öffentlichen Einrichtungen Birminghams unterlagen striktester Rassentrennung, und die weiße Stadtverwaltung hatte bisher alle Proteste der örtlichen Bürgerrechtsgruppe vollkommen ignoriert. Im Herbst 1962 bat deshalb der Leiter der Gruppe, Reverend Fred Shuttlesworth, die SCLC um Hilfe. King sagte sofort zu. Der Name der neuen Aktion lautete *Project C* – »C« für *Confrontation*!

Diesmal bereitete sich die SCLC monatelang auf den neuen Einsatz vor. Vorgehensweise und Ziele wurden genau festgelegt und zahlreiche Übungen zur Praxis des gewaltlosen Widerstandes veranstaltet. Alle Teilnehmer wurden darauf vorbereitet, daß sie verletzt werden konnten und mit längeren Gefängnisaufenthalten rechnen mußten. Der Plan lautete, durch Massendemonstrationen und nötigenfalls durch eine »Überflutung« der Gefängnisse – unter größter Medienaufmerksamkeit – die Stadt so unter Druck zu setzen, daß sie den Forderungen der Bürgerrechtler nachgeben mußte. Diese bestanden in der Desegregation von Restaurants, Toiletten und Trinkbrunnen in den Geschäften der Stadt sowie in der Einstellung von einem gewissen Anteil schwarzer Verkäufer. Nachdem die Stadt sich geweigert hatte, auf die Bedingungen einzugehen, begann die SCLC im April 1963 mit ihren Protestmärschen und Sitzstreiks. Innerhalb weniger Tage wurden Hunderte von Schwarzen verhaftet. Unter ihnen auch King, der die Ostertage in Einzelhaft verbrachte. King nutzte die Zeit, um einen Brief von acht weißen Pfarrern aus Alabama zu beantworten. Diese hatten ihn als unruhestiftenden Außenseiter bezeichnet, der nur Ärger nach Birmingham brachte und der endlich einsehen sollte, daß die Zeit einfach noch nicht reif für Integration sei. In seinem offenen Antwortschreiben (das er in Ermangelung von

Schreibpapier auf den Rand alter Zeitungsblätter kritzelte und das von seinem Anwalt aus dem Gefängnis geschmuggelt wurde) versuchte King, seinen Kritikern die Notwendigkeit des afroamerikanischen Protestes klarzumachen: »Seit Jahren habe ich immer wieder das Wort ›Warte!‹ gehört. Dieses ›Warte!‹ hat fast immer ›Niemals!‹ bedeutet. Wir warten schon seit über 340 Jahren auf unsere verfassungsmäßigen und von Gott gegebenen Rechte. Die Länder Asiens und Afrikas bewegen sich mit Düsengeschwindigkeit zur Unabhängigkeit, aber wir schleichen immer noch im Schneckentempo zu dem Ziel, eine Tasse Kaffee an einer Essenstheke zu trinken. Vielleicht ist es leicht für die, die niemals den stechenden Pfeil der Segregation gespürt haben, zu sagen ›Warte!‹ Aber wenn man gesehen hat, wie wütende Mobs die eigenen Mütter und Väter nach Lust und Laune lynchen (...) wenn man gesehen hast, wie haßerfüllte Polizisten die schwarzen Brüder und Schwestern verfluchen, treten und sogar umbringen; wenn man sieht, daß die große Mehrheit von zwanzig Millionen Neger-Brüdern in einem luftdichten Käfig von Armut inmitten einer reichen Gesellschaft leben (...) wenn man jeden Tag gedemütigt wird durch höhnische Schilder mit der Aufschrift ›Weiße‹ und ›Farbige‹ (...) wenn man tagtäglich gegen das zermürbende Gefühl ankämpfen muß, ein Niemand zu sein – dann versteht man, warum wir es schwierig finden, länger zu warten!«

In seinem Schreiben warnte er auch davor, daß die Geduld der Schwarzen bald am Ende sein könnte. Im Falle eines Scheiterns des friedlichen Widerstandes würden radikale Gruppen wie die NoI an Einfluß gewinnen, und eine grausame Spirale der Gewalt und Gegengewalt würde sich entfalten. King kritisierte ebenfalls die Passivität vieler moderater Weißer, denen mehr die Aufrechterhaltung der »Ordnung« als die »Gerechtigkeit« am Herzen lag. In Wahrheit sei es die Pflicht jedes Christen, so mahnte er, sich den ungerechten Gesetzen der Segregation zu widersetzen und die Bürgerrechtsbewegung aktiv zu unterstützen. Der *Letter from a Birmingham Jail*, der zum ersten Mal alle zentralen Anliegen der Bürgerrechtsbewegung fixierte, wurde bald zu einer Art Bibel der Bürgerrechtsbewegung. Viele Zeitungen druckten den Text ab, und Birmingham rückte – wie erwartet – zunehmend in den Mittelpunkt des öffentlichen Interesses.

King wurde aus dem Gefängnis entlassen, doch die weiße Stadt-

Während King (unten, Mitte) durch gewaltlosen Widerstand und friedliche Märsche das Gewissen der Nation zu wecken suchte, hatte der laut King »radikale Hitzkopf« Malcolm (oben) nur Spott für die »Marionette der weißen Machthaber« übrig: »Echte Männer stellen ihre Kinder nicht in die Schußlinie.«

verwaltung weigerte sich weiterhin, über die Integration ihrer Einrichtungen zu verhandeln. Immer mehr Bürgerrechtler wurden verhaftet und saßen oft wochenlang im Gefängnis. Manche Familien gerieten dadurch in wirtschaftliche Not, und die Anzahl der erwachsenen Bürgerrechtler, die noch an den Aktionen teilnehmen konnten, nahm ständig ab. Deshalb beschloß die SCLC schließlich, auch Jugendliche und Kinder am *Project C* teilnehmen zu lassen. King fiel diese Entscheidung nicht leicht, und er wurde auch von vielen dafür kritisiert, wehrlose Minderjährige einer solchen Gefahr auszusetzen. »Echte Männer stellen ihre Kinder nicht in die Schußlinie«, kommentierte Malcolm X, dem seine Frau Betty 1960 und 1962 zwei weitere Töchter, Qubilah und Ilyasah, geboren hatte. King, der gerade ebenfalls wieder Vater geworden war (sein drittes Kind Bernice Albertine kam im März 1963 zur Welt), teilte zwar die Bedenken seiner Kritiker, aber er hielt ihnen entgegen, daß auch das Selbstbewußtsein, der Geist und die Seele dieser Kinder jeden Tag durch die Segregation verletzt würden. So marschierten am 2. Mai 1963 über tausend schwarze Kinder und Jugendliche durch Birmingham und sangen Freiheitslieder. Bull Connor befahl seinen Beamten, die kleinen »Nigger« sofort einzusperren. Doch die Proteste gingen weiter, und immer mehr Kinder und Jugendliche beteiligten sich daran. Jetzt platzte Connor endgültig der Kragen, er tobte vor Wut, und in den folgenden Tagen gab die Birminghamer Polizei auch den letzten Rest an Zurückhaltung auf.[15]

In ganz Amerika und in vielen anderen Ländern konnte man im Fernsehen und in den Zeitungen die Bilder von Birmingham sehen: Bilder von sich nicht wehrenden schwarzen Demonstranten, die von der Polizei brutal zusammengeschlagen wurden, Bilder von Jugendlichen, denen Polizeischäferhunde die Kleidung vom Leib bissen, Bilder von Kindern, die von Wasserwerfern getroffen und gegen

Hauswände und Bäume geschleudert wurden. Die Öffentlichkeit war entsetzt. Auch Präsident Kennedy kritisierte die Vorfälle scharf und bezeichnete sie als Schande für die ganze Nation. Die führenden weißen Geschäftsleute von Birmingham waren schließlich die ersten, die zum Einlenken bereit waren. Unter Umgehung der sturen Stadtverwaltung verhandelten sie direkt mit der SCLC, und am 10. Mai einigte man sich auf einen Plan der schrittweisen Integration aller Geschäfte und Restaurants sowie zur Einstellung schwarzer Angestellter. Doch einige weiße Segregationisten waren weiterhin nicht bereit, dies zu akzeptieren. In der folgenden Nacht wurden sowohl das Hauptquartier der SCLC in Birmingham sowie das Haus von Kings Bruder Alfred durch Brandbomben völlig zerstört. Einige wütende schwarze Radikale zündeten daraufhin weiße Geschäfte an, und es kam zu Straßenschlachten zwischen ihnen und der Polizei. Nur mit größter Mühe gelang es den SCLC-Mitarbeitern, die aufgebrachte Menge zu beruhigen. King beschwor die Menschen, nicht zuzulassen, daß eine kleine Gruppe von Extremisten den Erfolg der Protestaktion zunichte machen und die Stadt einem Blutbad aussetzen würde. Nun schritt auch Kennedy ein und schickte zur Sicherung des Abkommens 250 Soldaten in die Stadt und weitere 3000 abrufbereit in eine nahe gelegene Kaserne. Danach beruhigte sich die Situation allmählich, und auch die Stadtverwaltung zeigte sich kooperativer. Am 23. Mai wurde Bull Connor seines Amtes enthoben, und schließlich geschah, was kaum jemand für möglich gehalten hatte: Die Rassentrennungsverordnung von Birmingham wurde aufgehoben.

Der Sieg der Bürgerrechtsbewegung in Birmingham war der bislang größte Erfolg Kings und wurde von Schwarzen im ganzen Land begeistert gefeiert. Viele Weiße, betroffen durch die Bilder aus Birmingham, äußerten jetzt öffentlich ihre Unterstützung für die Ziele der Bürgerrechtsbewegung. »›Project C‹ weckte das Gewissen der Nation«, kommentierte der Leiter der Bürgerrechtskommission, Burke Marshall, damals. Auch Präsident Kennedy zeigte sich nun bereit, seine bisherige Zurückhaltung aufzugeben und das ganze Gewicht der Regierung für die Gleichberechtigung der Schwarzen einzubringen. Am 11. Juni 1963 hielt er eine Fernsehansprache, in der er sich entschieden für die völlige Gleichberechtigung der Afroamerikaner aussprach. Er erklärte dieses Anliegen zum wichtigsten moralischen Prüfstein der Nation und kündigte an, dem Kongreß ein neues, revolutionäres Bürgerrechtsgesetz vorlegen zu wollen, das die Rassendiskriminierung im gesamten Gebiet der Vereinigten Staaten abschaffen sollte.[16] King beglückwünschte Kennedy in einem Telegramm zu seiner Rede. Mit dem Erfolg in Birmingham, mit der vollen Unterstützung des Präsidenten und der eines großen Teils der Öffentlichkeit schien das Ziel der Gleichberechtigung jetzt endlich in greifbare Nähe gerückt zu sein. Malcolm X dagegen sah keinerlei Anlaß zur Freude. Die Desegregation in Birmingham bezeichnete er als typisches Scheinzugeständnis der weißen Unterdrücker und das Versprechen Kennedys als eine ebenso typische Heuchelei der weißen Liberalen. Außerdem hielt Malcolm der Euphorie der Integrationisten zynisch entgegen, daß »eine integrierte Tasse Kaffee noch lange keine Entschädigung für 400 Jahre Sklavenarbeit« sei. Den weißen Rassisten im Süden war jedoch offenbar schon diese »integrierte Tasse Kaffee« ein zu großes, nicht tolerierbares Zugeständnis. Ein Segregationist in Mississippi wollte anscheinend sofort ein Zeichen für die Unantastbarkeit des weißen Herrschaftsanspruchs setzen. Wenige Stunden nach der Ansprache des Präsidenten lauerte er dem bekannten Leiter der NAACP in Mississippi, Medgar Evers, auf und erschoß ihn aus dem Hinterhalt.

Während Malcolm den Mord an Evers seinen Zuhörern als weiteren Beleg der unabänderlichen Bösartigkeit der »weißen Teufel« präsentierte, die Allah hoffentlich bald vernichten würde, bemühten King und seine Freunde sich, trotz der schrecklichen Bluttat die verhärteten Fronten im Süden aufzuweichen. King wollte alles versuchen, damit das von Kennedy vorgeschlagene neue Bürgerrechtsgesetz vom Kongreß angenommen wurde. Es war klar, daß die meisten weißen Südstaatenabgeordneten gegen diesen *Civil Rights Act* waren und versuchen würden, andere konservative Abgeordnete auf ihre Seite zu ziehen. Um dies zu verhindern, beschlossen King und die anderen Anführer der Bürgerrechtsbewegung, eine große Massendemonstration zugunsten des neuen Gesetzes in der Hauptstadt zu veranstalten. Dieser sogenannte *March on Washington* sollte zum unvergessenen Höhepunkt der Bürgerrechtsbewegung werden, der sowohl das Leben ihres Hauptprotagonisten, Martin Luther King, als auch das seines kritischen Beobachters, Malcolm X, nachhaltig beeinflussen sollte.

4. Von Bürgerrechten zu Menschenrechten – eine späte Annäherung?

»In 1963 (...) I tried to talk to the nation about a dream that I had had, and I must confess (...) I watched that dream turn into a nightmare as I moved through the ghettos of the nation and saw my black brothers and sisters perishing on a lonely island of poverty in the midst or a vast ocean of material prosperity, and saw the nation doing nothing to grapple with the Negroes's problem (...)«

Martin Luther King, Atlanta, Dezember 1967

»For years I laboured with the idea of reforming the existing institutions of the society – a little change here, a little change there. Now I fell quite differently. I think you've got to have a reconstruction of the entire society, a revolution of values.«

Martin Luther King, »The Trumpet of Conscience«, 1968

»We are living in an era of Revolution, and the revolt of the American Negro is part of that rebellion. It is incorrect to classify the revolt of the Negro as simply a racial conflict of black against white, or as a purely American problem. Rather, we are today seeing a global rebellion of slaves against slaveowners, the ones who are being taken advantage of against those who take advantage.«

Malcolm X, New York City, Februar 1965

»I'm for truth, no matter who tell it. I'm for justice, no matter who it is for or against. I'm a human being first and foremost, and as such I'm for whoever and whatever benefits humanity as a whole.«

Malcolm X, »Autobiography«, 1965

Der 28. August 1963 war ein brütend heißer Tag. King und die anderen Organisatoren des für diesen Tag geplanten *March on Washington* befürchteten schon, daß die Zahl der Teilnehmer geringer als erhofft ausfallen würde. Doch diese Sorge erwies sich als unbegründet. Rund eine Viertelmillion Menschen aus allen Teilen Amerikas strömten in die Stadt. Noch nie hatte es in der Geschichte der Vereinigten Staaten eine so große Demonstration gegeben. Die Veranstalter waren begeistert. Ein weiterer Grund zur Freude lag darin, daß auch viele Weiße – rund ein Drittel der Teilnehmer – an dem Marsch teilnahmen und das Ganze friedlich und ohne Zwischenfälle verlief. Die Demonstranten sangen einträchtig das Lied »We Shall Overcome«, das zur Hymne der Bürgerrechtsbewegung geworden war – und über ihren Köpfen wogte ein Meer von Tafeln und Spruchbändern, auf denen Freiheit und Gleichberechtigung für alle Amerikaner gefordert wurden. Die Menschenmasse marschierte über die Washington Mall (den Park zwischen Kongreßgebäude und Weißem Haus) und versammelte sich schließlich vor dem Lincoln Memorial, wo die riesige Statue des Präsidenten, der die Sklaverei abgeschafft hatte, wie ein »stiller Schirmherr« über der Kundgebung zu thronen schien. King war der letzte einer langen Reihe von Rednern, und viele der Zuhörer waren aufgrund der Hitze und Luftfeuchtigkeit bereits erschöpft, als A. Philip Randolph ihn am späten Nachmittag als den »moralischen Anführer der Nation« ankündigte. Doch als King ans Mikrofon trat, kam neues Leben in die Menge. Viele hatten nur so lange ausgeharrt, um ihn zu hören, und als er zu sprechen begann, lauschten alle wie gebannt:[17]

»Zehn Jahrzehnte sind vergangen, seit ein großer Amerikaner, in dessen symbolischem Schatten wir heute stehen, die Emanzipationsproklamation unterzeichnete. Dieser wichtige Erlaß war ein großes Licht der Hoffnung für Millionen von Negersklaven, die in den Flammen der ausdörrenden Ungerechtigkeit schmachteten (...) Aber hundert Jahre später ist der Neger immer noch nicht frei; hundert Jahre später ist das Leben des Negers immer noch behindert von den Fesseln der Segregation und den Ketten der Diskriminierung (...) Hundert Jahre später schmachtet der Neger immer noch in den Hinterhöfen der amerikanischen Gesellschaft und fühlt sich als Verbannter im eigenen Land (...) Als die Erbauer unserer Republik die großartigen Worte der Verfassung und der Unabhängigkeitserklärung niederschrieben, unterzeichneten sie einen Schuldschein, den jeder Amerikaner erbte. Er besagte, daß allen Menschen – Schwarzen und Weißen – die unverbrüchlichen Rechte auf Leben, Freiheit und das Streben nach Glück zustünden (...) Jetzt ist die Zeit, das Versprechen der Demokratie zu verwirklichen. Jetzt ist die Zeit, aus dem dunklen, verlassenen Tal der Segregation zum sonnendurchfluteten Pfad der Rassengleichberechtigung aufzusteigen (...) Jetzt ist die Zeit, allen Kindern Gottes Gerechtigkeit zu verschaffen.«

Kings kraftvolle Baritonstimme wurde mit jedem Satz lauter und rhythmischer. Ganz in der Tradition schwarzer Baptistenprediger wiederholte er symbolische Sätze, und seine Worte rissen die Menge mit. Nachdem er die Forderung der Bürgerrechtsbewegung als elementaren Bestandteil der amerikanischen demokratischen Tradition gerechtfertigt hatte, mahnte er die Weißen, diese Forderungen endlich zu erfüllen. Gleichzeitig appellierte er an die Schwarzen, weiterhin den Weg der Gewaltlosigkeit zu gehen, und rief beide Seiten zur Zusammenarbeit auf:

»Es wird keine Ruhe und keinen Frieden in Amerika geben, bis der Neger seine Bürgerrechte erhalten hat. Die Wirbelwinde der Revolte werden weiterhin die Grundfesten unserer Nation erschüttern, bis der helle Tag der Gerechtigkeit kommt. Aber (...) wir dürfen niemals zulassen, daß unser kreativer Protest zu physischer Gewalt degeneriert (...) Die großartige neue Kampfbereitschaft der schwarzen Bevölkerung darf uns nicht dazu führen, allen Weißen zu mißtrauen, denn viele unserer weißen Brüder haben – wie ihre Anwesenheit hier zeigt – inzwischen erkannt, daß ihr Schicksal untrennbar mit unserem verbunden ist (...) Es gibt Leute, die wollen von uns wissen, ›Wann werdet ihr denn zufrieden sein?‹ Wir können niemals zufrieden sein, solange der Neger das Opfer unsäglich grausamer Polizeibrutalität ist (...) Wir können niemals zufrieden sein, solange unsere Kinder ihres Selbstwertgefühls und ihrer Würde beraubt werden durch Schilder, auf denen steht ›Nur für Weiße‹. Wir können nicht zufrieden sein, solange der Neger in Mississippi nicht wählen kann und der Neger in New York glaubt, für ihn gäbe es nichts zu wählen.«

King war hier beinahe am Schluß seiner vorbereiteten Rede. Die Menschen klatschten begeistert, sie wiegten sich im Rhythmus seiner Worte und forderten ihn immer wieder mit lauten Zurufen auf, weiterzusprechen. Da legte King sein Skript nieder und ließ der Stimme seines Herzens freien Lauf:

»So versichere ich Euch, meine Freunde, daß ich trotz der Schwierigkeiten, denen wir heute und morgen entgegensehen, immer noch einen Traum habe. Es ist ein Traum, der tief im Amerikanischen Traum verwurzelt ist, daß diese Nation eines Tages zu sich selbst finden wird, um den wahren Geist ihres Glaubens zu verwirklichen, (...) daß alle Menschen gleich geschaffen sind. Ich habe einen Traum, daß eines Tages auf den roten Hügeln von Georgia die Söhne einstiger Sklaven und die Söhne einstiger Sklavenhalter zusammensitzen werden am Tisch der Brüderlichkeit. Ich habe einen Traum, daß sich eines Tages selbst der Staat Mississippi – ein Staat, der in der Hitze von Ungerechtigkeit und Unterdrückung schmachtet – in eine Oase der Freiheit und Gerechtigkeit verwandeln wird. Ich habe einen Traum, daß meine vier kleinen Kinder eines Tages in einer Nation leben werden, wo man sie nicht nach ihrer Hautfarbe, sondern nach ihrem Charakter beurteilen wird.«

Die Zuhörer jubelten laut, einige weinten vor Rührung, andere riefen: »Träum' weiter!«, »Sag' es, Doktor!«, »Ja, genau so!« – und King malte seinen Traum weiter aus:

»Ich habe einen Traum, daß eines Tages jedes Tal erhöht und jeder Hügel und Berg abgetragen, das Unebene eben und das Ungerade gerade gemacht sein wird – und die Herrlichkeit des Herrn wird offenbar werden, und alle Menschen werden sie gemeinsam sehen![18] (...) Mit diesem Glauben werden wir die rasselnden Mißtöne unserer Nation in eine herrliche Symphonie der Brüderlichkeit umwandeln können. Mit diesem Glauben werden wir die Kraft haben, zusammen zu arbeiten, zusammen zu beten, zusammen zu kämpfen, zusammen ins Gefängnis zu gehen und zusammen aufzustehen für die Freiheit, die uns eines Tages zuteil werden wird (...) Von jedem Berg laßt die Freiheit tönen (...) von jedem Dorf und jedem Weiler, von jedem Staat und jeder Stadt, dann sehen wir bald den Tag, an dem alle Kinder Gottes - Schwarze und Weiße, Juden und Nichtjuden, Katholiken und Protestanten - sich die Hände reichen können und die Worte der alten schwarzen Hymne singen: ›Endlich frei, endlich frei! Dank Dir, allmächtiger Gott, wir sind endlich frei!‹«

Tosender Beifall und Jubel brausten auf, als King - selbst von Emotionen überwältigt - das Rednerpult verließ. Sein Freund und Mitarbeiter Ralph Abernathy umarmte ihn und sagte, der Heilige Geist wäre bei dieser Rede über ihn gekommen. Die Menge feierte ihn ekstatisch. Seine Rede war ohne Zweifel der Höhepunkt des *March on Washington* und machte die Demonstration zu einem Ereignis von historischer Bedeutung. Nicht nur in der Hauptstadt hatten Hunderttausende von Menschen seine Worte gehört, sondern auch Millionen von Fernsehzuschauern in den USA und auf der ganzen Welt. Noch heute zählt »I Have a Dream« zu den meistzitierten Reden des Jahrhunderts. Für King war es ein triumphaler Erfolg - vielleicht der bedeutendste Moment seines Lebens. Seine Worte vermittelten Schwarzen und Weißen das Gefühl, daß ein neuer Tag angebrochen sei - daß die Erfüllung des Traumes in greifbarer Nähe lag. Ob die Veranstaltung tatsächlich dazu beitrug, daß der Kongreß in der nächsten Legislaturperiode den von Kennedy vorgelegten neuen *Civil Rights Act* verabschiedete, ist schwer nachzuweisen. Aber in jedem Fall stärkte sie das Selbstbewußtsein der schwarzen Bevölkerung und berührte die Herzen vieler Weißer, die sich jetzt mit den Zielen der schwarzen Protestbewegung solidarisch erklärten. Der *March on Washington* wurde zum Höhepunkt der Bürgerrechtsbewegung. Nie wieder war die Hoffnung so groß, und nie wieder sollten so viele unterschiedliche Menschen und Organisationen gemeinsam für das Ziel der Rassengleichberechtigung demonstrieren. Kings Traum wurde zum Symbol einer gerechteren Welt.

Doch nicht alle Amerikaner teilten die Begeisterung über den *March on Washington.* Weiße Segregationisten reagierten ebenso ungehalten über die ihrer Ansicht nach unverschämten Forderungen Kings wie einige junge militante Bürgerrechtler, denen die Rede viel zu versöhnlich und geduldig erschien. Wie erwartet, kam die schärfste Kritik von seiten der schwarzen Nationalisten. Malcolm X, der eigens nach Washington gereist war, um die Veranstaltung aus nächster Nähe zu beobachten, bezeichnete sie höhnisch als »Farce on Washington«. »Ich sehe Amerika durch die Augen eines Opfers«, entgegnete er Kings Vision. »Ich sehe keinen amerikanischen Traum; ich sehe einen amerikanischen Alptraum!« Malcolm beschuldigte King, mit seiner Rede genau die Erwartungen der weißen Machthaber erfüllt zu haben – nämlich den Kampfgeist der schwarzen Massen einzuschläfern. Das durch den Marsch entstandene Stimmungshoch der Bürgerrechtsbewegung war Malcolms Ansicht nach nur ein trügerischer Rausch, eine bedauernswerte Verblendung. Wer den »weißen Teufeln« vertraue, würde nur ins offene Messer rennen.

Nur 18 Tage später, am 15. September 1963, sah Malcolm seine finstere Prognose bestätigt: In einer schwarzen Kirche in Birmingham explodierte während des Gottesdienstes eine von weißen Rassisten gelegte Bombe und tötete vier kleine schwarze Mädchen. Ganz Amerika war schockiert über dieses grausame Verbrechen. Viele Schwarze riefen nach Vergeltung. Auch King war tief erschüttert und enttäuscht. Aber sein Glaube an die Gewaltlosigkeit und an die Gerechtigkeit Gottes blieb fest. So bat er in seiner Predigt bei der Beerdigung der Mädchen alle Anwesenden, trotz ihres Schmerzes die Hoffnung und den Willen zur Versöhnung nicht aufzugeben. »Sie sind nicht umsonst gestorben«, sagte King, »denn Gott versteht es, selbst dem Bösen Gutes abzugewinnen (…) Das unschuldige Blut dieser kleinen Mädchen kann vielleicht zu der erlösenden Kraft werden, die neues Licht in diese dunkle Stadt bringt.«

So viel christlichen Edelmut und fromme Leidensbereitschaft fand Malcolm X geradezu unerträglich. Wie sollten die Schwarzen jemals das Joch der Unterdrückung abschütteln, wenn ihre Führer selbst nach der Ermordung unschuldiger schwarzer Kinder noch immer Versöhnung und Liebe predigten? Schärfer als je zuvor griff

»March on Washington« oder »Farce on Washington«? Fest steht: Martin Luther King (oben) und die Bürgerrechtsbewegung konnten am 28. August 1963 in der US-Hauptstadt einen Triumph feiern. Doch die Antwort des kritischen King-Beobachters Malcolm X ließ nicht lange auf sich warten: Malcolms »Message to the Grassroots«, die berühmte Gegenrede zu »I Have a Dream«, konstatierte einmal mehr einen »amerikanischen Alptraum«.

Malcolm jetzt das Konzept des gewaltlosen Widerstandes an. So auch am 10. November 1963 in Detroit bei der Abschlußkundgebung der Northern Grassroots Leadership Conference (einem Treffen schwarzer radikaler Führungspersönlichkeiten aus dem Norden). An der Veranstaltung nahmen rund 2000 Menschen teil – die meisten von ihnen schwarze Nationalisten, aber auch eine Reihe jüngerer Bürgerrechtler, deren wachsende Zweifel am Prinzip der Gewaltlosigkeit sie offen für Alternativen machte. Malcolm war der Hauptredner an diesem Abend, und seine berühmt gewordene »Message to the Grassroots« stellte eine mehr oder weniger direkte Antwort auf Kings »I Have a Dream« dar. Malcolm rechnete hier nicht nur gründlich mit den Methoden und Zielen seines Gegenspielers ab, sondern warb gleichzeitig für Einigkeit im schwarzen Kampf gegen Rassismus und Unterdrückung. Gleich zu Beginn seiner Rede rief er die Zuhörer zur Zusammenarbeit über alle Grenzen ihrer unterschiedlichen politischen Ansichten und Religionen hinweg auf:

»Man macht dir nicht das Leben zur Hölle, weil du ein Baptist bist, und man macht es dir nicht zur Hölle, weil du ein Methodist bist (...) nicht weil du ein Demokrat oder ein Republikaner (...) nicht weil du ein Freimaurer bist (...) und man macht dir gewiß nicht das Leben zur Hölle, weil du ein Amerikaner bist (...) Man macht dir das Leben zur Hölle, weil du ein Schwarzer bist. Dein Leben wird zur Hölle, das Leben von jedem von uns wird zur Hölle, aus diesem einen Grund!«

Mit dem Hinweis auf die erste Konferenz afrikanischer und asiatischer Entwicklungsländer, die 1955 in Bandung stattgefunden hatte, forderte Malcolm alle Schwarzen in Amerika dazu auf, dem Beispiel der sogenannten Dritten Welt zu folgen und endlich den weißen Mann als ihren gemeinsamen Feind zu erkennen. Trotz ihrer großen kulturellen, religiösen und politischen Unterschiede sei es den verschiedenen Nationen Afrikas und Asiens gelungen, sich zusammenzuschließen, erinnerte Malcolm sein Publikum. Das wichtigste dabei sei gewesen, daß die Weißen von Anfang an von dem Treffen ausgeschlossen waren. So hätten die Anführer der Entwicklungsländer erkennen können, daß es keine Rolle spielte, ob in Kenia englische, im Kongo belgische oder in Guinea französische Kolonialmächte herrschten. Sie erkannten, daß überall auf der Welt dunkelhäutige Menschen von Weißen unterdrückt wurden, daß sie alle einen gemeinsamen Feind hatten – und diese Einigkeit machte sie stark. Malcolm betonte, daß die Schwarzen in den USA nur dann erfolgreich gegen ihre Unterdrückung angehen könnten, wenn sie gemeinsam gegen den weißen Feind kämpfen würden. Jegliche Zusammenarbeit mit Weißen sei deshalb völlig kontraproduktiv, warnte Malcolm. Er fand es geradezu lächerlich, die gegenwärtigen Bemühungen der Bürgerrechtsbewegung als »revolutionär« zu bezeichnen. Im Gegensatz zur weltweiten *Black Revolution* sei die *Negro Revolution* in Amerika doch überhaupt keine Revolution. Wahre Revolutionen seien niemals gewaltlos, betonte Malcolm und führte zum Beweis verschiedene historische Beispiele an – vom Unabhängigkeitskrieg der USA über die französische, russische, chinesische und kubanische Revolution bis zu den Kriegen der afrikanischen Freiheitskämpfer. Wenn man eine Revolution wolle, so Malcolm, müsse man auch dazu bereit sein, Blut zu vergießen:

»So etwas wie eine gewaltlose Revolution gibt es einfach nicht. Die einzige Revolution, die gewaltlos ist, ist die Negerrevolution. Die einzige Revolution, deren Ziel es ist, seinen Feind zu lieben, ist die Negerrevolution – die einzige Revolution, in der das Ziel darin liegt, eine Imbißstube, ein Theater, einen Park oder eine öffentliche Toilette zu integrieren. Ihr könnt euch hinsetzen neben die Weißen – auf die Toilette. Das ist doch keine Revolution! (...) Eine Revolution ist blutig, eine Revolution ist feindlich, eine Revolution kennt keine Kompromisse, eine Revolution kehrt alles um und zerstört alles, das sich ihr in den Weg stellt.«

Besonders bitter sei, so fuhr Malcolm mit bestechender Logik fort, daß schwarze Bürgerrechtler zur Gewaltlosigkeit gegenüber weißen Rassisten aufriefen, aber nicht zögerten, im Auftrag der amerikanischen Regierung in anderen Ländern blutige Kriege zu führen:

»Als euch der weiße Mann nach Korea schickte, habt ihr geblutet. Er schickte euch nach Deutschland, ihr habt geblutet. Er schickte euch in den Südpazifik, um die Japaner zu bekämpfen, ihr habt geblutet. Ihr blutet für die Weißen, aber wenn es darum geht, daß eure eigenen Kirchen bombardiert und kleine schwarze Mädchen ermordet werden, dann habt ihr auf einmal kein Blut mehr. Ihr blutet, wenn der weiße Mann sagt, ›blute!‹; ihr beißt, wenn der weiße Mann sagt, ›beiß!‹«

Der Unterschied zwischen wahren schwarzen Revolutionären und den schwarzen Bürgerrechtlern sei genau wie jener zwischen den

Feldsklaven und den Haussklaven, erklärte Malcolm. Die »House Negroes« – so Malcolm – waren stolz darauf, in unmittelbarer Nähre ihres weißen Herrn wohnen und seine Speisereste essen zu dürfen. Sie liebten ihren Herrn und dachten nicht im Traum daran wegzulaufen. Die »Field Negroes« dagegen, die von früh bis spät auf den Feldern schuften mußten, kaum zu essen hatten und ständig geschlagen wurden, haßten ihren Herrn und wünschten ihm Tod und Verderben. Sie wollten nur eines: endlich frei und weit fort von den Weißen sein. »Ich bin ein Feldneger«, verkündete Malcolm stolz und erklärte, daß die »Feldneger« der heutigen Zeit diejenigen Schwarzen seien, die bereit dazu waren, mit allen Mitteln gegen ihre weißen Unterdrücker zu kämpfen. Das seien die wahren Revolutionäre. King und die anderen Bürgerrechtler dagegen stellten das heutige Gegenstück der braven Haussklaven dar, und Kings Lehre der Gewaltlosigkeit sei das reinste Betäubungsmittel:

»Genau wie der Sklavenhalter damals Tom, den Hausneger, dazu benutzte, die Feldsklaven in Schach zu halten, so hat der gleiche Sklavenhalter heute Neger, die nichts anderes sind als moderne Onkel Toms, die Onkel Toms des 20. Jahrhunderts, um dich und mich in Schach zu halten, um uns zu kontrollieren, uns passiv, friedlich und gewaltlos zu machen (...) Es ist wie ein Besuch beim Zahnarzt, wenn der Mann deinen Zahn ziehen will. Du würdest dich wehren, wenn er mit dem Ziehen anfängt. Deshalb spritzt er ein Zeug in deinen Gaumen, daß sich Novocain nennt (...) Du sitzt da, und weil du das ganze Novocain in deinem Kiefer hast, erduldest du alles ganz friedlich. Das Blut spritzt dir aus dem Kiefer, und du hast keine Ahnung, was passiert (...) So ist das mit dem weißen Mann in Amerika. Er ist der Wolf, und ihr seid die Schafe. Wenn irgendein Schäfer, ein Pastor, euch und mich belehrt, daß wir nicht vor dem weißen Mann weglaufen sollen, und uns gleichzeitig lehrt, den weißen Mann nicht zu bekämpfen, dann ist er ein Verräter!«

Schließlich stellte Malcolm noch einmal klar, warum der vielgerühmte *March on Washington* seiner Ansicht nach nur eine Farce gewesen sei. Weiße Liberale hätten die ganze Sache finanziert und so bühnenreif inszeniert, daß von einer schwarzen Protestdemonstration keine Rede mehr sein konnte:

»Sie {die Weißen, Anm. d. Verf.} schrieben den Negern vor, wann sie in die Stadt kommen sollten, wie sie kommen sollten, wo sie haltmachen, welche Schilder sie tragen, welche Lieder sie singen sollten, welche Reden sie halten und welche sie nicht halten konnten; und sie befahlen ihnen, bei Sonnenuntergang aus der Stadt verschwunden zu sein. Und jeder einzelne dieser Onkel Toms hatte bei Sonnenuntergang die Stadt verlassen (...) Es war ein Zirkus, eine Vorstellung, die alles in den Schatten stellt, was Hollywood inszenieren könnte. Reuther und die anderen drei Teufel sollten einen Oscar als beste Darsteller bekommen, denn sie schauspielten großartig – als ob sie die Neger tatsächlich liebten – und sie haben eine ganze Menge Neger damit getäuscht. Und die sechs schwarzen Anführer sollten einen Oscar als beste Nebendarsteller erhalten.«[19]

Eine solche Kritik erscheint zwar überzogen, allerdings läßt sich nicht leugnen, daß King und die anderen schwarzen Initiatoren des Marsches auf das Drängen des Präsidenten und der weißen Mitorganisatoren hin die Veranstaltung tatsächlich mit strengen Auflagen versehen hatten. Der Vorsitzende des SNCC, John Lewis, war zum Beispiel dazu gezwungen worden, seinen »zu radikal« erscheinenden Redetext in eine versöhnlichere Version umzuschreiben. Dies hatte auch innerhalb der schwarzen Studentenbewegung zu großer Unzufriedenheit geführt, die während des Marsches nach außen hin noch kaschiert wurde. Aber nach dem Marsch wurde die Kritik von seiten des SNCC lauter. So waren nicht nur die schwarzen Nationalisten, sondern auch viele der anwesenden jungen Bürgerrechtler unter Malcolms Publikum begeistert, daß jemand diese Vorwürfe so klar und deutlich aussprach. Auch seine anderen Argumente wirkten sehr überzeugend auf die Zuhörer. Das Publikum jubelte ihm zu, immer wieder wurde seine Rede von Gelächter und Beifall unterbrochen, und am Ende gab es tosenden Applaus. Niemand konnte den Zorn, die Verbitterung, den Kampfgeist und Stolz der Schwarzen so gut artikulieren wie Malcolm mit seinen in zynischen Humor gekleideten Attacken gegen die »weißen Teufel« und ihre »Gewaltlosigkeit predigenden schwarzen Verbündeten«. Als ihn im Anschluß an seine Rede jemand beschuldigte, ein Extremist zu sein, erwiderte Malcolm scharf: »Ja, ich bin ein Extremist. Die schwarze Rasse in Nordamerika ist in einer extrem schlechten Situation. Zeigen Sie mir einen Schwarzen, der kein Extremist ist, und ich zeige Ihnen einen, der in psychiatrische Behandlung gehört!« Malcolms »Message to the Grassroots« war ein großer Erfolg, gerade weil sie einen so scharfen

Kontrast zu Kings »I Have a Dream« bildete. Man könnte die beiden Reden sogar als Höhepunkt in dem indirekt ausgetragenen Duell der beiden Gegenspieler bezeichnen. Die Differenz zwischen Martin Luther King, Jr., und Malcolm X trat hier deutlicher zutage denn jemals zuvor, und nie wieder sollten die Ideale der beiden Männer unversöhnlicher erscheinen als in jenem Herbst 1963.

»Message to the Grassroots« war ohne Zweifel die bis dahin einflußreichste Rede Malcolms, und sie wird von vielen als Höhepunkt seiner Karriere gesehen. Seine Popularität innerhalb und außerhalb der NoI war im Herbst 1963 größer als je zuvor. Er zählte zu den begehrtesten Rednern und Interviewpartnern landesweit (King erhielt erstaunlicherweise weniger Einladungen, an Universitäten zu sprechen). Und auch Elijah Muhammad sparte nicht mit öffentlichem Lob für den erfolgreichen »Minister Malcolm« – wobei Muhammad selbst unter starkem Asthma litt und deshalb seit Ende der 1950er Jahre viele öffentliche Auftritte hatte absagen müssen. 1961 verlegte er auf ärztlichen Rat hin seinen Wohnsitz von Chicago – dem Hauptsitz der NoI – in das trockenere Klima von Phoenix, Arizona. Doch trotz des Handicaps eines geschwächten Führers verfügte die NoI 1963 über höhere Mitgliederzahlen und größeren Einfluß als je zuvor in ihrer Geschichte. Der »Botschafter Allahs« wußte, daß dies in erster Linie dem unermüdlichen Einsatz von Malcolm X zu verdanken war. Im Herbst 1963 wurde Malcolm bei einer großen NoI-Kundgebung in Philadelphia von Muhammad offiziell zu seinem Stellvertreter und zum »First National Minister« der Nation of Islam ernannt. Dabei umarmte der »Botschafter Allahs« Malcolm väterlich und verkündete, dieser sei sein treuester und fleißigster Prediger, der ihm bis in den Tod folgen würde. Die Freundschaft und Zuneigung zwischen den beiden Männern schien unerschütterlich. Doch nur wenige Wochen später sollte sich dies ändern. Es kam zum Bruch zwischen Malcolm und der NoI.

Der offizielle Grund, den die NoI für dieses Zerwürfnis angab, war der Ungehorsam Malcolms gegenüber Elijah Muhammad. Am 1. Dezember 1963 wurde Malcolm bei einer Veranstaltung in New York von Reportern gefragt, was er über den Tod John F. Kennedys denke. Die Ermordung des Präsidenten am 22. November war für ganz Amerika – sowie große Teile der westlichen Welt – ein furchtbarer

Schock gewesen. Wohl wissend, daß Kennedy nicht nur bei Weißen, sondern auch bei vielen Schwarzen sehr beliebt gewesen war, erteilte Elijah Muhammad umgehend all seinen Mitarbeitern die Order, keinerlei Kommentare über dessen Tod abzugeben. Malcolm wußte dies. Trotzdem antwortete er auf die ihm gestellte Frage, die Ermordung Kennedys sei für ihn ein Fall von »Hühnern, die zum Brüten in den Stall kommen« (»Chickens coming home to roost«), also ein ganz natürliches Ereignis. Damit wollte Malcolm sagen, daß das seiner Ansicht nach von der Kennedy-Regierung erzeugte Klima des Hasses und der Gewalt Kennedy nun selbst eingeholt hätte.[20] Malcolm fand es normal, daß »jemand, der Gewalt sät, auch Gewalt erntet«, und konnte deshalb kein Bedauern über den Tod des Präsidenten heucheln. Sein Kommentar wurde am nächsten Tag in allen großen Zeitungen abgedruckt und als grobe Respektlosigkeit gegenüber dem ermordeten Präsidenten heftig kritisiert. Folgenschwerer als diese Kritik der weißen Medien war für Malcolm allerdings der Zorn Elijah Muhammads. Dieser zitierte ihn nach Phoenix und warf ihm wütend vor, der NoI durch seine Äußerung schweren Schaden zugefügt zu haben. Als Strafe erteilte ihm Muhammad ein 90tägiges Redeverbot in der Öffentlichkeit. Malcolm akzeptierte diese Strafe ohne Widerrede und sagte alle öffentlichen Auftritte für die nächsten drei Monate ab. »Ich hätte meinen großen Mund halten sollen«, entgegnete er fragenden Journalisten. Er betonte seinen unbedingten Gehorsam gegenüber Muhammad und daß er davon ausgehe, nach Ablauf der 90 Tage wieder in seine Position als nationaler Sprecher der NoI eingesetzt zu werden.

Trotz dieser öffentlich devoten Haltung war Malcolm schockiert über die harte Maßregelung und den plötzlichen Vertrauensentzug des Mannes, der ihn jahrelang wie seinen eigenen Sohn behandelt hatte. Als er nach New York zurückkehrte, erfuhr er zudem von einem Freund, daß eine Verschwörung der NoI-Zentrale in Chicago gegen ihn im Gang war. Die Leiter des dortigen Tempels – darunter auch ein Schwiegersohn Elijah Muhammads, der einflußreiche Chef der *Fruit of Islam* Raymond Sharrieff – waren schon seit langem auf Malcolms Erfolg und sein enges Verhältnis zu Elijah Muhammad eifersüchtig. Außerdem befürchteten sie, daß im Falle von Muhammads Tod sein spartanisch lebender Nachfolger Malcolm dem üppigen Lebensstil, der auf Kosten von NoI-Spendengeldern in Chicago eingekehrt war, ein Ende setzen würde. Deshalb arbeiteten sie schon seit 1962 intensiv an seiner Demontage und verleumdeten Malcolm gegenüber Muhammad bei jeder Gelegenheit. Um von eigenen Vergehen abzulenken, behaupteten sie zum Beispiel, Malcolm würde sich unrechtmäßig an NoI-Geldern bereichern – eine haltlose Beschuldigung, denn Malcolm bekam nur ein minimales Gehalt und übergab seine Vortragseinkünfte stets der Organisation. (Es war deshalb sogar zum Streit zwischen ihm und seiner Frau gekommen, da Betty der Ansicht war, Malcolm solle wenigstens eine kleine finanzielle Rücklage für seine Familie schaffen.) Glaubwürdiger als diese Vorwürfe erschienen Elijah Muhammad aber offenbar die ihm von Chicago aus zugetragenen Gerüchte, Malcolm sei zu mächtig geworden und versuche, die Kontrolle über die NoI an sich zu reißen. Trotz seines öffentlichen Lobes für seinen »treuesten Mitarbeiter« sah Muhammad Malcolm 1963 auch als Gefahr für die eigene Person an. Der Vorfall nach der Ermordung Kennedys bot ihm daher eine willkommene Gelegenheit, um Malcolm zu entmachten. Über das öffentliche Redeverbot hinaus untersagte ihm Muhammad wenige Tage später auch, in seinem eigenen Tempel in New York zu predigen. Malcolm konnte es kaum glauben. Wie er später in seiner Autobiographie schrieb, versetzte ihn das Zerwürfnis mit dem von ihm verehrten Lehrmeister in einen »Zustand des emotionalen Schocks«:

»Es ging mir wie jemandem, der zwölf Jahre lang in einer untrennbaren, wunderschönen Ehe gelebt hat – und dann schmeißt ihm eines Morgens der Ehepartner plötzlich beim Frühstück die Scheidungspapiere auf den Tisch (...) Es war, als ob ein Bestandteil der Natur plötzlich verschwunden sei, wie die Sonne oder die Sterne.«

Ohne Zweifel war Malcolm von Muhammads Verhalten zutiefst getroffen. Allerdings war sein Verhältnis zum »Botschafter Allahs« in den letzten Jahren nicht unbedingt so ungetrübt gewesen, wie dieses Zitat vermuten läßt. Wie bereits beschrieben, war Malcolm seit Beginn der 1960er Jahre in zunehmendem Maße unzufrieden mit der auf die alleinige »Rache Allahs« ausgerichteten, strikt apolitischen Haltung der NoI. Freunden gegenüber hatte er oft den Wunsch geäußert, die *Black Muslims* aktiver am schwarzen Freiheitskampf teilnehmen zu lassen. Außerdem sprach er gerne über das Konzept des Schwarzen Nationalismus (*Black Nationalism*) als kulturelles, politisches und wirtschaftliches Programm. Auch die

Zusammenarbeit schwarzer Amerikaner mit den afrikanischen Freiheitskämpfern sah er als äußerst wichtig an. Im Gegensatz zu Malcolm war Elijah Muhammad jedoch weder an den schwarzen Unabhängigkeitsbewegungen in Afrika interessiert, noch wollte er sich auf eine tatsächliche - über verbale Attacken hinausgehende - Konfrontation mit der weißen Machtstruktur einlassen. Dieser fundamentale Unterschied im Denken der beiden Männer hätte daher früher oder später ohnehin zum Zerwürfnis führen müssen.

Zusätzlich belastete das Verhältnis beider Männer, daß der »Botschafter Allahs«, der seinen Anhängern die Einhaltung strengster moralischer Richtlinien auferlegte, selbst seinen sexuellen Gelüsten offenbar gern freien Lauf ließ. Schon 1955 hatte Malcolm zum ersten Mal Gerüchte über Affären des verheirateten Muhammad gehört. Er schenkte ihnen damals keinen Glauben, denn es schien ihm absolut undenkbar, daß sein verehrter Lehrmeister ein derartiger Heuchler sein sollte. Ehebruch war laut NoI-Doktrin eines der schlimmsten moralischen Verbrechen, die ein *Black Muslim* begehen konnte. Es wurde mit sofortigem Ausschluß aus der Organisation und mit Ächtung bestraft. Im Herbst 1962 konnte Malcolm jedoch die ständig kursierenden Gerüchte nicht länger ignorieren. Muhammads eigener Sohn, Wallace Muhammad, hatte ihm bestätigt, daß der »Botschafter Allahs« mehrere seiner Sekretärinnen verführt, geschwängert und aus der NoI verstoßen hatte. Doch Malcolm wollte es immer noch nicht glauben. Er begann damit, selbst Nachforschungen anzustellen, und nahm heimlich Kontakt zu einigen dieser Frauen auf. So fand er heraus, daß Muhammad tatsächlich zahlreiche Affären gehabt und über ein Dutzend uneheliche Kinder gezeugt hatte, für die aus NoI-Mitteln Unterhalt gezahlt wurde. Für Malcolm, der alle Gebote der NoI stets befolgt hatte (so hatte er nach seiner Inhaftierung 1946 bis zu seiner Hochzeit 1956 sexuell enthaltsam gelebt), brach eine Welt zusammen. Um die Zukunft der NoI nicht zu gefährden, versuchte Malcolm, sich selbst und andere davon zu überzeugen, daß die großen Leistungen im Leben eines Mannes bedeutender seien als seine zeitweiligen menschlichen Schwächen. Im April 1963 sprach Malcolm schließlich Muhammad direkt auf diese Gerüchte an. Muhammad stritt die Vorwürfe gar nicht erst ab, sondern rechtfertigte sich damit, daß er - genau wie die biblischen Helden David, Noah und Lot - Sünden wie Ehebruch, Trunksucht oder Inzest in

Erfüllung göttlicher Prophezeiung selbst durchleben müsse. Das würde Malcolm mit seinem großen Verständnis für »spirituelle Dinge« sicherlich verstehen können, meinte Muhammad. Den einfachen NoI-Mitgliedern traute der »Botschafter Allahs« so viel Weisheit allerdings nicht zu und gebot Malcolm deshalb, die Sache weiterhin geheimzuhalten.

Malcolm widersprach nicht, doch die Erkenntnis, daß sein religiöser Meister im Grunde ein Heuchler war, erschütterte zwangsläufig auch die Grundfesten seines Glaubens an die religiösen Lehren der Nation of Islam. Muhammad dagegen sah sicherlich in Malcolm, der nun sein Geheimnis kannte, eine noch größere Bedrohung für seine eigene Stellung. Das Zerwürfnis zwischen dem Anführer der NoI und seinem »treuesten Prediger« zeichnete sich also aus den genannten Gründen bereits vor dem Kennedy-Attentat ab. Nichtsdestotrotz war die plötzliche Suspendierung am 4. Dezember 1963 ein schwerer Schlag für Malcolm. Dankbar für die Ablenkung nahm er im Januar die Einladung des Boxers Cassius Clay an, ihn zusammen mit seiner Familie in seinem Trainingslager in Florida zu besuchen. Diese eine Woche in Miami war übrigens der einzige Urlaub, den Malcolm je mit Betty und den Kindern machte.[21]

Bei seiner Rückkehr nach New York hoffte Malcolm immer noch, daß eine Versöhnung mit Muhammad möglich sei. Doch dann erfuhr er, daß die Nation of Islam ihn offenbar nicht nur aus den eigenen Reihen, sondern auch aus dem Leben befördern wollte. Ein *Black Muslim* hatte von der Zentrale in Chicago den Auftrag erhalten, eine Bombe in Malcolms Auto anzubringen. Statt dessen warnte er Malcolm und sagte sich von der NoI los. In den folgenden Wochen erhielt Malcolm weitere Hinweise auf geplante Mordanschläge. Er vermutete zu Recht, daß nur Elijah Muhammad selbst hinter diesen Plänen stecken konnte.[22] Daß der Mann, den er einst über alle Maßen verehrt hatte, jetzt seinen Tod wollte, war für ihn ein furchtbarer Schock. Er erkannte nun, daß es keinen Weg zurück gab, und er begann, Pläne für eine Fortsetzung seiner Arbeit außerhalb der Nation of Islam zu schmieden.

Als Muhammad nach Ablauf der 90 Tage ohne weitere Begründung die Suspendierung Malcolms auf unbestimmte Zeit verlängerte, verkündete Malcolm am 8. März 1964 seinen Austritt aus der

NoI. Zugleich kündigte er die Gründung einer neuen schwarz-nationalistischen Organisation namens Muslim Mosque Incorporated (MMI) an, deren Ziele er vier Tage später bei einer Pressekonferenz in New York erläuterte: Trotz ihres Namens sollte die Muslim Mosque Incorporated im Gegensatz zur Nation of Islam keine rein religiöse Organisation sein, sondern auch Nicht-Muslimen offenstehen, die sich für die ökonomische, politische und soziale Unabhängigkeit schwarzer Amerikaner einsetzen wollten. Gemeinsam mit anderen Organisationen sollte die MMI eine Strategie zur Bekämpfung von Rassismus entwickeln und sich aktiv an den Kämpfen der Bürgerrechtsbewegung beteiligen. Das alte schwarz-nationalistische Ideal der »Rückkehr nach Afrika« stellte für Malcolm mittlerweile nur noch ein »langfristiges Programm« dar. Das primäre Ziel sah Malcolm hingegen in einer Verbesserung der Lebensbedingungen schwarzer Amerikaner in den USA, also in mehr Gleichberechtigung mit Weißen und in Zugang zu »besserer Ernährung, Kleidung, (...) Bildung und besseren Arbeitsplätzen – *jetzt sofort*«. Um dies zu erreichen, war er nunmehr dazu bereit, direkt mit den früher von ihm geschmähten Führern der Bürgerrechtsbewegung zusammenzuarbeiten:

»Ich beabsichtige nicht, andere schwarze Führer oder Organisationen zu bekämpfen. Wir müssen einen gemeinsamen Ansatz finden, eine gemeinsame Lösung für ein gemeinsames Problem. Von dieser Minute an habe ich alles Schlechte vergessen, was die anderen Führer je über mich gesagt haben, und ich bete, daß auch sie die vielen schlechten Dinge vergessen können, die ich über sie gesagt habe (...)«

Anfang April 1964 betonte Malcolm gezielt die Gemeinsamkeiten zwischen seinen Zielen und denen der Bürgerrechtsbewegung, um Wege zur Überwindung des uralten Dualismus zwischen Integrationismus und Separatismus aufzuzeigen:

»Wir alle haben das gleiche Ziel. Dieses Ziel ist Freiheit, Gerechtigkeit, Gleichheit (...) Integrationismus ist nur eine Methode, die einige Gruppen benutzen, um Freiheit, Gerechtigkeit, Gleichheit und Respekt als Mensch zu erlangen. Separatismus ist nur eine Methode, die von anderen Gruppen benutzt wird, um Freiheit, Gerechtigkeit, Gleichheit und Menschenwürde zu erlangen. Unsere Leute haben den Fehler gemacht, die Methode mit den Zielen zu verwechseln. Solange wir uns über die Ziele einig sind, sollten wir uns nie entzweien, weil wir an verschiedene Methoden, Taktiken oder Strategien glauben. (...) Wir müssen immer im Auge behalten, daß wir weder für Integration kämpfen noch für Separation. Wir kämpfen für die Anerkennung als Menschen. Wir kämpfen für unser Recht, als freie Menschen in dieser Gesellschaft zu leben.«

Bei einer Rede vor der Ortsgruppe Cleveland des Congress of Racial Equality (CORE) betonte Malcolm nicht nur seinen Willen zur Zusammenarbeit mit Bürgerrechtsorganisationen, sondern mahnte die Weißen, daß sie endlich die Forderungen der schwarzen Bürgerrechtler erfüllen sollten. Das Thema seiner Ansprache lautete »The Ballot or the Bullet« (»Stimmzettel oder Kugel«), und Malcolm ließ keinen Zweifel daran, welche Alternativen er für die Zukunft sah: Entweder würden Schwarze das Wahlrecht erhalten, oder es würde bewaffnete Aufstände geben. Für die Methode der Gewaltlosigkeit gegenüber gewalttätigen Rassisten fehlte ihm weiterhin jedes Verständnis. Er fordere niemanden zu spontaner Gewaltanwendung auf, betonte Malcolm, aber jeder Mensch habe das Recht auf Selbstverteidigung. Um sich im Notfall angemessen verteidigen zu können, empfahl Malcolm allen schwarzen Männern, sich entsprechend auszurüsten. Sie sollten in Zukunft ruhig von dem in der US-Verfassung garantierten Recht jedes Bürgers, Waffen zu tragen, Gebrauch machen.

Angesichts dieses »Rufs zu den Waffen« reagierten die meisten schwarzen Führungspersönlichkeiten eher verhalten auf Malcolms Kooperationsangebot. Martin Luther King, Jr., verurteilte den Aufruf besonders scharf. Seiner Ansicht nach würde die Bewaffnung schwarzer Freiheitskämpfer weißen Rassisten nur eine willkommene Begründung liefern, sie zu töten. King betonte, daß er gerne einmal mit Malcolm über die Vorzüge der Gewaltlosigkeit diskutieren wollte. Allerdings schien ihm die Zeit dafür noch nicht reif zu sein. Solange Malcolm den Einsatz von Gewalt gegen Weiße propagierte, wollte sich King – auch mit Rücksicht auf seine weißen Verbündeten – lieber von ihm distanzieren. Deshalb wich er in den nächsten Wochen Malcolms wiederholten Versuchen aus, ihn in seinem Büro in Atlanta zu besuchen oder anderswo zu treffen. Am 26. März 1964, als beide im Kongreßgebäude die Senatsdebatte über das neue Bürgerrechtsgesetz verfolgten, gelang es Malcolm, King nach einer Pressekonferenz auf dem Gang zu treffen. Im Blitzlichtgewitter vieler

Kameras schüttelten sich die beiden Männer kurz die Hände. Beide konnten damals nicht wissen, daß diese Begegnung ihr einziges persönliches Zusammentreffen bleiben würde.

Da sich die Zusammenarbeit mit der Bürgerrechtsbewegung schwieriger gestaltete, als Malcolm erhofft hatte, und da die Muslim Mosque Inc. außer einigen ihm treu ergebenen ehemaligen NoI-Mitarbeitern kaum Mitglieder anzog, beschloß Malcolm, sich zunächst einen langgehegten Wunsch zu erfüllen: Er unternahm eine Pilgerfahrt nach Mekka, der heiligen Stadt des Islam. Diese Wallfahrt (die sogenannte *Hadsch* oder *Hajj*, die jeder gläubige Muslim einmal in seinem Leben machen sollte) und eine anschließende Reise durch Afrika wurden Schlüsselerlebnisse für ihn. Wie Malcolm in seiner Autobiographie sowie in mehreren Briefen, die er während der Reise schrieb, begeistert erzählt, habe er in Mekka erkannt, daß es im Islam keine Rassenunterschiede gäbe. Seine dortigen Erfahrungen hätten die Lehre Elijah Muhammads, daß der Islam nur eine Religion für Schwarze sei, und nur diese Mekka betreten dürften, endgültig widerlegt. Im gemeinsamen Glauben an Allah hätten diese Muslime alle Rassenschranken überwunden, erklärte Malcolm, der vor allem von der großen Gastfreundschaft und Herzlichkeit weißer Muslime ihm gegenüber beeindruckt war. Niemals habe er ein so großes und aufrichtiges Gefühl der Brüderlichkeit zwischen Menschen der unterschiedlichsten Rassen und Farben verspürt wie in Mekka. Amerika müsse sich unbedingt stärker dieser farbenblinden Religion zuwenden, um seinen Rassismus erfolgreich bekämpfen zu können.

Malcolm gab zu, er habe viele seiner alten Überzeugungen aufgeben oder neu definieren müssen – insbesondere im Hinblick auf Weiße. Die pauschale Verurteilung aller Weißen, die er als Sprecher der Nation of Islam vertreten hatte, sei genauso falsch wie pauschale Vorurteile Weißer gegenüber Schwarzen, sagte Malcolm jetzt. Zwar klagte er noch immer mit aller Schärfe den weißen Rassismus in den USA an, aber er betonte zugleich, daß es auch einige weiße Amerikaner gäbe, die gute Absichten hätten und sich ernsthaft um eine Abschaffung der Rassendiskriminierung bemühten. Malcolm selbst beschrieb seine Erfahrungen in Mekka als »spirituelle Wiedergeburt«. Um dies zu dokumentieren – wohl auch, um sich weiter von seinem Image als von der NoI beauftragter radikaler Weißenhasser zu distanzieren –, nahm er offiziell einen neuen Namen an: El-Hajj Malik El Shabazz (den bekannteren Namen Malcolm X benutzte er allerdings ebenfalls weiter).

Nach seiner Pilgerfahrt reiste Malcolm noch drei Wochen lang durch den afrikanischen Kontinent. Er wurde in Nigeria, Ghana, Liberia, Senegal, Marokko und Algerien freundlich empfangen, traf sich mit Staatsoberhäuptern, sprach in Parlamenten sowie an Universitäten. Malcolm war beeindruckt vom Freiheitswillen der afrikanischen Völker und von der panafrikanischen Idee, die 1963 zur Gründung der sogenannten Organization of African Unity (OAU) geführt hatte. Das Streben der afrikanischen Länder nach Einheit im Kampf gegen den Kolonialismus sah Malcolm als Vorbild für sein Ziel, alle schwarzen Amerikaner im Kampf gegen Rassismus und Unterdrükkung in den USA zu vereinen. Zugleich erkannte er, daß die zu enge Verknüpfung von Religion und Politik in diesem Freiheitskampf von Nachteil war. Um eine breitere Koalition seiner Anhänger mit nichtmuslimischen Schwarzen, insbesondere den christlichen Bürgerrechtlern, zu ermöglichen, gründete Malcolm deshalb nach seiner Rückkehr in die USA am 28. Juni 1964 die Organization of Afro-American Unity (OAAU) als neues Forum der Zusammenarbeit im afroamerikanischen Freiheitskampf. Gleichzeitig wurde die Muslim Mosque zu einer rein religiösen Organisation umgewandelt und gemäß Malcolms neuem Menschenbild auch weißen Muslimen geöffnet. Die OAAU sollte sich nicht nur auf die Diskriminierung schwarzer Amerikaner im Süden konzentrieren, sondern auch auf die verzweifelte Situation vieler Schwarzer in den Ghettos der Großstädte im Norden. Ihr Ziel sei nicht nur die Abschaffung der Segregationsgesetze, sondern auch der Kampf gegen die Folgen des systeminhärenten Rassismus: mangelhafte Ausbildungsmöglichkeiten, Wohnungsnot, Arbeitslosigkeit und Armut. Es gehe somit nicht nur um Bürgerrechte, sondern um Menschenrechte, sagte Malcolm:

»Ich bin kein Rassist. Ich bin gegen jede Form von Rassismus und Segregation, gegen jede Form der Diskriminierung. Ich glaube an Menschen und daran, daß alle Menschen als solche respektiert werden sollten, unabhängig von ihrer Hautfarbe (...) Das Ziel der OAAU ist deshalb vor allem, unseren Freiheitskampf von der Ebene der Bürgerrechte auf die Ebene der Menschenrechte zu heben – und

»Ich bin gegen jede Form von Rassismus und Segregation (...)«: Durch seinen Sinneswandel nach dem Bruch mit der Nation of Islam wird Malcolm X zum potentiellen Mitspieler Kings. Von der NoI wird er hingegen zum Renegaten abgestempelt.

wir sind bereit, mit jeder anderen Organisation und jedem anderen Führer für dieses Ziel zusammenzuarbeiten.«

Martin Luther King war offenbar über Malcolms Sinneswandel sehr erfreut. Wie aus Gesprächen mit Freunden hervorgeht, wollte er sich »so bald wie möglich« mit Malcolm treffen. Er beabsichtigte nämlich, mit Malcolm über die Idee zu sprechen, einen gemeinsamen Antrag für eine UN-Resolution zu stellen, welche die Verletzung der Menschenrechte schwarzer Amerikaner durch weiße Rassisten anprangern sollte. Warum dieses Treffen letztlich nicht zustande kam, ist bis heute unklar. Wahrscheinlich übten konservative Freunde Druck auf King aus, den immer noch »radikalen« und »unberechenbaren« Malcolm zu meiden, insbesondere, da dieser ein erklärter Gegner der Johnson-Regierung war. Kennedys Nachfolger, Lyndon B. Johnson, hatte sich seit seinem Amtsantritt für die rechtliche Gleichstellung schwarzer Amerikaner ausgesprochen. Es war nicht zuletzt seinem Einsatz zu verdanken, daß der Kongreß im Juni 1964 ein neues Bürgerrechtsgesetz verabschiedete. Dieser von Johnson am 2. Juli 1964 unterzeichnete *Civil Rights Act* verbot die Rassendiskriminierung in allen öffentlichen Einrichtungen der USA, im Bildungswesen und im Berufsleben (zur Durchsetzung des Gesetzes im Arbeitsalltag wurde eine eigene Kommission eingerichtet, die Equal Employment Opportunity Commission).

Während King und fast alle anderen Bürgerrechtler das neue Gesetz als entscheidenden Durchbruch feierten und Präsident Johnsons Einsatz dafür nicht genug loben konnten, reagierte Malcolm kritisch. Das neue Gesetz würde die Situation in den Ghettos überhaupt nicht verändern, sagte er. Um hier wirklich substantielle Verbesserungen zu erzielen, seien viel weitreichendere Reformen nötig, zu denen Johnson sowohl der Wille als auch die Mittel fehlten, da der Präsident sein Geld offensichtlich lieber für Kriege gegen nichtweiße Menschen in Afrika und Asien einsetzte. Auch Martin Luther King sollte einige Jahre später den Vietnamkrieg der USA verurteilen. Aber im Sommer 1964 fühlten King und die anderen Führer der großen Bürgerrechtsorganisationen sich der Johnson-Regierung noch in Freundschaft und Dankbarkeit verbunden. Malcolm X stand mit seiner Kritik einmal mehr alleine und blieb isoliert.

Ein weiteres Problem, das nach Malcolms Bruch mit den rassistischen Lehren Elijah Muhammads zunahm, war die Feindseligkeit der Nation of Islam ihm gegenüber. Die Morddrohungen häuften sich. In fast jeder Ausgabe der NoI-Zeitschrift *Muhammad Speaks* wurde Malcolm als schändlicher Verräter dargestellt, der den Tod verdiente, und bei vielen seiner Auftritte wurden sowohl er als auch seine Mitarbeiter von Mitgliedern der *Fruit of Islam* bedroht. Eine Zeitlang konnte sich Malcolm diesem Terror durch eine weitere Afrika-Reise entziehen, die vom 9. Juli bis zum 24. November 1964 dauerte. Erneut wurde Malcolm überall freundlich empfangen, oft sogar wie ein offizieller Staatsbesucher behandelt. Er traf sich mit den religiösen und politischen Führern der einzelnen Länder und bat diese um ihre Unterstützung für das Vorhaben, die USA von den Vereinten Nationen für ihre rassistische Innenpolitik verurteilen zu lassen.

Daß – gemäß Malcolms Prognose – die Verabschiedung des *Civil Rights Act* die Rassenprobleme in den USA bei weitem noch nicht gelöst hatte, zeigte sich schon wenige Wochen später. So kam es nach einem weiteren Vorfall von Polizeibrutalität gegenüber Schwarzen am 16. Juli 1964 zu schweren Rassenunruhen in Harlem, wenig später auch in Brooklyn, Rochester, Chicago, Philadelphia und Jersey City. Dabei wurden mehrere Menschen getötet, Hunderte verletzt und über tausend verhaftet. Auch im Süden zeigte sich, daß das offizielle Ende der Rassentrennung noch keine wahre Gleichberechtigung für Schwarze bedeutete. Die Mitarbeiter der Studentenbewegung hatten im Sommer 1964 das »Mississippi Freedom Summer Project« organisiert, um auch die ärmere, zum Teil analphabetische schwarze Landbevölkerung Mississippis über ihre Bürgerrechte zu informieren, insbesondere über das Wahlrecht. Mit diesem Projekt stießen die SNCC-Mitarbeiter auf den erbitterten Widerstand weißer Rassisten. Insgesamt wurden im Sommer 1964 in Mississippi neun Bürgerrechtler umgebracht, 35 angeschossen, 80 verprügelt und über 1000 verhaftet; zudem wurden 33 schwarze Kirchen niedergebrannt und 31 Häuser durch Bomben zerstört. Angesichts dieser Brutalität radikalisierte sich eine Mehrheit der SNCC-Mitglieder und löste sich vom Ideal des gewaltlosen Widerstandes. Die von Malcolm X propagierte Philosophie des schwarzen Rechts auf Selbstverteidigung gegen gewalttätige Rassisten erschien ihnen nunmehr sinnvoller. So begannen – zur großen Enttäuschung Martin Luther Kings – einige SNCC-Mitarbeiter, bei ihren Fahrten durch Mississippi Waffen zu tragen.

Anfang Februar 1965 lud das SNCC gegen den Willen der SCLC Malcolm dazu ein, bei einer Wahlrechtskundgebung in Selma, Alabama, zu sprechen. Martin Luther King war bei einem vorherigen Protestmarsch in Selma verhaftet worden und saß im Gefängnis. Aufgrund der angespannten Lage befürchteten seine Mitarbeiter, daß ein Auftritt des militanten Muslimführers die Situation eskalieren lassen könnte. Doch dies lag nicht in Malcolms Absicht. Statt dessen drückte er seine volle Unterstützung für den Kampf der Bürgerrechtsbewegung um das Wahlrecht für Schwarze aus – und zwar »mit allen notwendigen Mitteln«. Er betonte, die Weißen sollten froh und dankbar sein, daß der friedvolle Martin Luther King, Jr., die Menschen um sich versammelte. In ihrem eigenen Interesse sollten die Weißen Kings Forderungen lieber bald erfüllen, warnte Malcolm, denn es gäbe andere, keineswegs gewaltlose schwarze Kräfte, die nur darauf warteten, zum Einsatz zu kommen, falls King scheitern sollte! Mit dieser Mahnung wollte Malcolm offenbar ganz bewußt Kings Position stärken. In der Kirche, wo die Veranstaltung stattfand, setzte er sich direkt neben Coretta King und bat diese, ihrem Mann folgendes auszurichten: »Ich möchte, daß Dr. King weiß, daß ich nicht nach Selma gekommen bin, um seine Arbeit zu erschweren. Ich bin wirklich mit der Absicht gekommen, ihm zu helfen. Wenn die Weißen erst mal einsehen, was die Alternative ist, werden sie vielleicht eher dazu bereit sein, auf Dr. King zu hören.« Diese Worte Malcolms vom 4. Februar 1965 zeigen noch einmal ganz deutlich die radikale Änderung seiner Einstellung zu King, den er früher als »die beste Waffe der weißen Teufel« bezeichnet hatte. Zwar gab es nach wie vor deutliche Unterschiede in den Methoden, die beide Männer im schwarzen Freiheitskampf einzusetzen bereit waren. Aber Malcolms Ansicht nach war ihr Ziel mittlerweile dasselbe: Freiheit, Gleichberechtigung und soziale Gerechtigkeit für alle Menschen Amerikas, unabhängig von ihrer Hautfarbe, Rasse oder Religion. Deshalb war er nun durchaus bereit, mit dem ehemaligen Gegenspieler zusammenzuarbeiten. Auch Martin Luther King schien, wie aus Kommentaren Freunden gegenüber hervorgeht, eine Kooperation mit Malcolm immer mehr in Betracht zu ziehen. Doch dafür sollte keine Zeit mehr bleiben.

Während King in Selma inhaftiert blieb, flog Malcolm am 5. Februar 1965 zu einem Kongreß des Council of African Organizations nach London. Am 9. Februar wollte er nach Paris weiterfliegen, um auch dort eine Rede zu halten, aber die Einreise nach Frankreich wurde ihm verweigert. Malcolm vermutete, daß dies auf eine geheime Intervention der amerikanischen Regierung zurückzuführen war. Er wußte, daß ihn das FBI und die CIA permanent überwachten und daß seine regierungkritischen Reden im In- und Ausland sowie seine Teilnahme an Konferenzen radikaler Befreiungsbewegungen in Afrika ihn für die Johnson-Administration zu einem potentiellen Staatsfeind gemacht hatten. Ob tatsächlich Mitglieder des US-Geheimdienstes – wie Malcolm in seiner Autobiographie vermutet – versuchten, ihn zum Schweigen zu bringen, ist bis heute ungeklärt. Aber in jedem Fall unternahm die Polizei in New York nichts zu Malcolms Schutz, obwohl sein Leben massiv bedroht wurde. Im Januar 1965 entging Malcolm nur knapp zwei Attentatsversuchen, und kurz nach seiner Rückkehr aus England am 13. Februar 1965 wurden Molotow-Cocktails in sein Haus in Queens geworfen. Malcolm, seine schwangere Frau und die vier Töchter konnten gerade noch den Flammen entkommen.[23] So wie er 1929 als kleiner Junge hatte zusehen müssen, wie das Haus seiner Eltern verbrannte, stand Malcolm nun mit seiner eigenen Familie vor den rauchenden Trümmern seines Heims. Wie damals blieben auch bei diesem Brandanschlag die Täter unerkannt. Aber Malcolm war fest davon überzeugt, daß es Mitglieder der NoI gewesen waren. Er ahnte, daß er nicht mehr lange zu leben hatte. Mehrmals vertraute er seinem Freund und Mitverfasser der Autobiographie Alex Haley an, daß er jeden Tag und jede Nacht mit dem Tod rechnete. Trotzdem, oder gerade weil er spürte, daß ihm nicht mehr viel Zeit blieb, war Malcolm nicht dazu bereit, sein Engagement aufzugeben. Nachdem er Betty und die Kinder bei Freunden untergebracht hatte, flog er am 14. Februar zu einem Vortragstermin nach Detroit. In der folgenden Woche traf er sich einige Male mit Haley, um seine Autobiographie zu vollenden. Er ließ sich von Gordon Parks für die Zeitschrift *Life* interviewen und hielt mehrere Reden in Rochester und New York City, bei denen sein neues Konzept des afroamerikanischen Freiheitskampfes noch einmal ganz deutlich zum Ausdruck kam. So sagte er am 18. Februar an der Columbia-Universität:

»Wir leben im Zeitalter der Revolution – und die Revolte des amerikanischen Negers ist ein Teil dieser Rebellion. Es ist falsch, die schwarze Revolte einfach als Rassenkonflikt zwischen Schwarzen und Weißen oder als rein amerikanisches Problem zu klassifizieren. Statt dessen sehen wir heute eine globale Rebellion von Sklaven gegen Sklavenhalter, von denen, die ausgebeutet werden, gegen diejenigen, die ausbeuten.«

Drei Tage später, am Sonntag, dem 21. Februar 1965, fand eine Versammlung von Malcolms Organization of Afro-American Unity (OAAU) im Audubon-Saal in New York City statt. Malcolm spürte offensichtlich, daß an diesem Tag Unheil drohte. Er war nervöser und angespannter, als seine Mitarbeiter ihn je gesehen hatten. »Ich habe ein ungutes Gefühl – ich sollte besser nicht hier sein – irgend etwas stimmt nicht!« sagte er einem seiner Vertrauten. Dieser riet ihm, die Veranstaltung abzusagen. Doch Malcolm wollte dies nicht, zumal er seine Frau Betty – entgegen vorherigen Absprachen – extra gebeten hatte, mit den Kindern zu dieser OAAU-Versammlung zu kommen. So betrat Malcolm um kurz nach 15 Uhr das Podium. Er begrüßte das begeistert klatschende Publikum wie gewohnt mit dem islamischen Friedensgruß *As salaam alaikum.* Wenige Augenblicke später kam es zu einem Tumult in den vorderen Reihen. Drei Männer zogen Gewehre und Pistolen aus ihren Mänteln hervor, und ohne jede Warnung wurde Malcolm vor den Augen seiner Familie erschossen. Alle Wiederbelebungsversuche blieben zwecklos. Malcolm Little alias Malcolm X alias El-Hajj Malik El Shabazz war tot.

Wer wirklich für die Ermordung von Malcolm verantwortlich war, blieb lange Zeit umstritten. Ein Gericht verurteilte nach einjährigem Prozeß im April 1966 aufgrund von Zeugenaussagen drei NoI-Mitglieder, Talmadge Hayer (alias Thomas Hagan), Norman 3X Butler und Thomas 15X Johnson, für den Mord zu lebenslangen Haftstrafen. Aber nur Hayer gab zu, von der Nation of Islam mit der Tötung Malcolms beauftragt worden zu sein, die anderen beteuerten ihre Unschuld. Elijah Muhammad stritt erwartungsgemäß vehement ab, irgend etwas mit der Ermordung seines ehemaligen Stellvertreters zu tun gehabt zu haben. Einige Historiker meinen, daß auch der US-Geheimdienst zumindest indirekt an dem Attentat beteiligt war. Aufgrund der Beweislage kann über den genauen Tathintergrund allerdings nur spekuliert werden. Festzustehen scheint allerdings, daß die tödlichen Schüsse von Mitgliedern der Nation of Islam abgegeben wurden – so wie Malcolm es seit langem befürchtet hatte.

Wenige Tage nach dem Attentat schickte Martin Luther King Betty Shabazz ein Telegramm, in dem er ihr sein Mitgefühl über die grausame Ermordung ihres Mannes ausdrückte. Der Tod Malcolms sei schockierend und tragisch, schrieb King. Auch wenn er und Malcolm nicht immer einer Meinung über die Methoden zur Lösung des Rassenkonfliktes gewesen seien, so hätte er doch tiefe Zuneigung für Malcolm empfunden. Weiter betonte King seine Hochachtung für Malcolms scharfe Analyse der Probleme schwarzer Amerikaner und seinen mutigen, rückhaltlosen Einsatz zu deren Lösung. Trotz ihrer Gegensätze empfand King offensichtlich den Tod seines Gegenspielers, der alle Pläne einer möglichen Zusammenarbeit mit einem Schlag vernichtet hatte, als großen Verlust. Dieses Gefühl mag sich in den darauffolgenden Jahren noch verstärkt haben, denn Kings Analyse der Rassenkonflikte und sozialen Probleme in den USA sowie seine Einstellung zur Johnson-Regierung sollten sich nach 1965 noch radikal verändern und sich zumindest zum Teil denen von Malcolm X in einer Weise annähern, die kaum jemand vorher für möglich gehalten hätte.

Bis 1965 hatte King auch angesichts von Rückschlägen immer am Ideal des gewaltlosen Widerstandes festgehalten. Optimistisch glaubte er weiterhin, daß der Tag nicht fern sei, an dem Amerika seinen Traum von einer gerechteren Gesellschaft verwirklichen würde. Es gab auch durchaus eine Reihe positiver Entwicklungen, die diese Zukunftshoffnungen Kings bestärkten: Durch den triumphalen Erfolg des *March on Washington* waren mehr Menschen – nicht nur in den USA, sondern in der ganzen Welt – auf das Rassenproblem in Amerika aufmerksam geworden als je zuvor. Und trotz einiger Rückschläge schien 1964 ein Jahr der Hoffnung zu werden: Die bekannte Zeitschrift *Time* kürte King im Januar 1964 zum »Mann des Jahres«

(das erste Mal, daß einem Schwarzen diese Ehre zuteil wurde), im Juni erschien Kings neues Buch *Warum wir nicht warten können (Why We Can't Wait)*, im Juli unterzeichnete Präsident Johnson den von der Bürgerrechtsbewegung lang ersehnten *Civil Rights Act*, und durch die *Freedom-Summer*-Aktion kam es trotz des weißen Terrors schließlich zu einer ersten politischen Organisation der Schwarzen in Mississippi.[24] Im September 1964 wurde King vom deutschen Kanzler Willy Brandt nach Berlin eingeladen. Anschließend traf er sich mit Papst Paul VI. in Rom, der ihm versprach, die Bürgerrechtsbewegung mit einer neuen Proklamation gegen Rassismus und Segregation zu unterstützen. Kurz vor Ende des Jahres folgte dann noch ein weiteres bedeutendes Ereignis: Am 10. Dezember 1964 wurde Martin Luther King für seine Leistungen im gewaltlosen Kampf für schwarze Gleichberechtigung in Oslo der Friedensnobelpreis verliehen. Mit 35 Jahren war er die jüngste Person, die diese Auszeichnung je erhalten hatte. King war zutiefst bewegt über diese Ehre. Sie gebühre jedoch nicht ihm, sagte er, sondern den 22 Millionen Schwarzen, die in Amerika für Freiheit und Gerechtigkeit kämpften. Darum bestand er auch darauf, das Preisgeld von 54 000 Dollar vollständig der Bürgerrechtsbewegung zur Verfügung zu stellen.

Coretta King hätte gerne zumindest einen Teil des Geldes für die Ausbildung ihrer vier Kinder zur Seite gelegt, doch King wollte nichts davon hören. Eine im übrigen vielsagende Parallele im Leben von King und Malcolm X, da beide trotz ihrer großen Erfolge und immensen Popularität relativ bescheiden lebten. (So wohnte King mit seiner Familie in einem gemieteten Haus und fuhr in einem alten Ford herum. Auch Malcolm besaß kein Eigenheim oder andere Wertgegenstände, und sein persönlicher Lebensstil blieb immer ausgesprochen spartanisch. Beide Männer bezogen nur ein geringes Gehalt und stellten - entgegen den Wünschen ihrer mehr um das Familienwohl besorgten Ehefrauen - alle zusätzlichen Einkünfte ihren Organisationen zur Verfügung.) King jedenfalls sah das Preisgeld gut angelegt: Trotz der Verabschiedung des *Civil Rights Act* - dies war King zur Zeit der Verleihung des Nobelpreises klar - lagen nämlich noch einige schwere Kämpfe vor der Bürgerrechtsbewegung. Zu seiner großen Enttäuschung hatte er nämlich während der vorangegangenen Monate erkennen müssen, daß das neue Gesetz zum Verbot der Segregation wirkungslos in einem für die schwarze Gleichberechtigung ganz zentralen Bereich war - dem Wahlrecht.

In geschickter Umgehung der neuen gesetzlichen Regelungen gelang es weißen Rassisten im Süden immer noch, einen Großteil der schwarzen Bevölkerung vom Wählen auszuschließen. (Beispielsweise mußten Schwarze in einigen Staaten bei der Wahlregistrierung bis zu hundert Fragen über die Verfassung beantworten und wurden beim geringsten Fehler disqualifiziert.) King appellierte deshalb an die Johnson-Regierung, sich für ein neues Gesetz zur Durchsetzung des schwarzen Wahlrechts einzusetzen. Doch Johnson lehnte dies ab. Er hatte gerade erst eine Serie progressiver neuer Sozialhilfegesetze in den Kongreß eingebracht, das sogenannte Great Society-

Programm. Für dessen Verabschiedung brauchte er die Stimmen der weißen Abgeordneten aus dem Süden und wollte diese darum nicht durch ein weiteres Gesetz zugunsten der schwarzen Minderheit verprellen. Hinzu kam, daß der Chef des FBI, J. Edgar Hoover, der King seit Jahren überwachen ließ, eine gezielte Diffamierungskampagne gegen King führte. Im November 1964 bezeichnete Hoover King öffentlich als »den schlimmsten Lügner im ganzen Land«. Außerdem legte er dem Präsidenten FBI-Berichte vor, in denen behauptet wurde, daß King ein Heuchler, ein Kommunist und die SCLC eine gefährliche, von marxistischen Staatsfeinden infiltrierte Organisation sei.[25] So kühlte sich das einst gute Verhältnis zwischen Johnson und King in den folgenden Monaten spürbar ab.

Nachdem Johnson ihm seine Unterstützung für eine neue Wahlrechtsgesetzesvorlage verweigert hatte, beschloß King, im Januar 1965 eine neue Kampagne zu starten, um der amerikanischen Öffentlichkeit die dringende Notwendigkeit dieser Maßnahme vor Augen zu führen. Als Ort hierfür wählte er Selma, Alabama, den Geburtsort des White Citizen Council (einer Organisation weißer Rassisten, deren Ziel es war, die Gleichstellung der Schwarzen trotz des *Civil Rights Act* zu verhindern). SNCC-Mitarbeiter organisierten schon seit zwei Jahren den schwarzen Widerstand in Selma, hatten jedoch bisher keinen großen Erfolg erzielen können. King hoffte, daß der brutale Polizeichef der Stadt, Jim Clark, sich durch friedliche schwarze Massendemonstrationen genauso zum Gewalteinsatz provozieren lassen würde wie sein Kollege Bull Connor in Birmingham. Die Rechnung ging auf. Kings Präsenz und die baldige Inhaftierung des Nobelpreisträgers sorgten sofort für eine massive Medienberichterstattung aus Selma. Dazu trug auch die erwähnte Rede von Malcolm X bei, in der er seine Unterstützung für die Bürgerrechtsbewegung ausdrückte. Zwar kam es – nicht nur wegen der Einladung Malcolms – zu einigen Spannungen zwischen SCLC- und SNCC-Mitarbeitern, denn die Führer der Studentenbewegung hielten die Vorgehensweise von Kings Organisation für zu moderat. Trotzdem erwies sich die Aktion insgesamt als großer Erfolg. Die amerikanische Öffentlichkeit formulierte zunehmend ihren Unwillen über die Mißhandlung schwarzer Demonstranten in Selma. Am Sonntag, dem 7. März 1965, wurden mehrere hundert friedliche Bürgerrechtler – unter ihnen auch zahlreiche Frauen und Kinder – auf der Edmund-Pettus-Brücke von Polizisten und berittenen Staatstruppen aus Alabama in die Zange genommen. Sie wurden mit Tränengas besprüht, niedergeritten und mit Knüppeln zusammengeschlagen. Die Bilder dieses »Bloody Sunday« lösten eine Welle der Empörung im ganzen Land aus. Präsident Johnson wurde für seine Untätigkeit mit Vorwürfen überhäuft, und die Rufe nach einem neuen Wahlrechtsgesetz wurden immer lauter. Unterdessen schien die Gewalt in Selma kein Ende zu nehmen. Es gab mehrere Tote unter den Demonstranten – unter ihnen befand sich auch James Reeb, ein weißer Pfarrer aus Boston. Am Tag von Reebs Beerdigung, dem 15. März 1965, sah Johnson sich schließlich dazu gezwungen, etwas zu unternehmen. In einer Fernsehansprache verkündete er seine Absicht, umgehend ein neues Wahlrechtsgesetz in den Kongreß einzubringen. Es sei endlich an der Zeit, daß die Gerechtigkeit siege und Amerika seinen Rassismus überwinde, erklärte der Präsident und beendete seine Rede mit den Worten der schwarzen Bürgerrechtshymne: »We Shall Overcome.«

Wie viele andere war auch King hoch erfreut, und er nutzte Johnsons Zusage, die Sicherheit der Demonstranten durch Bundestruppen zu garantieren, um einen letzten großen »Wahlrechtsmarsch« durchzuführen. Vom 21. bis zum 25. März marschierten über 3000 Bürgerrechtler von Selma nach Montgomery, Alabama. Hier, wo die Bürgerrechtsbewegung zehn Jahre zuvor mit einem Busboykott begonnen hatte, hielt King eine Rede, in der er den über 25 000 Zuhörern noch einmal voller Optimismus versicherte, daß nun die Erfüllung ihres Traumes greifbar nah läge:

»Wir müssen erkennen, daß unser Ziel eine Gesellschaft ist, die mit sich selbst im Frieden lebt. Ihr fragt heute: ›Wie lange wird das noch dauern?‹ Ich sage euch heute: wie schwierig der Augenblick auch sein mag, wie enttäuschend die Stunde, es wird nicht lange dauern, weil Wahrheit, die zu Boden gedrückt wurde, wieder auferstehen wird. Wie lange? Nicht lange, denn keine Lüge kann ewig leben. Wie lange? Nicht lange, denn man erntet, was man gesät hat. Wie lange? Nicht lange, denn der Arm des moralischen Universums ist zwar lang, aber er ist der Gerechtigkeit zugeneigt.«

Am 6. August 1965 schien der ersehnte Moment gekommen zu sein: Präsident Johnson unterzeichnete den nach heftiger Kongreßdebatte verabschiedeten *Voting Rights Act.* Dieses neue Wahlrechtsgesetz verbot mit sofortiger Wirkung alle Arten von Wahlsteuern, Tests und Sonderregelungen, die jahrzehntelang zur politischen Entmündigung der Schwarzen im Süden beigetragen hatten. Darüber hinaus wurden Inspektoren der US Commission on Civil Rights nach Virginia, North und South Carolina, Georgia, Alabama, Mississippi und Louisiana gesandt, um den Wahleinschreibungsprozeß genau zu überwachen. Die Bürgerrechtsbewegung feierte diesen Erfolg begeistert.

Das neue Gesetz sollte tatsächlich für die Öffnung des politischen Systems für schwarze Amerikaner von zentraler Bedeutung sein. In dem Wahlbezirk, zu dem Selma gehörte, stieg die Anzahl der registrierten schwarzen Wähler innerhalb eines Jahres von 333 auf über 9000. Vier Jahre später hatte sich in den Südstaaten der Anteil afroamerikanischer Wahlberechtigter, die sich erfolgreich hatten einschreiben lassen, verdoppelt. In einigen Staaten war die Wirkung sogar noch größer, so stieg der Prozentsatz der registrierten schwarzen Wähler in Mississippi von 6 auf 67 Prozent. Dadurch wiederum erhöhte sich die Zahl der gewählten schwarzen Politiker in den Südstaaten zwischen 1965 und 1970 von 72 auf 711. Doch trotz dieses beachtlichen Anstiegs schwarzer politischer Partizipation und Repräsentation führte auch der *Voting Rights Act* nicht zu dem von King erhofften »brüderlichen Frieden« zwischen schwarzen und weißen Amerikanern.

Nur fünf Tage nach der Verabschiedung des neuen Wahlrechtsgesetzes kam es in Watts, dem schwarzen Ghetto von Los Angeles, nach einer Auseinandersetzung zwischen weißen Polizisten und schwarzen Jugendlichen zu den bis dahin schlimmsten Rassenunruhen der amerikanischen Geschichte. Tausende von verarmten Schwarzen ließen ihrem seit Jahren angestauten Zorn über weißen Rassismus freien Lauf. Sie zogen plündernd und brandschatzend durch die Stadt und lieferten sich blutige Gefechte mit der Polizei. Dabei riefen einige wütend »Burn, Baby, Burn!« und »Long live Malcolm X!« Die zu Hilfe gerufenen Bundestruppen brauchten mehrere Tage, um den Aufstand niederzuschlagen. Als sich am 16. August die Situation wieder beruhigt hatte, waren 34 Menschen – die meisten von ihnen Schwarze – getötet, 900 verletzt und über 4000 verhaftet worden. Außerdem war ein Sachschaden von 46 Millionen Dollar entstanden. King flog sofort nach Los Angeles und versuchte, die schwarzen Ghettobewohner davon zu überzeugen, daß Gewalt und Krawalle keine Lösung für ihr Elend seien. Doch angesichts des Rassismus und der Brutalität vieler weißer Polizisten hatte ein Großteil der schwarzen Jugend für die Idee der Gewaltlosigkeit nur Spott und Verachtung übrig. Auch Kings Bemühungen, bei der weißen Stadtverwaltung und Polizei um Verständnis für die Aufständischen zu werben, scheiterten. Er wies zwar zu Recht auf die für alle schwarzen Ghettos der Großstädte typischen Probleme hin – etwa darauf, daß Watts viermal so dicht bevölkert war wie der Rest von Los Angeles, daß die Arbeitslosenrate mehr als 30 Prozent betrug, die Mieten der oft baufälligen Wohnungen völlig überhöht waren und die Polizei jeden Schwarzen wie einen Verbrecher behandelte. Doch die weiße Stadtverwaltung, insbesondere Polizeichef William Carter, beharrte darauf, daß die Unruhen keine sozialen Hintergründe hätten. Es handele sich dabei einzig um das Werk »krimineller Elemente«, meinten die Stadtväter, und solchen »Affen« könne man keinerlei Zugeständnisse machen.

Watts sollte zum Schlüsselerlebnis für King werden, das schließlich eine Wende in seinem Denken herbeiführte. Die Begegnung mit der Armut und dem Elend der Ghettobewohner machte ihm etwas klar, das Malcolm X schon Jahre vorher erkannt hatte: Die Abschaffung diskriminierender Gesetze allein konnte die Situation der schwarzen Unterschicht nicht wirklich ändern. Das Recht, mit Weißen zusammen im gleichen Raum essen zu können, nutzt einem nichts, wenn das Geld fehlt, dieses Essen bezahlen zu können. Nach Watts erkannte King, daß der Traum von schwarzer Freiheit und Gleichberechtigung niemals verwirklicht werden konnte, solange derart krasse soziale und wirtschaftliche Ungerechtigkeiten in Amerika existierten. Er beschloß, sich von nun ab intensiver um die Bekämpfung des Teufelskreises Rassismus – Arbeitslosigkeit – Armut – Drogensucht – Verbrechen zu kümmern, der so viele Schwarze in den Ghettos der Großstädte gefangenhielt. Im Kampf gegen die Slums im Norden sollte sich – so hoffte King – die Methode des organisierten gewaltlosen Massenwiderstandes als genauso effektiv erweisen wie im Kampf gegen die Segregation im Süden. Viele seiner Mitarbeiter sprachen sich gegen die Idee aus, die Bürgerrechtsbewegung in den Norden zu tragen. »Das ist nicht unser Gebiet«, warnten sie King und beharrten darauf, die SCLC solle sich besser nur auf die Wahlregistrierung schwarzer Bürger im Süden konzentrieren. Doch King setzte sich durch und wählte Chicago als Testgebiet für seine neuen Pläne aus. In dieser Stadt war es aufgrund der desolaten Zustände im schwarzen Ghetto schon häufiger zu Rassenunruhen gekommen. Andererseits gab es auch relativ viele politisch engagierte Schwarze in Chicago, so daß nach Kings Ansicht dort gute Voraussetzungen für eine Mobilisierung schwarzer Massenproteste gegeben waren.

Im Januar 1966 gründete die SCLC gemeinsam mit schwarzen Führungspersönlichkeiten aus Chicago das Chicago Freedom Movement. Um seine Solidarität mit den Betroffenen zu zeigen, zog King in eine heruntergekommene Wohnung in einem schwarzen Stadtteil Chicagos, der »Slumdale« genannt wurde. Hier lernte er die Lebensbedingungen der Ghettobewohner zum ersten Mal hautnah kennen und erfuhr, was es hieß, zu hohen Mietpreisen unter katastrophalen sanitären Verhältnissen in einem Haus voller Ratten und Uringestank leben zu müssen. King war erschüttert über das Ausmaß von Armut, Not und Hoffnungslosigkeit. Empört klagte er in seinen Reden den Rassismus der weißen Behörden und Institutionen an, die seiner Ansicht nach für das Elend im Ghetto verantwortlich waren. Tatsächlich wurden schwarze Wohnviertel in Chicago von der Müllabfuhr und anderen städtischen Diensten oft vernachlässigt. Die Stadt hielt weiße Vermieter nicht dazu an, Sicherheits- und Gesundheitsvorschriften ihrer Gebäude in den Ghettos einzuhalten. Außerdem sorgten rassistische Immobilienpraktiken von Maklern und Banken dafür, daß selbst besserverdienende Schwarze sich keine Häuser in weißen Wohngegenden kaufen konnten. Als 1951 trotzdem einmal eine schwarze Familie versucht hatte, in den weißen Stadtteil Cicero zu ziehen, kam es zu derartigen Ausschreitungen der weißen Anwohner, daß 4000 Nationalgardisten eingesetzt werden mußten, um die Ordnung wiederherzustellen. Aufgrund der auch ohne Gesetze bestehenden Segregation der Wohngebiete existierte eine De-facto-Rassentrennung in Chicagos Bildungssystem. Um die Schulen im Ghetto war es so schlecht bestellt, daß selbst begabte schwarze Kinder kaum eine Chance hatten, eine gute Ausbildung zu bekommen.

Monatelang setzte King seine ganze Kraft ein, um an der Situation etwas zu verändern. Seine Äußerungen wurden radikaler und seine Wortwahl der von Malcolm X immer ähnlicher. Beim Chicago Freedom Festival am 12. März 1966 bezeichnete er das Ghetto als »System des internen Kolonialismus«:

»Der Zweck eines Slums liegt darin, diejenigen, die keine Macht haben, einzuschließen und ihre Machtlosigkeit fortzusetzen (...) Der Slum ist im Prinzip nichts anderes als eine interne Kolonie, deren Bewohner politisch beherrscht, wirtschaftlich ausgebeutet, segregiert und bei jeder Gelegenheit gedemütigt werden.«

Bürgermeister Richard Daley und die weiße Mehrheit der Einwohner Chicagos waren natürlich nicht an gesellschaftlichen Veränderungen interessiert, die ihre Macht und ihren Wohlstand zugunsten der schwarzen Bevölkerung verringern könnten. Sie beschuldigten King, er würde nur Unfrieden nach Chicago bringen und die Menschen zum Rassenhaß aufstacheln. Geschickt vermied Daley eine direkte Konfrontation mit den Bürgerrechtlern. Es gelang ihm sogar, einige von ihm abhängige schwarze Politiker dazu zu bringen, sich öffentlich von Kings Forderungen zu distanzieren. So wurde die Lage für Kings Bewegung in Chicago immer schwieriger.

Im Sommer 1966 zeigte sich deutlich, wie tief die Kluft zwischen den verschiedenen Bürgerrechtsorganisationen mittlerweile geworden war. Während die konservativeren Gruppen – die NUL und die NAACP – sich zunehmend von King distanzierten, weil sie seine Vorgehensweise für zu aggressiv und radikal hielten, war sie für militantere Gruppen wie CORE und SNCC noch viel zu bedächtig und gemäßigt. Die Anführer der Studentenbewegung, insbesondere der neue SNCC-Vorsitzende Stokeley Carmichael, näherten sich immer mehr den Ansichten von Malcolm X. Sie verabschiedeten sich nicht nur vom Ideal der Gewaltlosigkeit, sondern stellten auch das Konzept der Zusammenarbeit mit weißen Bürgerrechtlern zunehmend in Frage. Im Juni 1966, während der Organisation eines gemeinsamen »Marsches gegen die Angst«, der die schwarze Bevölkerung in Mississippi zum Wählen ermutigen sollte, kam es zum offenen Konflikt zwischen den Bürgerrechtsorganisationen. CORE und SNCC forderten, der Marsch solle nur für schwarze Teilnehmer zugänglich sein, weswegen die NAACP und der NUL ihre Mitarbeit an dem Projekt sofort absagten. Nur mit größter Mühe konnte King schließlich durchsetzen, daß auch Weiße mitmarschieren durften. Doch die Stimmung blieb angespannt. Als Carmichael wenig später in Greenwood, Mississippi, verhaftet wurde, kam es zum Eklat. Nach seiner Entlassung erklärte der wütende SNCC-Vorsitzende seinen militanten Anhängern, es reiche ihm endgültig – er sei jetzt 27mal verhaftet worden, und er würde nicht noch einmal ins Gefängnis gehen. Sechs Jahre lang hätten die Schwarzen friedlich versucht, ihre Freiheit zu erlangen, und nichts damit erreicht. Jetzt sei es an der Zeit, andere Saiten aufzuziehen. »Was wir jetzt endlich haben müssen, ist ›Black Power‹«, schrie Carmichael, und die begeisterte Menge griff den Ruf nach »schwarzer Macht« auf: »We want Black Power! Black Power Now!« Am nächsten Tag stand es in allen Zeitungen – und das SNCC galt von nun an als potentiell gewalttätige Organisation, die nicht mehr an den alten Zielen der Bürgerrechtsbewegung interessiert war.

Die Führungen der NAACP und der NUL veröffentlichten gemeinsam mit vielen anderen Bürgerrechtlern eine Erklärung, in der sie den Slogan *Black Power* als Aufruf zu Rassenhaß und Gewalt scharf verurteilten und sich endgültig vom SNCC distanzierten. Auch King lehnte die Verwendung des Begriffes ab, da er weiterhin am Ideal der Brüderlichkeit zwischen Schwarz und Weiß festhielt. Er war auch sehr enttäuscht darüber, daß das SNCC 1967 alle weißen Mitarbeiter aus dem Coordinating Committee ausschloß. Immer wieder hielt er den militanten Separatisten vor, daß ihr Weg eine Sackgasse und ihre Aggression gegen Weiße selbstzerstörerisch sei. Trotzdem weigerte sich King, der viel Verständnis für die Frustration der jungen Aktivisten hatte, das SNCC öffentlich zu verdammen. Man könne *Black Power* ja auch anders interpretieren, sagte er. Nicht als Aufruf zu Gewalt, sondern als legitime Forderung nach einer Beteiligung der Schwarzen an politischer und wirtschaftlicher Macht. Mit solchen Äußerungen machte King sich allerdings bei den konservativeren Bürgerrechtlern unbeliebt. Diese forderten, die Bürgerrechtsbewegung sollte sich weiterhin ausschließlich auf das Ziel der Rassengleichberechtigung konzentrieren, nicht auf soziale oder wirtschaftliche Fragestellungen. So war trotz aller Bemühungen Kings, zwischen den Gruppen zu vermitteln, das Auseinanderbrechen der Bürgerrechtskoalition nicht mehr aufzuhalten.

In Chicago kam es unterdessen in der Hitze des Sommers 1966 zu mehreren Rassenunruhen. King versuchte, die Gewaltausbrüche zu verhindern, doch er scheiterte an der Sturheit des Bürgermeisters, der Brutalität der weißen Polizei und der Wut der militanten jungen Ghettobewohner. Im August marschierten King und seine Anhänger durch weiße Wohnviertel Chicagos, um für das neue *Open Housing Law* zu werben (ein Gesetz, das rassistische Vermietungspraktiken verbieten sollte). Dabei kam es zu blutigen Überfällen haßerfüllter Weißer. »Tötet die Nigger!« schrien sie und warfen mit Flaschen und Steinen auf die sich nicht wehrenden Demonstranten. Auch King wurde von einem Ziegelstein am Kopf getroffen. Ein auf ihn geworfenes Messer verfehlte ihn knapp. Die Medienberichterstattung über diese Konfrontationen in Chicago zwang die amerikanische Öffentlichkeit zu erkennen, daß es nicht nur im Süden, sondern auch im Norden brutalen, haßerfüllten weißen Rassismus gab. Um das Ansehen seiner Stadt besorgt, erklärte sich Daley Ende August schließlich dazu bereit, den Forderungen der Bürgerrechtsbewegung schrittweise nachzukommen. Das von King akzeptierte Abkommen, das beide Parteien im September unterzeichneten, enthielt jedoch keinen Zeitplan, und King wurde von einigen Schwarzen in Chicago scharf dafür kritisiert, daß er sich auf Daleys Wort verließ. Wie sich später herausstellte, hielt der Bürgermeister in der Tat die meisten seiner Versprechungen nicht ein, beispielsweise kam es nicht zur Verabschiedung eines *Open Housing Law* in Chicago. Doch King war froh, überhaupt zu einer Einigung mit Daley gekommen zu sein. Und er war auch erleichtert, daß die von der SCLC im Sommer 1966 begonnene *Operation Breadbasket* (»Unternehmen Brotkorb«) gut angelaufen war. Diese systematische Boykottaktion setzte Fabriken, Unternehmen und Geschäfte unter Druck, die zwar afroamerikanische Kunden hatten, aber keine Schwarzen einstellten. Auf diese Weise trug *Operation Breadbasket*, deren Leitung King dem jungen Pfarrer Jesse Jackson übertragen hatte, in den folgenden Jahren zu einer spürbaren Verbesserung der Arbeitsmarktsituation für Schwarze in Chicago bei (Jackson zählt heute noch zu den bedeutendsten schwarzen Führungspersönlichkeiten Amerikas). Davon abgesehen, war die Kampagne in Chicago jedoch in vielerlei Hinsicht ein Fehlschlag gewesen. Trotzdem ließ sich King nicht von seinem neuen Weg abbringen – im Gegenteil, seine Positionen radikalisierten sich weiter.

Bislang hatten die Ziele der Bürgerrechtsbewegung die Weißen nichts – außer vielleicht ein wenig Stolz – gekostet. Doch jetzt wollte King mehr. Wie auch in seinem im Januar 1967 veröffentlichten Buch *Wohin führt unser Weg?* (*Where Do We Go From Here*) deutlich wird, ging es ihm nunmehr um das Ende der wirtschaftlichen Ausbeutung und des systeminhärenten Rassismus in ganz Amerika. King forderte jetzt eine Umstrukturierung der amerikanischen Werte und eine stärkere Umverteilung von Macht und Kapital. Damit stellte er die Grundsätze des amerikanischen Kapitalismus in Frage, und er machte sich nicht nur bei der Johnson-Regierung und FBI-Chef Hoover unbeliebt, sondern auch bei vielen Weißen, die ihn früher gelobt und unterstützt hatten. Dazu trug Kings Ablehnung des Vietnamkriegs ebenfalls bei.

Malcolm X hatte bereits 1964 wiederholt die aggressive Außenpolitik der USA in Afrika und Südostasien scharf angegriffen. King war wegen des Vietnamkrieges zwar ebenfalls tief beunruhigt; da ihn jedoch seine Berater dringend davor gewarnt hatten, Stellung gegen die Politik der Regierung zu beziehen, hielt er sich lange Zeit zurück. Am 25. Februar brach King schließlich sein Schweigen und verurteilte während einer Rede in Los Angeles erstmals öffentlich die Südostasienpolitik der Johnson-Regierung. Einen Monat später nahm er an einer großen Antikriegsdemonstration in Chicago teil, und am 4. April 1967 – genau ein Jahr vor seiner Ermordung – hielt er in der Riverside-Kirche in New York City eine Rede gegen den Krieg, die in ganz Amerika für Aufsehen sorgte. Als Pfarrer und besonders als Empfänger des Friedensnobelpreises sei es seine Pflicht, gegen diesen fürchterlichen »Kriegswahnsinn« zu protestieren, erklärte King. Wenn man Christus folgen wolle, müsse man immer für die Schwachen und Stimmlosen sprechen – auch für diejenigen, die Amerika als Feinde bezeichnete, denn trotz aller Kriegserklärungen blieben auch sie immer noch Menschen und Kinder Gottes.

Wie könne man die Gewaltausbrüche in den Ghettos der amerikanischen Städte verdammen und die Aufständischen zu friedlichen Protestmethoden anhalten, wenn ihre eigene Regierung in Verfolgung außenpolitischer Ziele nicht vor brutalster Gewalt zurückschrecke. »Amerika ist heute der schlimmste Gewaltlieferant in der ganzen Welt!« klagte King – und stand damit in seiner Radikalität

Malcolm X keineswegs nach. Außerdem – auch hier stimmte King jetzt mit Malcolms früherer Kritik überein – würde dieser Krieg eindeutig auf Kosten der armen Amerikaner geführt. Durch die ständig steigenden Kosten für die militärischen Operationen in Vietnam seien sämtliche Mittel für soziale Hilfsprogramme aufgezehrt worden: »Eine Gesellschaft, die Jahr um Jahr mehr Geld für militärische Zwecke als für die Rehabilitierung ihrer Armen ausgibt, nähert sich der spirituellen Verdammnis«, mahnte King. (1967 gaben die USA rund 70 Milliarden Dollar für den Vietnamkrieg, aber nur zwei Milliarden Dollar für soziale Hilfsprogramme aus.)

King prangerte zudem die Tatsache an, daß Afroamerikaner besonders unter dem Krieg zu leiden hätten, denn anteilig würden viel mehr schwarze Soldaten nach Vietnam geschickt als weiße:

»Wir nahmen die jungen Schwarzen, für die unsere Gesellschaft keinen Platz hat, und brachten sie 8000 Meilen weit fort, um Freiheiten in Südostasien sicherzustellen, die sie in Südwestgeorgia und Ostharlem nicht gefunden hatten. Und damit stehen wir immer wieder der grausamen Ironie gegenüber, schwarze und weiße Jungen an den Fernsehschirmen zu beobachten, wie sie gemeinsam töten und gemeinsam sterben für eine Nation, die unfähig ist, sie auch nur miteinander auf die gleiche Schulbank zu setzen.«[26]

Schließlich wies King darauf hin, daß dieser Krieg auch als Maßnahme zur Eindämmung des Kommunismus sinnlos sei. Mit militärischer Macht und Nuklearwaffen könne man den Kommunismus niemals besiegen, sagte King, sondern nur mit einem offensiven Einsatz für ein demokratisches System der sozialen Gerechtigkeit. Er forderte, daß die USA eine radikale Revolution ihrer Werte durchführen müßten, um auf »die richtige Seite der Weltrevolution« zu gelangen.

»Wenn Maschinen und Computer, Profitgier und Eigentumsrechte für wichtiger angesehen werden als Menschen, dann kann das dreifache Übel von Rassismus, Materialismus und Militarismus nicht überwunden werden (...) Diese Art von positiver Revolution unserer Werte ist unsere beste Verteidigung gegen den Kommunismus! (...) Irgendwie muß dieser Wahnsinn [des Krieges] ein Ende nehmen. Ich spreche als ein Kind Gottes und Bruder der Notleidenden in Vietnam. Ich spreche für die, deren Land verwüstet und deren Häuser zerbombt und deren Kultur zerstört wurde. Ich spreche für die Armen Amerikas, die den doppelten Preis von zerschlagenen Hoffnungen zu Hause und von Tod und Korruption in Vietnam zahlen. Ich spreche als Weltbürger für die Welt, die voll Bestürzung an dem Weg steht, den wir eingeschlagen haben. Ich spreche als Amerikaner zu den Führern meiner eigenen Nation. Die große Initiative zu diesem Krieg ging von uns aus. Auch die Initiative, ihn zu beenden, muß von uns ausgehen.«

Die Rede löste bei Kings Zuhörern in der Riverside-Kirche Beifallsstürme aus. Es war die leidenschaftlichste Anklage gegen den Krieg, die es bis dahin von einem so prominenten Amerikaner gegeben hatte. Viele seiner Freunde und andere Kriegsgegner - zum Beispiel auch der radikale schwarze SNCC-Vorsitzende Stokely Carmichael - waren begeistert von Kings Stellungnahme. Aber der größte Teil der amerikanischen Öffentlichkeit befürwortete im Frühling 1967 noch die Vietnampolitik ihres Präsidenten, und so erhob sich ein Sturm der Entrüstung gegen King. Erstmals stellte sich auch die Presse nahezu geschlossen gegen ihn. Selbst in liberalen Zeitungen wie der *New York Times* wurde er als leichtgläubig bezeichnet und beschuldigt, er vermische die Leidenschaft des Predigers mit einem »stark vereinfachten politischen Urteil«. Schärfere Kritik kam seitens der Regierung: Johnson war wutentbrannt über Kings »Unverschämtheit«, und das FBI sah die Rede als letzten Beweis dafür an, daß King ein Verräter und Kommunist sei. King vermutete, daß zumindest ein Teil der weißen Kritik rassistisch motiviert sei:

»Sie applaudierten unseren gewaltlosen Sitzstreiks (...) Sie applaudierten uns bei den Freedom Rides, als wir uns ohne Gegenwehr schlagen ließen. Sie priesen uns in (...) Birminghan und Selma. Oh, die Presse war so großzügig mit Lob, wenn ich sagte ›Seid gewaltlos zu Bull Connor (...) Seid gewaltlos zu Jim Clark‹ - Es ist schon eine merkwürdige Inkonsistenz, wenn eine Nation und ihre Presse dich lobt und preist, wenn du sagst ›Seid gewaltlos zu Jim Clark‹, aber dich verflucht und verdammt, wenn du sagst ›Seid gewaltlos zu kleinen braunen vietnamesischen Kindern!‹«

Doch viel mehr als die Tatsache, von weißen Liberalen verurteilt und von der Regierung verdammt zu werden, schmerzte King die harsche Kritik, die ihm aus den eigenen Reihen entgegenschlug. Der NAACP-Präsident Roy Wilkins und der NUL-Vorsitzende Whitney Young distanzierten sich sofort öffentlich von Kings Aussagen.

Sie sprachen sich explizit gegen eine Zusammenlegung von Bürgerrechts- und Friedensbewegung aus. Ja, sie beschuldigten King sogar, der Sache der Schwarzen schwer geschadet zu haben, da seine Stellungnahme den Eindruck erwecke, Afroamerikaner seien unpatriotisch und unloyal. Offensichtlich teilten viele Schwarze diese Ansicht, denn der Anteil derjenigen, die King ihre Unterstützung aussprachen, reduzierte sich 1967 von 95 auf 50 Prozent. Doch Kings Kritik wurde während der nächsten Monate sogar noch schärfer, denn seine Erkenntnis verfestigte sich, daß es eine zerstörerische Kausalverbindung zwischen Rassismus, Militarismus und Armut gab, die nicht nur in Amerika, sondern in der ganzen Welt Elend und Not verursachte.

Während der Krieg in Vietnam andauerte und immer mehr Menschen und Material verschlang, spitzte sich die Lage in den schwarzen Ghettos Amerikas zu. Nachdem der Kongreß im Juni 1967 ein Mietzuschußgesetz abgelehnt, Gelder für städtische Sozialhilfeprogramme gekürzt und sogar einen Antrag auf Mittel zur Bekämpfung der Rattenplage abgelehnt hatte, kam es zu blutigen Aufständen der schwarzen Bevölkerung in 75 Großstädten. Am schlimmsten waren Newark, Cincinnati, Durham, Memphis und Detroit betroffen, wo sich wütende Schwarze tagelang blutige Straßenschlachten mit weißen Polizisten und Soldaten lieferten. Ganze Stadtviertel gingen in Flammen auf, 83 Personen kamen ums Leben, rund 4000 wurden verletzt und über 8000 verhaftet. Neunmal mobilisierte Präsident Johnson während dieses »roten Sommers« von 1967 Bundestruppen, um die Lage in den Städten wieder unter Kontrolle zu bekommen (in Detroit wurden sogar US-Fallschirmjäger und Panzer gegen die schwarzen Aufständischen eingesetzt). Er kochte vor Wut über »diese undankbaren Neger«, die ihm trotz der Verabschiedung der neuen Bürgerrechtsgesetze in den Rücken fielen. King schickte Johnson am 25. Juli ein Telegramm, in dem er darauf hinwies, daß die Aufstände im Grunde nur ein Ausdruck der Verzweiflung und ohnmächtigen Wut der verarmten schwarzen Ghettobewohner seien, die durch die Tatenlosigkeit und Gleichgültigkeit der Regierung noch verstärkt worden wären. Nicht Panzer und Soldaten könnten dieses Problem lösen, so King, sondern eine Verbesserung der sozialen Lage der untersten gesellschaftlichen Schichten. Eindringlich appellierte er an den Präsidenten, seine alten Versprechen einzuhalten. Amerika brauche einen neuen *New Deal*, der durch massive Arbeitsbeschaffungsmaßnahmen und weitere Hilfsprogramme mehr soziale Gerechtigkeit und Frieden schaffen würde. Zu dem gleichen Schluß kam übrigens auch eine von Johnson 1965 eingesetzte nationale Kommission, deren Aufgabe es gewesen war, die Ursache für die Rassenunruhen in Watts und anderen Städten zu untersuchen. (Die USA liefen Gefahr, sich in »zwei Gesellschaften, eine schwarz, eine weiß – getrennt und ungleich« zu entwickeln, hieß es in deren Abschlußbericht. Als Gegenmaßnahme empfahl die Kommission eine Investition von ca. 30 Millionen Dollar in soziale Hilfsprogramme.) Doch Johnson reagierte weder auf Kings Ratschläge noch auf die Empfehlung der Kommission. Er war der Ansicht, genug für Schwarze getan zu haben, hatte kaum noch Sympathie für die Bürgerrechtsbewegung und war entschlossen, Aufständischen gegenüber hart durchzugreifen. Nicht nur der Präsident, sondern auch ein Großteil der sogenannten weißen Liberalen, die King früher unterstützt hatten, bezeichneten seine Forderungen nun als weit überzogen. Die einst so reichlich fließenden Spendengelder für die SCLC verringerten sich beträchtlich. Gleichzeitig mehrte sich die Kritik aus den eigenen Reihen weiter. Kings einstiger Optimismus schwand zunehmend, und er stellte schließlich fest:

»Die Dekade von 1955 bis 1965 mit ihren konstruktiven Elementen hat uns gründlich getäuscht. Jeder unterschätzte das Ausmaß der Gewalt und der Wut, die die Schwarzen unterdrückten, und das Ausmaß der Heuchelei, das die weiße Mehrheit verschleierte (…) Ich habe jahrelang an der Idee gearbeitet, die bestehenden Institutionen der Gesellschaft zu reformieren – ein wenig Veränderung hier, ein bißchen Fortschritt dort. Doch jetzt bin ich zu einer anderen Überzeugung gelangt: Ich denke, man muß die ganze Gesellschaft umstrukturieren – wir brauchen eine Revolution unseres Wertesystems!«

Da die Regierung auf seine Bitten nicht reagierte, beschloß King, radikalere Maßnahmen zu ergreifen, um sich Gehör zu verschaffen und seine »Revolution des Wertesystems« einzuleiten. Zwar sollte der Widerstand weiterhin gewaltlos bleiben, aber King wollte ihn auf eine neue Ebene des zivilen Ungehorsams heben. Um der gegenwärtigen Situation gerecht zu werden, müsse man mehr tun, als friedlich zu demonstrieren, sagte King. Mit einer gezielten Massenaktion des zivilen Ungehorsams sollte die Wut der Ghettobewohner in eine konstruktive Kraft umgewandelt werden.

Um diese Idee in die Tat umzusetzen, begann King im Herbst 1967 eine große Aktion in der Hauptstadt Washington zu planen - die *Poor People's Campaign* (PPC). Dieser »Feldzug der Armen« sollte im April 1968 beginnen, indem Tausende - Schwarze, Weiße, Indianer, Latinos - auf der Washington Mall eine Zeltsiedlung aufbauten. Durch die Präsenz dieser Armensiedlung, durch Protestmärsche und Kundgebungen sollte die Aufmerksamkeit der Öffentlichkeit geweckt und Druck auf den Kongreß ausgeübt werden. In einem zweiten Schritt sollten die Armen mit gewaltlosen Sitzstreiks und Demonstrationen die Regierungsarbeit (in Ministerien und im Kongreß) behindern. Würde die Regierung sich dann immer noch weigern, den Armen »wirtschaftliche Grundrechte« einzuräumen (Beschäftigungsmöglichkeiten oder ein garantiertes Einkommen für alle, die nicht arbeiten konnten), sollten Boykotte ausgewählter Industriegruppen und Einkaufszentren im ganzen Land stattfinden. Die PPC sollte zur rassenübergreifenden Koalition der sozial Schwachen gegen die landesweite Machtelite werden. King sah in dieser Aktion »die letzte Chance, das amerikanische Gewissen zu einem konstruktiven, demokratischen Wandel aufzurütteln«.

Als er im Dezember 1967 seine Pläne für die PPC bekanntgab, schlug ihm von allen Seiten heftige Kritik entgegen. Präsident Johnson forderte wütend, die Sache müsse sofort abgeblasen werden, und ein Sprecher des Weißen Hauses beschuldigte King, er würde »kriminellen Ungehorsam gegen die Regierung« organisieren. Weiße Liberale und schwarze Konservative - auch die Leitung der NAACP - fanden seine Forderungen überzogen und fürchteten außerdem, die Aktion würde zu einem Blutbad in Washington führen. Den jungen Radikalen gingen Kings Forderungen hingegen nicht weit genug. Insbesondere kritisierten sie, daß er nach wie vor auf dem Prinzip der Gewaltlosigkeit beharrte. Selbst bei seinen SCLC-Kollegen erntete King hauptsächlich Skepsis und Ablehnung. Die Kassen der SCLC waren fast leer - wie sollte man die Vorbereitung einer solch riesigen Aktion finanzieren? Und wie sollte man die Interessen so vieler verschiedener Teilnehmer unter einen Hut bringen? Außerdem befürchteten viele, daß King durch einen Fehlschlag der

Aktion, vor allem wenn es dabei tatsächlich zu Aufständen kommen sollte, den letzten Rest seines öffentlichen Ansehens verlieren könnte. Trotz dieser Kritik – und seiner Enttäuschung darüber – beharrte King auf der Durchführung der PPC.

In einer Weihnachtspredigt, die über den kanadischen Rundfunk ausgestrahlt wurde (den amerikanischen Sendern waren seine Reden offenbar zu radikal geworden, um sie live zu übertragen), bekannte King, daß seine 1963 in der »I Have a Dream«-Rede ausgedrückten Hoffnungen bitter enttäuscht worden seien. Damals hatte King noch von einem baldigen Entstehen einer gerechten, friedlichen Gesellschaft geträumt, während Malcolm X nur die Existenz eines »amerikanischen Alptraums« konstatierte. Jetzt, im Dezember 1967, begann auch King, von Alpträumen zu sprechen:

»Ich sah, wie mein Traum in einen Alptraum verwandelt wurde, als vier schöne, harmlose, unschuldige schwarze Mädchen in einer Kirche in Birmingham, Alabama, ermordet wurden. Ich mußte erkennen, wie mein Traum zum Alptraum wurde, als ich durch die Ghettos unseres Landes ging und sah, daß meine schwarzen Brüder und Schwestern auf einer einsamen Insel der Armut dahinsiechen – in der Mitte eines riesigen Ozeans von materiellem Wohlstand, und ich sah, daß unsere Nation nichts unternimmt, um die Probleme der Schwarzen zu lösen.«

Diese und andere Alpträume der Gewalt, des Krieges und der Zerstörung hätten ihn zutiefst schockiert, sagte King. Trotzdem dürften weder er noch seine Zuhörer sich von Verzweiflung übermannen lassen. Man müsse weiterkämpfen, mahnte King und fügte hinzu, daß er allen Widerständen zum Trotz sein »Traumziel« niemals aufgeben werde. Allerdings hatte sich dieses in der Zwischenzeit deutlich erweitert. King selbst sah darin keineswegs ein Abweichen von den Zielen der Bürgerrechtsbewegung, wie ihm viele seiner Kritiker vorwarfen, sondern – genau wie Malcolm X einige Monate vor seiner Ermordung – »eine Erhebung des schwarzen Freiheitskampfes von der Ebene der Bürgerrechte auf die Ebene der Menschenrechte«. Und genau wie Malcolm X machte sich King mit dieser Einstellung bei vielen seiner ehemaligen Verbündeten unbeliebt. Seit der Ankündigung der PPC traf ihn der besondere Haß rechtsradikaler Gruppen und Geschäftsleute. Sie nannten ihn einen »schwarzer Teufel« und setzten in Ku-Klux-Klan-Kreisen Kopfgelder von 20 000 bis 50 000 Dollar für seine Ermordung aus. Bis 1968 hatte das FBI 50 Morddrohungen gegen King registriert. Seine Freunde warnten ihn, er solle nicht mehr so oft öffentlich auftreten und Schutzmaßnahmen ergreifen. Doch King wollte sich nicht zurückziehen und lehnte Leibwächter oder Bewaffnung ab: »Ich kann nicht in Angst leben. Wenn es eine Angst gibt, die ich überwunden habe, dann ist es die Angst vor dem Tod«, sagte er. »Wenn ein Mensch nichts gefunden hat, wofür er sein Leben geben will, dann ist er nicht zum Leben geeignet.«

Offensichtlich spürte King bereits den nahenden Tod – genau wie Malcolm ihn drei Jahre zuvor gespürt hatte. So hielt er am 4. Februar 1968 in der Ebenezer-Gemeinde eine düstere Predigt, in der er davon sprach, daß er wohl nicht mehr lange leben würde. Wenn es soweit sei, sagte er, solle keine große Trauerfeier mit langen Grabreden über Preise und Auszeichnungen abgehalten werden. Er hoffe nur, man könne dann von ihm sagen, er sei jemand gewesen, der bereit war, sein Leben für andere zu geben, der versuchte, seinen Nächsten zu lieben, der den Krieg verabscheute und der immer danach strebte, ein Vorkämpfer der Gerechtigkeit zu sein. (Eine Tonbandaufnahme dieser Rede wurde auf Wunsch Corettas bei Kings Beerdigung noch einmal gespielt; so hielt King seine eigene Grabrede.)

Im März 1968 erhielt Martin Luther King einen Hilferuf aus Tennessee: Die schwarzen Müllmänner und Kanalarbeiter der Stadt Memphis hatten eine Gewerkschaft gegründet und die Stadtverwaltung gebeten, diese anzuerkennen sowie ihnen bessere Löhne und Arbeitsbedingungen zu gewähren. Als die Stadt sich hartnäckig weigerte, traten die Arbeiter am 12. Februar 1968 in einen Streik und organisierten Protestmärsche, bei denen sie Schilder mit der Aufschrift »Ich bin ein Mensch!« trugen. Nachdem die friedlichen Demonstranten von weißen Polizisten mit Knüppeln verprügelt und auseinandergetrieben worden waren, versprach King, sich für die Streikenden in Memphis einzusetzen. Hier ging es nicht mehr nur um Bürgerrechte, sondern um Menschenrechte – nicht nur um Gleichheit vor dem Gesetz, sondern auch um soziale Gerechtigkeit. Viele seiner Mitarbeiter rieten ihm von der Reise nach Memphis ab. Aber King hoffte, daß ein Erfolg des Streiks ein guter Auftakt für die PPC sein könnte. Deshalb führte er am 28. März einen Protestmarsch streikender Arbeiter in Memphis an. Am Rande dieser Aktion kam es unerwartet zu gewaltsamen Auseinandersetzungen zwischen der Polizei und einigen jungen Demonstranten. Dabei wurde ein sechzehnjähriger Schwarzer erschossen. Es folgten Rassenunruhen in der ganzen Stadt, und der Gouverneur von Tennessee schickte 35 000 Nationalgardisten nach Memphis, um die Situation unter Kontrolle zu bringen. King kehrte zunächst deprimiert nach Atlanta zurück, aber er wußte, daß nur ein neuer gewaltloser Marsch das Fiasko vom 28. März ausgleichen konnte. So flog er wenige Tage später noch einmal nach Tennessee, um am 5. April einen zweiten Protestmarsch anzuführen. Am Abend des 3. April 1968 hielt King in einer Kirche in Memphis seine letzte große Predigt und bekräftigte noch einmal seinen Glauben an das Prinzip des gewaltlosen Widerstandes. Er sei Gott dankbar, in dieser Zeit leben zu können – und er sei dankbar, in Memphis sein zu können, sagte King und fügte im Hinblick auf seine Kritiker hinzu, er befände sich aus demselben Grund in Memphis, aus dem der gute Samariter anhielt, um dem hilfsbedürftigen Mann beizustehen. Man müsse am Leid seines Bruders Anteil nehmen und sich gegenseitig helfen. »Entweder wir alle halten zusammen, oder wir gehen gemeinsam unter!« rief King und betonte, alle müßten dazu bereit sein, die Herausforderung anzunehmen, Amerika zu einer besseren Nation zu machen. Es habe schon einige Verbesserungen gegeben, und dieser Prozeß könne weitergehen, wenn alle gemeinsam daran arbeiteten. Trotz aller Schwierigkeiten, betonte King, sei er sehr froh, daß er nicht bei dem Attentat vor zehn Jahren in New York gestorben sei. Denn er hätte all die großartigen Fortschritte der Bürgerrechtsbewegung nicht erleben können. Und dann kam King noch einmal auf die zahlreichen Morddrohungen der letzten Zeit zurück, weswegen einige seiner Freunde ihm abgeraten hätten, nach Memphis zu reisen:

»Nun, ich weiß nicht, was geschehen wird. Einige schwere Tage liegen vor uns. Aber das macht mir jetzt nichts aus. Denn ich habe auf dem Gipfel des Berges gestanden (…) Wie jeder Mensch würde ich gerne lange leben (…) Aber darüber mache ich mir jetzt keine Gedanken. Ich möchte einfach Gottes Willen tun. Und Er hat mir erlaubt, auf den Gipfel des Berges zu steigen. Und ich habe hinübergeschaut. Und ich habe das Gelobte Land gesehen. Vielleicht werde ich es nicht mit euch zusammen erreichen. Aber ich möchte euch heute abend versichern, daß wir als Volk in das Gelobte Land einziehen werden. Und ich bin heute abend glücklich. Ich mache mir überhaupt keine Sorgen. Ich fürchte keinen Menschen. Meine Augen haben die Herrlichkeit des kommenden Reiches Gottes gesehen.«

Unter tosendem Beifall verließ King die Kanzel und kehrte in seine Unterkunft, das Lorraine Hotel, zurück. Trotz des Erfolgs seiner Rede bedrückte der unheilschwangere Ton viele seiner Mitarbeiter, die zunehmend um sein Leben fürchteten.

Am nächsten Morgen schien die Situation sich entspannt zu haben. King, der noch in der Nacht überraschend Besuch von seinem jüngeren Bruder bekommen und lange mit diesem gesprochen hatte, war guter Dinge und voller Tatendrang. Die letzten Vorbereitungen für den Marsch verliefen äußerst erfolgreich. Das Gericht hob ein vorher verhängtes Demonstrationsverbot auf, und King gelang es zudem, eine Gruppe junger radikaler Schwarzer zur Teilnahme an dem gewaltlosen Marsch zu überreden. So war King am Nachmittag ausgesprochen guter Laune. Kurz vor der Abfahrt zum Haus eines Freundes trat King auf den Balkon hinaus, um auf Ralph Abernathy zu warten, der sich noch rasieren wollte. King scherzte mit einigen Freunden, die bereits unten auf dem Parkplatz warteten. Da fiel plötzlich ein Schuß. King sank von einer Gewehrkugel am Kopf getroffen zu Boden. Er wurde sofort in ein Krankenhaus gebracht, doch jede Hilfe kam zu spät. So starb Martin Luther King, Jr., am 4. April 1968 um 19.05 Uhr in Memphis, Tennessee. Er war – genau wie Malcolm X zum Zeitpunkt seines Todes – 39 Jahre alt.

Die Ermordung Kings durch einen weißen Rassisten – den ehemaligen Häftling James Earl Ray, der kurz nach seiner Flucht vom Tatort verhaftet wurde – war ein Trauma, nicht nur für seine Familie und Freunde, sondern auch für die Anhänger Kings in Amerika und in der ganzen Welt. Die *New York Times* bezeichnete Kings Tod als eine Katastrophe für die Nation. Die *London Times* sprach von einem tragischen Verlust für die ganze Welt. Der Papst drückte in einem Telegramm sein tiefes Bedauern aus. In Deutschland legten Bundestag und Bundesrat eine Schweigeminute zum Gedenken an den Ermordeten ein, und in Westberlin fand ein Trauermarsch statt, an dem über 1000 Deutsche und Amerikaner teilnahmen. Doch es gab auch andere: In Atlanta meinte ein FBI-Agent: »Endlich haben sie das

Schwein erwischt!« Und der Attentäter Ray erhielt Hunderte von Briefen mit Lob und Sympathiebekundungen aus ganz Amerika.[27] Die schwarzen Radikalen dagegen waren außer sich vor Zorn. Stokely Carmichael rief: »Als das weiße Amerika Dr. King tötete, erklärte es uns den Krieg. Holt eure Gewehre!« In den zwei Tagen nach dem Attentat kam es in über 110 Städten zu Rassenunruhen, bei denen 46 Menschen getötet wurden – die meisten von ihnen Schwarze. Um zur Beruhigung der Gemüter beizutragen, befahl Präsident Johnson, alle Flaggen auf halbmast zu setzen, und erklärte Sonntag, den 7. April 1968, zum nationalen Trauertag. Am Montag, dem 8. April, führte Coretta King mit den ältesten drei Kindern und Ralph Abernathy den Protestmarsch in Memphis an Kings Stelle an. Dieser Marsch blieb friedlich. Eine Woche später – wohl auch als Zugeständnis an den Ermordeten – erkannte die Stadtverwaltung die Gewerkschaft der Kanalarbeiter und Müllmänner an und gestand ihnen Lohnerhöhungen zu. So wurde Kings Einsatz in Memphis posthum von Erfolg gekrönt.

Die beiden herausragenden Anführer der schwarzen Befreiungsbewegung, Malcolm X und Martin Luther King, Jr., waren tot. Die große Koalition schwarzer und weißer Bürgerrechtler war zerbrochen, und der Krieg in Vietnam wurde weiter geführt. Das »Traumziel« von einer gerechten Gesellschaft – einer Gesellschaft der verwirklichten Bürger- *und* Menschenrechte – schien in noch weitere Ferne gerückt zu sein als vorher. Doch dieses Ziel sollte nicht in Vergessenheit geraten, und der schwarze Freiheitskampf wurde auch nach 1968 fortgeführt.

5. Vermächtnisse und Projektionen – das politische und kulturelle Erbe von Martin Luther King und Malcolm X

»The Prize of Freedom is Death.«
Malcolm X, New York City, Juni 1964

»If a man hasn't discovered something that he will die for, he isn't fit to live.«
Martin Luther King, Jr., Detroit, Juni 1963

Rund 1500 Afroamerikaner versammelten sich am 27. Februar 1965 im Faith Temple in Harlem, um an der Beerdigung von Malcolm X teilzunehmen. Hunderte von Polizisten patrouillierten durch die umliegenden Straßen, um Ausschreitungen zu verhindern. Doch die Menge blieb friedlich. Still und betreten lauschten die Menschen den Worten des schwarzen Schauspielers Ossie Davis, der die Grabrede hielt:

»Malcolm war unsere Mannhaftigkeit, unsere lebendige schwarze Mannhaftigkeit! (...) Indem wir ihn ehren, ehren wir das Beste in uns selbst (...) Wir werden ihn immer in Erinnerung behalten als das, was er war und ist - ein Prinz - unser eigener schwarzer leuchtender Prinz! - der nicht zögerte zu sterben, weil er uns so sehr liebte.«

Der Tod von El Hajj Malik El Shabbazz war nicht nur ein schmerzlicher Verlust für viele Afroamerikaner. Auch außerhalb der USA, vor allem in Afrika und den Ländern, die Malcolm bereist hatte, wurde getrauert, und seine Familie erhielt Tausende von Kondolenzbriefen aus aller Welt.[28] Viele weiße Amerikaner sowie konservative Schwarze, die in Malcolm die Verkörperung von fanatischem schwarzem Rassenhaß sahen, waren dagegen der Ansicht, er habe nur das bekommen, was er verdiente. »Wer Gewalt predigt, erntet, was er sät«, meinten viele seiner Kritiker, und in den Tagen nach seiner Ermordung waren die Zeitungen voll von entsprechenden Kommentaren über Malcolms Leben und Tod. Wenige Wochen später ebbte das öffentliche Interesse an seiner Person jedoch merklich ab. Ohne ihren dynamischen Führer verloren auch die beiden von Malcolm X gegründeten Organisationen, die Organization of Afro-American Unity und die Muslim Mosque Inc., schnell an Einfluß.[29] In den 1970er und 1980er Jahren geriet Malcolm dann bei einem Großteil der Öffentlichkeit in Vergessenheit, und nur ein kleiner Kreis schwarzer Nationalisten und Anhänger der *Black Power*-Bewegung erinnerten weiter an ihn. Erst in der letzten Dekade des 20. Jahrhunderts kam es zu einer beachtlichen Malcolm-X-Renaissance, die sogar über die Grenzen der USA hinausging.

Eingeleitet wurde die Wiederbelebung seines Andenkens von einer neuen Malcolm-Rezeption in der populären Musik. Als sich während der Reagan-Ära in den 1980er Jahren die wirtschaftliche Situation in den Ghettos sowie die Rassenbeziehungen in den USA spürbar verschlechterten, verwarfen viele schwarze Jugendliche die integrationistischen Ideale ihrer Eltern. Statt sanftem Soul und rhythmischen Discosongs, die während der 1960er und 1970er Jahre die schwarze Musikszene dominiert hatten, schlugen nun Rap-Gruppen wie Public Enemy einen aggressiveren Ton an. Ihre Lieder sind politische Kampfansagen gegen weißen Rassismus und die Verelendung der schwarzen Unterschicht, die nicht selten auch den Einsatz von Gewalt als revolutionäre Notmaßnahme preisen. Durch die 1987 eingeführte digitale Technologie des *Sampling* konnten Public Enemy und andere HipHop-Gruppen Zitate radikaler schwarzer Nationalisten in ihre Stücke einarbeiten. Die Reden von Malcolm X nahmen und nehmen dabei einen herausragenden Platz ein. So stellt zum Beispiel der Rapper KRS-One auf dem Cover seiner ersten CD das berühmte, kurz vor Malcolms Ermordung aufgenommene Foto nach, auf dem Malcolm mit einer Waffe in der Hand hinter einer Gardine hervorlugt, als erwarte er jeden Moment einen Attentäter. Auch der Titel der CD »By All Means Necessary« ist eine Zuspitzung von Malcolms berühmter Aufforderung, »by *any* means necessary« für die eigene Freiheit zu kämpfen. Zwar finden sich auch andere schwarze Führungspersönlichkeiten im historischen Kanon der jungen Musiker (von Marcus Garvey bis zu Martin Luther King, Jr.), aber deren Bedeutung ist weitaus geringer. Es gibt heutzutage weltweit in der Rap- oder HipHop-Szene praktisch kaum eine Gruppe, die keine Malcolm-Zitate verwendet oder ihn nicht zumindest als prägenden Einfluß auf ihre Musik bezeichnet. So fanden viele schwarze, aber dank MTV auch eine beachtliche Anzahl weißer Jugendlicher (die sogenannte Generation X) weltweit während der 1990er Jahre in Malcolm ein neues Idol. Er wurde zum Symbol des schwarzen Widerstandes gegen weißen Rassismus und Unterdrükkung, das »X« zum Zeichen der kompromißlosen Rebellion gegen Machthaber, »Spießer« oder allgemein gegen »das System«. Malcolms religiöse Überzeugungen allerdings – vor allem auch die radikalen Änderungen seiner Philosophie in den letzten 18 Monaten seines Lebens – blieben dabei meist unberücksichtigt.[30]

Im Gegensatz zu Malcolm verlor Martin Luther King, Jr., seit seiner Ermordung nie seinen Platz im kollektiven nationalen Gedächtnis der USA. Schon die Beerdigung Kings am 9. April 1968 in Atlanta glich beinahe einem Staatsbegräbnis. Der Trauergottesdienst fand in der bis auf den letzten Platz gefüllten Ebenezer-Kirche statt, und fast 100 000 Menschen verfolgten vor der Kirche die Feierlichkeiten über Lautsprecher. Unter den Anwesenden befanden sich alle führenden Gewerkschafts- und Kirchenführer sowie zahlreiche Politiker, zum Beispiel Vizepräsident Hubert Humphrey sowie der demokratische Präsidentschaftskandidat Robert Kennedy und der Republikaner Richard Nixon. Auch John F. Kennedys Witwe Jacqueline war anwesend. Nur Präsident Johnson selbst kam nicht (die Kluft zwischen ihm und King war offenbar vor seiner Ermordung zu groß geworden). Zu den schwarzen Trauergästen zählten so gut wie alle, die in der *Black Community* Rang und Namen hatten. Künstler wie Harry Belafonte, Mahalia Jackson, Sammy Davis Jr., Diana Ross und Lena Horne waren ebenso anwesend wie schwarze Politiker, Juristen und Bürgerrechtler – darunter auch ehemalige Kritiker, wie die konservativen NAACP- und NUL-Präsidenten Roy Wilkins und Whitney Young oder die jungen radikalen SNCC-Anführer John Lewis, James Forman und Stokely Carmichael. Nach dem Gottesdienst führte der Trauerzug zunächst zu Kings alter Universität, dem Morehouse College. Der frühere Universitätspräsident Benjamin Mays hielt eine Grabrede, bei der er King einen Mann nannte, der als Schwarzer allen Grund gehabt hätte, Amerika zu hassen, der jedoch sein Land leidenschaftlich liebte. Um so tragischer sei es, fuhr Mays fort, daß das amerikanische Volk eine Mitschuld am Tode Kings trage. Der Mörder hätte schließlich genug öffentliche Ver-

Mitte der 1960er hatten King und Malcolm gleichermaßen die Schwächen des amerikanischen Systems erkannt – doch zu einem Zusammenschluß beider Schwarzen-Anführer kam es nicht mehr: islamische Trauerfeier (oben) nach der Ermordung Malcolm X' alias El-Hajj Malik El Shabazz im Faith-Tempel in Harlem am 27. Februar 1965; beinahe ein Staatsbegräbnis (unten rechts) für Martin Luther King, Jr., am 9. April 1968 in Atlanta, Georgia.

dammungen und Beschimpfungen Kings gehört, um zu glauben, seine Tat fände die entsprechende Anerkennung.[31]

In den folgenden Jahren äußerten eine Reihe weiterer Zeitgenossen die Überzeugung, daß die Radikalisierung Kings während seiner letzten Lebensjahre ihn nicht nur Popularität, sondern auch das Leben gekostet habe. So schrieb der südafrikanische Historiker und Theologe Allan Boesak 1976:

»Gegen Ende seines Lebens erkannte Martin Luther King ganz klar die Ursachen für die Schwächen der amerikanischen Gesellschaft, und dadurch, daß er zu dieser Einsicht kam, wurde sein Beitrag zum Freiheitskampf in der ganzen Welt sofort bedeutungsvoller (...) Martin Luther King war ein latenter Sozialist (mindestens), ein brillanter Revolutionär. Ein gewaltloser Revolutionär, aber trotzdem ein Revolutionär! So wurde er mehr und mehr zu einer echten Gefahr für das System, und deshalb mußten die Betreiber des Systems ihn töten.«

Boesak sieht nicht nur die Ermordung Kings, sondern auch jene John F. Kennedys (1963), Malcolm X' (1965) und Robert Kennedys (1968) im gleichen »systemerhaltenden« Zusammenhang. Diese *big conspiracy* – eine große Verschwörungstheorie – wird bis heute in den USA heiß diskutiert. Die meisten Historiker halten sie für überzogen und unrealistisch. Es ist jedoch unbestritten, daß bei aller Anerkennung, die King seit seinem Tod zuteil wurde, sein sozialrevolutionäres Erbe von einer Mehrheit der Amerikaner völlig verdrängt worden ist. Sein Grab auf dem South-View-Friedhof – mit der Inschrift »Endlich frei – Endlich frei. Dank Dir, Gott Allmächtiger, ich bin endlich frei!« – wurde zwar zu einer Wallfahrtsstätte der Bürgerrechtsbewegung, und die ganze Nation feiert ihn bis heute als Helden des gewaltlosen Widerstandes;[32] es gibt King-Gedenkbriefmarken, und 1983 wurde ihm sogar als einzigem Afroamerikaner ein

eigener Feiertag eingeräumt (der jeweils dritte Montag im Januar ist seither *Martin Luther King Day*). Aber kaum jemand erinnert sich an Kings umstrittene Forderungen nach sozialer Gerechtigkeit und nach einer Macht- und Kapitalumverteilung zugunsten der schwachen sozialen Schichten Amerikas.[33]

So sind mittlerweile beide, Martin Luther King, Jr., und Malcolm X, zu Ikonen des schwarzen Widerstandes geworden, und ihrem Status als Helden entsprechend werden sie sehr eindimensional wahrgenommen. Daß sich die ehemaligen Erzfeinde und langjährigen Gegenspieler am Ende ihres Lebens in vielen Punkten genähert hatten, ist heute nur noch wenigen bekannt. Der schwarze Schriftsteller und Bürgerrechtler James Baldwin vertrat sogar die Ansicht, daß es zum Zeitpunkt ihres Todes praktisch keine Meinungsverschiedenheiten mehr zwischen Malcolm und Martin gegeben hätte. Dies trifft zwar sicherlich mehr auf die Zielsetzungen zu denn auf ihre Methoden. Trotzdem wäre es durchaus denkbar, daß es nach 1965 zu einer Kooperation von King und Malcolm X gekommen wäre.[34]

In jedem Fall hat das häufig einseitige oder unvollständige Verständnis der Philosophien von Malcolm X und Martin Luther King dazu geführt, daß beide nach ihrem Tod von den unterschiedlichsten Gruppen für ihre Ziele eingesetzt worden sind. Je nach politischer Überzeugung benutzt man dabei Malcolms oder Martins Maximen als Legitimation des eigenen Handelns. So berufen sich zum Beispiel die Befürworter der berühmten *Affirmative Action* (gesetzliche Regelungen, die Afroamerikanern und anderen Minderheiten - auch Frauen und Behinderten - gewisse Vorteile im Ausbildungs- und Berufswesen verschaffen sollen, um frühere Diskriminierungen auszugleichen) auf den »späten« Martin Luther King. Sie argumentieren, daß *Affirmative-Action*-Programme traditionell benachteiligten Gruppen helfen würden und somit - ganz im Sinne Kings - zur Schaffung von mehr sozialer Gerechtigkeit beitrügen. Die Gegner dieses Konzeptes argumentieren dagegen, daß solche Präferenzprogramme Rassenunterschiede zementieren und damit dem von King in seiner »I Have a Dream«-Rede von 1963 verkündeten Ideal einer »farbenblinden Gesellschaft« genau entgegenwirken würden. In ähnlicher Weise zitieren heute schwarze Separatisten, die die strikte Rassentrennung und die Überlegenheit der schwarzen Rasse propagieren, Parolen Malcolms aus seiner Zeit vor dem Bruch mit der NoI, wohingegen integrationistische Schwarze und liberale Weiße auf Malcolms Reden nach seiner Mekka-Reise verweisen, in denen er sich für die Überwindung von Rassismus und für Menschenrechte aussprach. Aufgrund der erstaunlichen Entwicklung und Dynamik in Malcolms intellektuellem Werdegang bietet sich der Malcolm-Mythos sogar noch besser als der King-Mythos dazu an, für gegensätzliche Argumentationen verwendet zu werden: So wurde Malcolm einerseits zum großen Vorbild der Black Panther Party (BPP), und noch heute berufen sich viele Linke auf seine »revolutionäre Ideologie« (zum Beispiel der bekannte Schriftsteller Amiri Baraka oder der frühere SNCC-Vorsitzende Stokely Carmichael, der Malcolm als den »großen Pan-Afrikanisten« pries). Gleichzeitig loben konservative Schwarze (beispielsweise der ultrarechte Bundesrichter Clarence Thomas) Malcolms »Männlichkeit«, seine Integrität und bewundernswerte Selbstdisziplin. Selbst einige weiße Konservative meinen, daß Malcolms selbsterarbeitete Wandlung vom drogensüchtigen Verbrecher zum belesenen Prediger und verantwortungsbewußten Familienvater ein potentielles Vorbild für aufsässige schwarze Jugendliche sein könnte. Die Jugendlichen wiederum identifizieren sich – wie bereits erwähnt – viel lieber mit dem jungen kriminellen und rebellischen Malcolm sowie mit seinem Aufruf, »mit allen notwendigen Mitteln« gegen das etablierte System zu kämpfen.

Trotz (oder vielleicht gerade wegen) dieser widersprüchlichen Interpretationen ihres Vermächtnisses haben Martin Luther King und Malcolm X das Leben schwarzer Amerikaner sowie den Zustand der Rassenbeziehungen in den USA auch nach ihrem Tod stärker beeinflußt als alle anderen Persönlichkeiten des 20. Jahrhunderts. King ist ohne Zweifel der bekanntere von beiden Männern. Sein Name ist in der ganzen Welt berühmt, und für die meisten Menschen ist King *der* bedeutendste schwarze Amerikaner überhaupt.[35] In bezug auf die Entwicklung afroamerikanischer Kultur und afroamerikanischen Selbstverständnisses ist allerdings der Einfluß von Malcolm X mindestens ebenso groß – vielleicht sogar größer gewesen als der von King.

Malcolm kann in vielerlei Hinsicht als geistiger Vater des *Black Consciousness Movement* (Bewegung für schwarzes Selbstbewußtsein) bezeichnet werden. Es gelang ihm, vielen Afroamerikanern, selbst unter der großstädtischen Ghettobevölkerung, ein neues Selbstwertgefühl zu vermitteln. Immer wieder forderte er sie dazu auf, stolz auf ihr Aussehen, auf ihre afrikanische Herkunft und auf ihre Kultur zu sein. Und dies zu einer Zeit, als die legale Rassentrennung Afroamerikaner zu »Bürgern zweiter Klasse« degradierte und für Schwarze fast nur negative Stereotype im Umlauf waren. (Sie wurden bis in die 1960er Jahre hinein in allen Medien als dumm, tolpatschig, faul, ungebildet oder verschlagen dargestellt, und Afrika – etwa in der populären Tarzan-Serie – als unzivilisiertes Kannibalenland dargestellt.) Malcolm durchschaute den damit verbundenen psychologischen Teufelskreis und attackierte ihn scharf als ein von den Weißen gezielt eingesetztes Mittel zur Demoralisierung der Schwarzen:

»Wir haßten unsere Köpfe, wir haßten die Form unserer Nase (...) wir haßten die Farbe unserer Haut, haßten das afrikanische Blut in unseren Adern. Und indem wir unsere Gesichtszüge, unsere Haut und unser Blut haßten, haßten wir am Ende uns selbst. Unsere Farbe wurde für uns zur Kette und zum Gefängnis (...) die uns deshalb zwangsläufig verhaßt werden mußten. Wir fühlten uns unterlegen, minderwertig und hilflos.«

So trug Malcolm maßgeblich dazu bei, daß sich ein positives afroamerikanisches Selbstwertgefühl entwickeln konnte. Eine neue schwarze Ästhetik setzte sich allmählich durch, die sich unter anderem in dem Slogan und der Bewegung *Black is Beautiful* widerspiegelte. Äußere Zeichen dieser kulturellen Renaissance waren die neue Popularität afrikanischer Kleidung, Frisuren und Musik. Aber die Wirkung dieses neu erwachten schwarzen Selbstbewußtseins ging weiter. Es trug zum Beispiel maßgeblich zum Entstehen der *Black Power*-Bewegung bei, die in der zweiten Hälfte der 1960er Jahre zur Radikalisierung der schwarzen Studentenbewegung sowie zur Gründung revolutionärer Gruppen wie der Black Panther Party (BPP) führte. Auch wenn die schwarz-nationalistischen, linksradikalen Ziele dieser Gruppen größtenteils unerfüllt blieben, so trugen sie durch ihre Aktionen weiter zu einer Stärkung des schwarzen Selbstbewußtseins bei. Viele ehemalige Mitglieder der BPP versuchen heute noch auf unterschiedliche Weise, die alten Ideale umzusetzen. Einige tun dies innerhalb »des Systems« – zum Beispiel Angela Davis (einst eine der *Most Wanted Criminals* des FBI und mittlerweile eine geachtete Professorin an der University of California), andere außerhalb – zum Beispiel Kwame Touré (alias Stokely Carmichael), dessen All African Peoples' Revolutionary Party (AAPRP) den Aufbau eines geeinten sozialistischen afrikanischen Kontinents zum Ziel hat.

Das seit den 1960er Jahren erwachte Interesse an Afrika und an schwarzer Kultur zeigt auch im Bildungsbereich seine Wirkung. Viele schwarze Lehrer, Eltern, Studenten und Professoren folgen noch heute Malcolms Aufforderung, gegen die kulturelle Entfremdung des eigenen Volkes zu kämpfen. Nach jahrelangem Druck wurden mittlerweile die Lehrpläne der Schulen und Universitäten, die früher ausschließlich auf die Geschichte und Kultur weißer Amerikaner und deren europäischer Vorfahren ausgerichtet waren, erweitert, um auch der Geschichte schwarzer Amerikaner und anderer Minderheiten einen Platz einzuräumen. Der Monat Februar wurde zum »Black History Month« deklariert, an dem jährlich zahlreiche Informationsveranstaltungen über schwarze Geschichte stattfinden.

Doch vor allem ist Malcolms Einfluß – neben jenem auf Kunst, Musik und Literatur – auf die Entwicklung des Islam in den USA ausschlaggebend gewesen. In den 1960er Jahren stellten die Anhänger des Islam in Amerika noch eine kleine religiöse Randgruppe dar. Heute leben etwa fünf bis sechs Millionen Muslime in den USA, von denen (laut American Muslim Council) 42 Prozent Afroamerikaner sind. Umfragen zufolge sieht eine große Mehrheit dieser schwarzen Muslime Malcolm X als Vorbild. Viele sagen sogar, seine *Autobiographie* habe sie dazu inspiriert, zum Islam zu konvertieren. Insbesondere die Angehörigen der American Muslim Mission (AMM) verstehen sich als direkte Nachfolger Malcolms. Gegründet wurde die AMM von Wallace Muhammad, dem Sohn des NoI-Führers Elijah Muhammad. Als Elijah Muhammad 1975 starb, entschloß sich der von ihm zum Nachfolger eingesetzte Wallace, die Organisation grundlegend zu reformieren. Wallace, der ein enger Freund und Vertrauter Malcolms gewesen war (Elijah Muhammad hatte seinen Sohn deshalb sogar wegen »Häresie« vorübergehend aus der NoI ausgeschlossen), führte die Organisation – ganz im Sinne des »späten« Malcolm – langsam an die Bestimmungen des klassischen Islam heran. Die rassistischen und separatistischen Doktrinen seines Vaters wurden ebenso abgeschafft wie der Personenkult um den Anführer, der strikte, oft unter Zwang durchgesetzte Verhaltenskodex und die paramilitärische NoI-Polizeitruppe *Fruit of Islam.* Wallace, der sich heute Warith Denn Muhammad nennt, öffnete die Organisation auch für nicht-schwarze Mitglieder und gab ihr 1976 den Namen World Community of Al-Islam in the West. 1980 wurde daraus die AMM, die sich bis heute ausdrücklich auf Malcolm X bezieht.

Allerdings waren nicht alle Mitglieder der NoI mit den von Wallace Muhammad durchgeführten Reformen einverstanden. Vor allem Minister Louis X, einer der glühendsten Anhänger der schwarznationalistischen Doktrinen Elijah Muhammads, protestierte scharf gegen die neue moderate Richtung und rief deshalb unter dem Namen Louis Farrakhan 1978 die Nation of Islam in ihrer alten Form wieder ins Leben. Heute ist Farrakhan nicht nur wegen seiner radikalen separatistischen Dogmen umstritten, sondern vor allem wegen seines unverhohlenen Antisemitismus. Trotzdem zählt er heute zu den einflußreichsten Führungspersönlichkeiten in den USA.[36] Daß Farrakhan Malcolm X nach dessen Bruch mit der NoI auf das schärfste verurteilte und 1964/65 sogar mehrere Todesdrohungen gegen ihn aussprach, hindert weder ihn noch die NoI heute daran, die Popularität Malcolms für ihre Zwecke einzusetzen. Auch in der NoI-Zeitschrift *Final Call,* die früher *Muhammad Speaks* hieß und in der Malcolm jahrelang als schändlicher Verräter verdammt wurde, wird »Bruder Malcolm« heute als schwarzer Freiheitsheld gefeiert.

So erstaunlich das klingen mag: Malcolm X spielt nicht nur für den Islam in den USA eine herausragende Rolle, sondern auch für das Christentum. Nahezu alle christlichen Glaubensgemeinschaften in den USA haben mittlerweile die Rassendiskriminierung offiziell verurteilt und sich – wenn auch mit unterschiedlichem Erfolg – darum bemüht, den Rassismus in ihren Gemeinden zu unterbinden.[37] Bedeutsam war der Einfluß von Malcolm X für die Entstehung der *Black Theology.* Diese in den 1960er Jahren entstandene Form des schwarzen Christentums reicht von radikalen schwarz-nationalistischen Strömungen (wie dem von Albert B. Cleage gegründeten Shrine of the Black Madonna in Detroit) bis zu einem linksliberalen, humanistischen Protestantismus (wie dem des schwarzen Befreiungstheologen James H. Cone). Sowohl Cleage als auch Cone berufen sich in ihren Lehren auf das von Malcolm X vermittelte »neue schwarze Selbstbewußtsein«.

Kurzum: Malcolm X ist bis heute in nahezu allen Bereichen der schwarzen Kultur in Amerika präsent – oder wird herbeigesehnt, wie Cone in den 1990er Jahren deutlich machte: »Malcolms Leben und seine Lehren über schwarze Selbstachtung sind die Medizin, die die afroamerikanische Community braucht, um ihre eigene Selbstzerstörung zu verhindern.«

Das neue schwarze Selbstbewußtsein konnte in den vergangenen Jahrzehnten allerdings ebenso auf Martin Luther King bauen: »Wir zählen etwas (...) wir alle sind Kinder des lebendigen Gottes (...) wir dürfen uns niemals wegen unserer Herkunft schämen (...) oder wegen der Farbe unserer Haut. Schwarz ist genauso schön wie jede andere Farbe«, erklärte King beispielsweise in einer Rede vor schwarzen Schülern im April 1967. Kings politische Überzeugungen sowie seine Strategie des gewaltlosen Massenwiderstandes und zivilen Ungehorsams wurden dann vor allem von der Friedensbewegung und den Studentenprotesten der 1960er Jahre aufgegriffen. Seine Idee eines »involvierten Christentums«, das dem aktiven Kampf für soziale Gerechtigkeit verpflichtet ist, inspirierte Befreiungstheologen in aller Welt, vor allem in Lateinamerika.

Doch das größte Vermächtnis von Martin Luther King sind sicherlich die beiden 1964 und 1965 verabschiedeten Gesetze zur Abschaffung von Segregation und Diskriminierung in den USA: der *Civil Rights Act* (CRA) und der *Voting Rights Act* (VRA). Natürlich war deren Verabschiedung nicht allein King zu verdanken: Viele andere Männer und Frauen, deren Einsatz von der Öffentlichkeit und von Historikern lange Zeit kaum beachtet wurde, trugen durch ihre Arbeit im Kampf gegen Segregation und Rassimus maßgeblich zum Erfolg der Bürgerrechtsbewegung bei.[38] Trotzdem nimmt King bis heute eine Sonderstellung ein. Er war *die* Führungspersönlichkeit der Bewegung. Sein Charisma und seine herausragenden rhetorischen Fähigkeiten, sein kompromißloses Festhalten am Ziel der Gleichberechtigung und der Überwindung aller Rassenschranken sowie an der Philosophie der Gewaltlosigkeit machten den Friedensnobelpreisträger nicht nur für schwarze, sondern auch für viele weiße Amerikaner bereits zu Lebzeiten zum »moralischen Gewissen der Nation«.

Durch den CRA sowie durch die späteren Programme der *Affirmative Action* erhielten viele Schwarze die Möglichkeit des Studiums an einer Elite-Universität sowie allgemein günstigere berufliche Startvoraussetzungen, die wiederum zu einer wesentlichen Verbesserung ihrer wirtschaftlichen Lage und zu einem beachtlichen Wachstum der schwarzen Mittelschicht geführt haben.[39] In Ergänzung des CRA verabschiedete der Kongreß 1968 – unmittelbar nach dem Tod Kings und vielleicht als eine Art Zugeständnis an den Ermordeten – *einen Fair Housing Act*. Dieses Gesetz verbot rassistische Immobilien- und Mietpraktiken nicht nur im öffentlichen, sondern auch im privaten Sektor – und entsprach damit im Grunde dem *Open Housing Law*, das King während der Protestaktion in Chicago 1966 vergeblich gefordert hatte.

Im Bereich der politischen Mitbestimmung erwies sich der VRA mit seinen strengen Vorschriften zur Gleichberechtigung bei der Wahleinschreibung als ausgesprochen erfolgreich. Wie erwähnt, führte er innerhalb weniger Jahre zu einer Verdoppelung der Anzahl eingeschriebener schwarzer Wähler im Süden, und die nationale afroamerikanische Wahlbeteiligung liegt heute nur unwesentlich unter der weißen.[40] In einigen Fällen waren die Stimmen schwarzer Wähler entscheidend für den Ausgang der Präsidentschaftswahlen, zum Beispiel trugen sie maßgeblich zu den Wahlsiegen Jimmy Carters und Bill Clintons bei. Auch der Anteil gewählter schwarzer Amtsinhaber ist seit den 1960er Jahren immens gestiegen: 1965 gab es im gesamten Bundesgebiet weniger als 300, heute sind es über 9000. In den 1990er Jahren wurden zahlreiche amerikanische Großstädte – unter anderem New York, Atlanta, Chicago und Los Angeles – von afroamerikanischen Bürgermeistern geführt, und die Wähler im Bundesstaat Virginia machten Douglas Wilder zum ersten schwarzen Gouverneur der USA. Zudem ist die Zahl der schwarzen Kongreßabgeordneten seit der Verabschiedung des VRA von sieben auf vierzig gestiegen. Damit verfügen Schwarze, deren Bevölkerungsanteil 12,5 Prozent beträgt, über rund acht Prozent der Sitze im Kongreß und können auf den legislativen Entscheidungsprozeß einen nicht zu vernachlässigenden Einfluß ausüben.[41]

Trotz dieser Entwicklung ist das von King – und zuletzt auch von

Malcolm X – angestrebte Ziel der gleichberechtigten Verteilung politischer Macht noch längst nicht erreicht. 9000 schwarze Amtsinhaber stellen immer noch weniger als zwei Prozent aller amtierenden Politiker in den USA dar. Viele politische Beobachter zweifeln daran, daß es jemals, oder zumindest nicht in absehbarer Zeit, zu einer paritätischen Repräsentation von Schwarzen und anderen Minderheiten im politischen System der USA kommen wird. Dies liegt zum Teil an den weiterhin existierenden Vorurteilen, die manchen weißen Wähler prinzipiell davon abhalten, für einen nicht-weißen Kandidaten zu stimmen; aber auch an systemimmanenten Gründen, zum Beispiel am Mehrheitswahlrecht der USA, das im Gegensatz zu dem in Deutschland praktizierten Verhältniswahlrecht Minderheiten benachteiligt.

Entscheidender – und ganz im Sinne Kings gedacht – als die Quantität ist jedoch die Qualität schwarzer Partizipationsmöglichkeiten: Im Kongreß der Vereinigten Staaten führte die erhöhte afroamerikanische Repräsentanz zur Verabschiedung zahlreicher fortschrittlicher Gesetze (zum Beispiel in den Bereichen Sozialhilfe, Familienförderung, Bildungswesen und Minderheitenrechte). Auch in der Außenpolitik – eine traditionell weiße Domäne – konnten afroamerikanische Politiker einige Male ihren Einfluß geltend machen: beispielsweise bei der Durchsetzung eines Wirtschaftsembargos gegen das rassistische Apartheidregime in Südafrika, das maßgeblich zum Sturz des Systems beitrug. Auch während der Haiti-Krise (1991–1994) sorgte der Druck schwarzer Politiker dafür, daß haitianischen Flüchtlingen in den USA politisches Asyl gewährt wurde. Ihr Votum bestärkte zudem Präsident Clinton in seiner Entscheidung, im Oktober 1994 durch eine vom UN-Sicherheitsrat gebilligte militärische Intervention den vertriebenen schwarzen Präsidenten Haitis, Jean-Bertrand Aristide, wieder in sein Amt einzusetzen.[42] Sozial- und wirtschaftspolitisch hat sich ebenfalls manches zum Guten gewendet: So hat sich zum Beispiel seit der Verabschiedung des CRA die Rate schwarzer Jugendlicher, die einen Hochschulabschluß erwerben, von weniger als 3 auf über 15 Prozent erhöht. Lebten damals noch mehr als die Hälfte aller Schwarzen unterhalb der Armutsgrenze, so sind es heute weniger als ein Drittel. Gleichzeitig hat sich die Gesundheitsversorgung für Afroamerikaner verbessert. Mehr als die Hälfte verfügen heute über eine Krankenversicherung, die schwarze Kindersterblichkeitsrate halbierte sich, und die durchschnittliche Lebenserwartung von Afroamerikanern hat sich inzwischen auf 66,1 Jahre für Männer und 74,2 Jahre für Frauen erhöht.

Manches hat sich also verbessert, doch längst nicht alles ist gut: Die von King 1968 geforderte *Economic Bill of Rights* (ein Gesetz, das allen Amerikanern Beschäftigungsmöglichkeiten oder jenen, die nicht arbeiten können, ein Mindesteinkommen garantieren sollte), die viele schwarze Abgeordnete jahrelang weiterverfolgten, wurde niemals vom Kongreß verabschiedet.[43] Zahlreiche andere progressive Initiativen der schwarzen Kongreßabgeordneten – etwa eine Erhöhung der Ausgaben für Sozialhilfeprogramme sowie Gesundheitsreformen und ein Gesetz zur Verhinderung indirekter Rassendiskriminierung im Justizsystem (*Racial Justice Act*) – scheiterten am Widerstand ihrer konservativen Kollegen. Nicht zuletzt deshalb bleibt bis heute eine große Kluft zwischen der Lebenssituation schwarzer und weißer Amerikaner bestehen. Und man kann die obengenannten Zahlen und Fakten auch aus einem anderen Blickwinkel sehen: Die schwarze Kindersterblichkeit ist auch heute noch doppelt so hoch wie die weiße, der Anteil krankenversicherter Weißer liegt deutlich über dem der Schwarzen, und die Lebenserwartung weißer Amerikaner liegt bei Frauen um 5,4 Jahre, bei Männern um 7,7 Jahre höher als die afroamerikanische. Von 100 weißen Jugendlichen werden 35 Hochschulabsolventen, mehr als doppelt so viele wie die Schwarzen. Zudem verdienen schwarze Hochschulabsolventen rund 15 Prozent weniger als ihre weißen Kollegen mit einer vergleichbaren Ausbildung, und das Durchschnittseinkommen einer vierköpfigen afroamerikanischen Familie beträgt nur 63 Prozent des Einkommens einer gleich großen weißen Familie. Die Arbeitslosenquoten in den USA befinden sich zwar momentan für alle Bevölkerungsgruppen auf einem historischen Tiefstand, aber nichtsdestoweniger beträgt die schwarze Arbeitslosenrate (8,5 Prozent) mehr als das Doppelte der weißen (3,6 Prozent). In den Ghettos der Großstädte sind zum Teil über 40 Prozent der schwarzen Jugendlichen ohne Arbeit. Zwar ist die schwarze Kriminalitätsrate insgesamt zurückgegangen, sie liegt aber immer noch weit über der weißen. Fast ein Viertel aller schwarzen Männer zwischen 18 und 28 Jahren saß 1998 entweder in Untersuchungshaft, im Gefängnis oder befand sich auf Bewährung. Mord ist die Haupttodesursache für

Schwarze zwischen 15 und 34. Heute wachsen nur 35 Prozent aller schwarzen Kinder gemeinsam mit beiden Eltern auf (im Vergleich zu 75 Prozent aller weißen Kinder), und über die Hälfte der Kinder von schwarzen Alleinerziehenden lebt unterhalb der Armutsgrenze.

Seitdem die Gleichstellung der Schwarzen auf der Ebene der Bürgerrechtsgesetze der 1960er Jahre vollzogen wurde, ist es allerdings zunehmend schwieriger geworden, im Hinblick auf die beschriebene Armut die Faktoren »Rasse« und »soziale Klasse« klar voneinander zu trennen. In jedem Fall ist der Kampf für soziale Gerechtigkeit, den ja auch King in seinen letzten Jahren immer stärker in den Mittelpunkt stellte, neben dem Kampf gegen Rassismus auch heute noch die größte Herausforderung schwarzer Politiker und Bürgerrechtler. Heute wie damals wären weitreichende und fundamentale Änderungen in der wirtschaftlichen und sozialen Struktur der USA nötig, um die desolate Lage der schwarzen Unterschicht in den Ghettos spürbar zu verbessern. Diese von King geforderte »Revolution des amerikanischen Wertesystems« würde notwendigerweise Steuererhöhungen und neue Formen der Einkommensumverteilung enthalten, denen die große Mehrheit der amerikanischen Bevölkerung – und damit auch jede US-Regierung – niemals zustimmen würde.

Ganz in der Tradition des frühen Malcolm stehend, sehen deshalb schwarze Nationalisten die gestiegene Anzahl schwarzer Abgeordneter und Regierungsmitglieder nur als eine Schimäre politischer Macht an, die darauf abzielt, die afroamerikanische Bevölkerung ruhig zu halten. An den eigentlichen Mißständen hätte sich im Grunde nichts geändert – ebensowenig wie am Rassismus der weißen Mehrheit. Farrakhans Nation of Islam, die sich in den letzten Jahren vor allem unter der schwarzen Ghettojugend wieder zunehmender Beliebtheit erfreut, predigt zum Beispiel weiterhin das Dogma von der Überlegenheit der schwarzen Rasse, ruft Afroamerikaner zur Einheit auf und verdammt die Weißen (vor allem die Juden) als rassistische Teufel.

Farrakhans Anhänger stellen zwar nur eine kleine Minderheit der *Black Community* dar, aber es kann trotzdem nicht behauptet werden, daß sich das Verhältnis zwischen schwarzen und weißen Amerikanern seit den 1960er Jahren grundlegend verbessert hätte. Die meisten Afroamerikaner und Weißen leben heute immer noch in getrennten Wohngebieten, wodurch die Segregation der Schulen de

Vermummte leben länger: Auch am Ende des 20. und zu Beginn des 21. Jahrhunderts erfreut sich der Ku-Klux-Klan im Süden der Vereinigten Staaten einiger Beliebtheit. Mitglieder des Geheimbundes demonstrieren im November 1998 in Erie, Pennsylvania, öffentlich vor einem Gerichtsgebäude.

facto andauert. Auch wenn die Integration im Berufsleben deutliche Fortschritte gemacht hat, so gehen schwarze und weiße Arbeitskollegen in ihrer Freizeit meist getrennte Wege. Außer beim Sport gibt es im sozialen Bereich nach wie vor nur wenig Berührungspunkte – was daran deutlich wird, daß die Rate von schwarz-weißen Eheschließungen nur bei 0,6 Prozent liegt (jene zwischen weißen Amerikanern und Amerikanern asiatischer oder lateinamerikanischer Herkunft ist um einiges höher, obwohl deren Bevölkerungsanteil unter dem der Schwarzen liegt). Wie groß die Ressentiments tatsächlich noch sind, zeigte 1995 die nationale (und internationale) Erregung über den »O.J. Simpson-Fall«: Während fast alle Weißen mit Zorn und Empörung auf Simpsons Freispruch reagierten, jubelten und feierten Afroamerikaner diesen begeistert. Seit Mitte der 1990er Jahre haben zudem im Süden wieder vermehrt Vorfälle rassistischer Gewalt gegen Afroamerikaner stattgefunden, und in vielen amerikanischen Großstädten – von Los Angeles bis New York – kam es zu Rassenunruhen und Protesten schwarzer Amerikaner gegen die ihrer Ansicht nach unerträgliche Brutalität weißer Polizisten. Gleichzeitig geraten *Affirmative-Action*-Programme, deren Fortsetzung von Schwarzen für dringend erforderlich angesehen wird, zunehmend unter den Beschuß weißer Konservativer. Einige Staaten, etwa Kalifornien und Washington, haben diese mittlerweile ganz abgeschafft.

Bei alledem bemerkenswert ist der ungebrochene Optimismus vieler Schwarzer. So äußerten bei einer Umfrage im Juni 1999 71 Prozent der Afroamerikaner die Überzeugung, daß sich die finanzielle Situation ihrer Familie in den nächsten 10 Jahren verbessern würde – nur 59 Prozent der Weißen konnten diese positive Sicht auf die Zukunft teilen. Daß sie trotz aller Rückschläge den Glauben an eine Verbesserung ihrer Situation nicht aufgeben, führen viele Afroamerikaner auf Malcolm X respektive auf Martin Luther King zurück.

Dabei gehen einige Anhänger in ihrer Bewunderung für King und Malcolm X zweifellos etwas zu weit. Trotz ihrer Verdienste in Sachen Rassengleichberechtigung und Menschenrechte folgte ihr Denken etwa in bezug auf die Gleichberechtigung der Geschlechter durchaus traditionellen, besser: männlich-chauvinistischen Mustern. Beide teilten die Ansicht, Frauen sollten sich am besten zu Hause um Haushalt und Kinder kümmern, sich bei wichtigen Entscheidungen immer dem Willen ihrer Ehemänner beugen und im öffentlichen Leben keinesfalls leitende Positionen einnehmen. Dies führte häufig zu Konflikten mit ihren Mitarbeiterinnen – und manchmal auch zu heftigen Auseinandersetzungen mit ihren Ehefrauen. Diese litten zudem unter der häufigen Abwesenheit ihrer Männer, die Familieninteressen – auch in finanzieller Hinsicht – stets dem Wohl der Bewegung unterordneten. Aus heutiger Sicht läßt sich also kaum behaupten, daß King und Malcolm X vorbildliche Ehemänner gewesen sind, zumal bei Martin Luther King seine kaum zu verheimlichende eheliche Untreue dazukam. Wie so oft im Falle charismatischer Figuren bevorzugten beide hierarchische Strukturen, und sie wurden mit Recht dafür kritisiert, daß sie diese in ihren Organisationen förderten, um ihren Willen schneller durchsetzen zu können. Ihr Geltungsbedürfnis war deutlich ausgeprägt, was sowohl ihren einzigartigen Erfolg zu Lebzeiten als auch den Bedeutungsverlust erklärt, den nach ihrem Tod der SCLC und der OAAU erfuhren.

Läßt sich nun ein Sieger in diesem Zweikampf um Ziele und Methoden küren? Kann man sagen, wer (mehr) recht hatte? Die Diskussion darüber, welcher Weg sich letztlich als der effektivere im Kampf für afroamerikanische Freiheit und Gleichberechtigung erwiesen hat, wird bis heute geführt: Gewaltlosigkeit und Kooperation mit Weißen oder selbstbewußte Selbstverteidigung und schwarzer Separatismus? Als Galionsfiguren der unterschiedlichen Lager werden Martin Luther King, Jr., und Malcolm X dabei meist als Erzfeinde und ihre Ziele als völlig unvereinbare Alternativen dargestellt. Genau diese Sicht der Dinge wird allerdings der tatsächlichen Bedeutung der beiden Männer nicht gerecht. Wie in den vorangegangenen Kapiteln gezeigt, trugen beide, wenn auch nicht gemeinsam, maßgeblich zu den weitreichenden Veränderungen der Rechtssituation und des Selbstverständnisses schwarzer Amerikaner bei. In vielerlei Hinsicht ergänzten sich ihre Ideen, und die kollektive Energie im Kampf um Freiheit potenzierte sich im Spannungsfeld ihrer entgegengesetzten Meinungen. Gegen Ende ihres Lebens standen sich die beiden Gegenspieler schließlich bei weitem näher, als der Mehrzahl ihrer Anhänger je bewußt geworden ist. Man sollte Malcolm X und Martin Luther King deshalb nicht länger gegeneinander ausspielen, sondern erkennen, daß gerade die suggestive Wirkung ihrer unterschiedlichen Lehren und Aktivitäten die Verbesserung des Lebensalltags schwarzer Amerikaner erst ermöglicht hat.

Das Vermächtnis von King und von Malcolm X stellt eine Herausforderung dar, jeder Form der Diskriminierung und des Rassenhasses zu widerstehen. Nicht nur eine amerikanische Herausforderung, sondern eine für alle Länder der Welt – auch für Deutschland, das sich heute an der Schwelle zu einer multikulturellen Gesellschaft befindet. Das gemeinsame Ziel, das Malcolm und Martin am Ende ihres Lebens anstrebten – eine Gesellschaft, in der ethnische Minderheiten genauso stolz an das Erbe ihrer Vorfahren erinnern können wie die Mehrheit, ohne daß dies zur politischen oder ökonomischen Ausgrenzung führt –, ist noch längst nicht erreicht. Der Traum lebt weiter.

Abkürzungsverzeichnis

BPP: Black Panther Party – 1966 von linksradikalen jungen Schwarzen gegründete Organisation, die das Prinzip der bewaffneten Selbstverteidigung vertrat. Viele »Black Panther« kamen bei Schießereien mit Polizei und FBI ums Leben oder wurden inhaftiert. Die anfangs sehr populäre Partei, die u. a. auch Suppenküchen und Schulen in den Ghettos unterhielt, verlor während der 1970er Jahre ihren Einfluß und löste sich 1982 endgültig auf.

CORE: Congress of Racial Equality – 1942 von weißen und schwarzen Gegnern der Rassentrennung gemeinsam gegründete Bürgerrechtsorganisation, die bereits in den 1940er Jahren Sitzstreiks als Protestmittel einsetzte. CORE gehörte in den 1960er Jahren zusammen mit SNCC zu den radikalen Bürgerrechtsbewegungen.

CRA: Civil Rights Act – Bürgerrechtsgesetz von 1964, durch das jede Diskriminierung auf der Basis von Rasse, Geschlecht oder Religion verboten wurde. Es beendete die Rassentrennung im öffentlichen Leben der USA.

CIA: Central Intelligence Agency – Amerikanischer Geheimdienst, zuständig für den außenpolitischen Bereich. Wurde von Malcolm X (und vielen anderen) beschuldigt, am Sturz bzw. an der Ermordung mehrerer afrikanischer und asiatischer Staatschefs beteiligt gewesen zu sein. Überwachte Malcolm X während seiner Auslandsreisen.

FBI: Federal Bureau of Investigation – Amerikanische Bundespolizei. Unter der Leitung von J. Edgar Hoover überwachte und infiltrierte das FBI während der 1950er, 60er und 70er Jahre die schwarze Bürgerrechtsbewegung, die Nation of Islam und andere schwarze Gruppen, um deren Einfluß zu kontrollieren bzw. zu minimieren.

KKK: Ku-Klux-Klan – 1867 gegründete Vereinigung weißer Rechtsextremisten, die an die Überlegenheit der weißen Rasse glauben und oft brutale Gewalt gegen

Schwarze, Juden und andere Minderheiten anwenden, um ihre Ziele durchzusetzen. Zwischen 1890 und 1920 wurden beispielsweise über 3000 Lynchmorde an Afroamerikanern von KKK-Mitgliedern begangen.

MFDP: Mississippi Freedom Democratic Party – 1964 von Bürgerrechtlern in Mississippi gegründete Partei. Durch ihren Protest gegen den Ausschluß schwarzer Bürger aus der regulären Demokratischen Partei Mississippis erwirkte die MFDP beim Nationalen Demokratischen Parteitag ein Verbot der Rassentrennung für alle Delegationen der Einzelstaaten.

MIA: Montgomery Improvement Association – 1955 von King und anderen Bürgerrechtlern gegründete Organisation zur Abschaffung der Rassentrennung in Montgomery, Alabama. Die Aktionen der MIA (vor allem ein dreizehn Monate dauernder Busboykott) erwirkten im Dezember 1956 ein gerichtliches Verbot der Segregation in Montgomerys öffentlichem Verkehrssystem.

MMI: Muslim Mosque Inc. – 1964 von Malcolm X gegründete islamische Organisation, die – im Gegensatz zur NoI – an die theologischen Doktrinen des klassischen Islam angelehnt war und Muslimen aller Hautfarben offenstand. Die zunächst auch als politische Organisation gedachte MMI konzentrierte sich nach der Gründung der OAAU nur auf religiöse Angelegenheiten.

NAACP: National Association for the Advancement of Colored People – Die älteste und größte amerikanische Bürgerrechtsorganisation wurde 1909 von schwarzen und weißen Integrationisten gegründet. Sie geht vor allem auf juristischem Wege gegen Rassendiskriminierung vor, beteiligt sich aber auch an anderen Protesten. Einer der größten Erfolge der NAACP war 1954 das Urteil des Obersten Gerichtshofes, das die Rassentrennung an Schulen als verfassungswidrig erklärte. Die während ihrer Anfangszeit als radikal geltende NAACP zählte in den 1960er Jahren zusammen mit der NUL zu den konservativeren Bürgerrechtsgruppen.

NoI: Nation of Islam – 1930 in Detroit, Michigan, vom Wanderprediger W. E. Fard gegründete schwarz-nationalistische und muslimische Religionsgemeinschaft. 1934, nach dem plötzlichen Verschwinden von W. E. Fard, übernimmt Elijah Muhammad die Führung der NoI. In den 1950er und 60er Jahren geistige Heimat Malcolm X', der als *First Minister* zu ihrem prominentesten Vertreter aufsteigt. Nach Jahren der Bedeutungslosigkeit wird die NoI 1978 von Louis Farrakhan wieder zum Leben erweckt. Seit Ende der 1980er Jahre ist die NoI die größte schwarz-nationalistische Organisation in den USA, wobei Farrakhan nicht nur wegen seiner radikalen separatistischen Dogmen umstritten ist, sondern vor allem wegen seines unverhohlenen Antisemitismus.

NUL: National Urban League – 1911 von Schwarzen und Weißen gegründete, professionelle Sozialarbeiterorganisation, deren Schwerpunkt die sozialen und wirtschaftlichen Probleme der Afroamerikaner in den Ghettos der Großstädte sind. In den 1960er Jahren zählte die NUL zusammen mit der NAACP zu den konservativeren Bürgerrechtsgruppen.

OAAU: Organization of Afro-American Unity – Von Malcolm X zwei Monate nach der MMI gegründete afroamerikanische Organisation, die sich am Vorbild der Organization of African Unity (OAU) orientiert. Sie verfolgt schwarz-nationalistische Ziele, tritt u. a. für das afroamerikanische Recht auf Selbstverteidigung ein und strebt nach kultureller Zusammenarbeit sowie politischem und wirtschaftlichem Machtgewinn schwarzer Amerikaner in den USA.

PPC: Poor People's Campaign – Von King geplante Massenprotestaktion armer Amerikaner aller Rassen in Washington, D. C. Durch das Errichten einer Zeltstadt, Demonstrationsmärsche und gezielte Aktionen des zivilen Ungehorsams sollte der Kongreß dazu bewegt werden, ein Gesetz für »Wirtschaftliche Grundrechte« zu verabschieden. Die PPC fand im Sommer 1968 trotz Kings Ermordung statt, hatte jedoch nicht die erhoffte Wirkung.

SCLC: Southern Christian Leadership Conference – 1957 von King und anderen Bürgerrechtlern gegründete christliche Organisation zur Bekämpfung der Rassentrennung im Süden der USA. Unter Kings Leitung blieb die SCLC bei all ihren Protestmaßnahmen – Demonstrationsmärschen, Streiks und diversen Aktionen des zivilen Ungehorsams – immer dem Ideal der Gewaltlosigkeit verpflichtet. Während der 1960er Jahre stand die SCLC oft zwischen den konservativeren (NAACP und NUL) und den radikaleren (CORE und SNCC) Bürgerrechtsorganisationen.

SNCC: Student Nonviolent Coordinating Committee – 1960 von Studenten gegründete Organisation, die mit Sitzstreiks, Boykotten u. a. sogenannten Direktaktionen gegen die Rassentrennung protestierten, die Segregationsgesetze bewußt verletzten und bereit waren, dafür ins Gefängnis zu gehen. Außerdem arbeitete SNCC für die Einschreibung schwarzer Wähler im Süden. Nach 1965 radikalisierte sich die Studentenbewegung. Der neue Vorsitzende Stokely Carmichael prägte den Begriff »Black Power«, der zum Bruch mit den konservativeren Bürgerrechtsorganisationen NAACP und NUL führte. Nachdem die SNCC-Leitung 1967 den Ausschluß aller weißen Mitarbeiter durchgesetzt hatte, verließen auch viele schwarze ehemalige Führungskräfte die Organisation, die wenige Jahre später aufgrund innerer Zerwürfnisse ganz auseinanderbrach.

VRA: Voting Rights Act – Bürgerrechtsgesetz von 1965, das die Benachteiligung Schwarzer oder anderer Minderheiten beim Zugang zur Wahleinschreibung verbot. Es führte zu einem sprunghaften Anstieg der politischen Repräsentation von Afroamerikanern im Süden der USA.

Zeittafel

19. Mai 1925	Malcolm Little wird in Omaha als viertes Kind von Louise und Earl Little in Omaha, Nebraska, geboren.
Dezember 1926	Malcolms Familie zieht nach Milwaukee, Wisconsin.
Januar 1929	Malcolms Familie zieht nach Lansing, Michigan.
15. Januar 1929	Martin Luther King, Jr., wird als erster Sohn von Alberta King und Reverend Martin Luther King, Sr., in Atlanta, Georgia, geboren.
7. November 1929	Das Haus der Littles geht in Flammen auf. Die Familie entkommt unverletzt. Den von Earl Little der Brandstiftung beschuldigten weißen Rassisten kann die Tat nicht nachgewiesen werden.
August 1930	Der Wanderprediger W. E. Fard gründet die Nation of Islam, eine schwarz-nationalistische Religionsgemeinschaft, in Detroit, Michigan.
28. September 1931	Earl Little wird von einer Straßenbahn überfahren und tödlich verletzt. Malcolm glaubt, daß weiße Rassisten ihn auf die Schienen warfen.
1934	Nach dem plötzlichen Verschwinden von W. E. Fard übernimmt Elijah Muhammad die Führung der Nation of Islam (NoI).
1939	Louise Little erleidet einen Nervenzusammenbruch und kommt in eine Heilanstalt. Malcolm wächst zunächst bei Pflegeeltern und dann in einem Heim für schwererziehbare Kinder auf.
Februar 1941	Malcolm zieht nach Boston zu seiner Halbschwester Ella Collins. In den folgenden zwei Jahren übt er diverse Jobs aus (u. a. als Schuhputzjunge, als Tellerwäscher und Zugkellner) und knüpft erste Kontakte zur Bostoner Unterwelt.

Mai 1941	Der schwarze Bürgerrechtler A. P. Randolph kündigt die Planung einer Massendemonstration in Washington, D. C., an, um gegen die Rassendiskriminierung in der US-Armee zu protestieren.
Juni 1941	Mit der *Executive Order 8802* verbietet Präsident Roosevelt Rassendiskriminierung in den Rüstungsbetrieben und in staatlichen Ausbildungsprogrammen.
November 1942	Gründung des Congress of Racial Equality (CORE)
Dezember 1942	Malcolm zieht für vier Monate nach Michigan, danach nach New York City.
25. Oktober 1943	Malcolm wird bei der Untersuchung für den Militärdienst aufgrund »psychischer Instabilität« ausgemustert.
1943/44	Malcolm macht als Drogenhändler, Dieb und Zuhälter kriminelle Karriere.
Oktober 1944	Um einer Verhaftung zu entgehen, verläßt Malcolm für einige Monate New York und lebt wieder in Boston sowie in Lansing.
1944	Nachdem er zwei Schulklassen überspringen konnte, beginnt King bereits als Fünfzehnjähriger mit dem Studium am Morehouse College in Atlanta.
September 1945	Ende des Zweiten Weltkrieges (von den insgesamt rund 12 Millionen amerikanischen Soldaten, die an diesem Krieg teilnahmen, waren 1 154 720 Afroamerikaner).
Januar 1946	Nach einer Einbruchserie in Boston wird Malcolm verhaftet und im Februar 1947 zu zehn Jahren Haft verurteilt.
1947	In der Gefängnisbibliothek beginnt Malcolm mit dem Selbststudium und lernt durch einen Mitgefangenen die Lehren der NoI kennen.
1947	King erhält eine Predigerlizenz und predigt gelegentlich in der Gemeinde seines Vaters, der Ebenezer-Baptist-Church in Atlanta.
1948	Malcolm wird zum Anhänger Elijah Muhammads und konvertiert zum Islam.
25. Februar 1948	King wird zum Priester geweiht.
Juni 1948	King schließt sein Grundstudium am Morehouse College ab und erhält ein Stipendium am Crozer-Theologie-Seminar in Chester, Pennsylvania, um Theologie zu studieren.
Juli 1948	Mit der *Executive Order* 9981 hebt Präsident Truman die Rassentrennung im amerikanischen Militär auf.
1949	Während seines Studiums am Crozer-Seminar lernt King u.a. Mahatma Gandhis Philosophie der Gewaltlosigkeit kennen und ist tief von ihr beeindruckt.

1951	King schließt sein Theologiestudium in Crozer als bester Student seines Jahrgangs ab. Im September beginnt er an der theologischen Fakultät der Universität Boston zu promovieren.
7. August 1952	Malcolm wird wegen guter Führung vorzeitig aus dem Gefängnis entlassen. Er zieht nach Detroit und arbeitet dort als Verkäufer im Möbelgeschäft seines Bruders Wilfred.
31. August 1952	Malcolm reist nach Chicago, um Elijah Muhammad persönlich kennenzulernen.
September 1952	Malcolm erhält sein X von der Nation of Islam und wird somit zu Malcolm X.
Juni 1953	Malcolm wird Hilfsprediger in Detroits Tempel Nr. 1.
18. Juni 1953	Martin Luther King und Coretta Scott heiraten.
März 1954	Malcolm X wird stellvertretender Prediger im Tempel Nr. 12 in Philadelphia.
Mai 1954	In der berühmten Entscheidung »Brown vs. Board of Education of Topeca« erklärt der Oberste Gerichtshof der USA die Rassentrennung in Schulen für verfassungswidrig.
Juni 1954	Malcolm wird zum Leiter (*First Minister*) des New Yorker Tempels Nr. 7 ernannt.
September 1954	Martin Luther und Coretta King ziehen nach Montgomery, Alabama, wo King am 31. Oktober seine Arbeit als Pfarrer der Dexter Avenue Baptist Church aufnimmt.
Frühling 1955	King vollendet seine Promotion und erhält den Doktortitel der Universität Boston.
17. November 1955	Geburt von Kings ältester Tochter, Yolanda Denise
5. Dezember 1955	Gründung der Montgomery Improvement Association, die King zum Präsidenten wählt. Beginn des Busboykotts.
30. Januar 1956	Das Haus der Kings in Montgomery wird durch einen Bombenanschlag fast völlig zerstört.
Februar 1956	Der Versuch der schwarzen Studentin Autherine Lucy, an der Universität von Alabama eingeschrieben zu werden, scheitert trotz eines ihren Wünschen entsprechenden Gerichtsbeschlusses am Widerstand der weißen Studenten und der Universitätsverwaltung.
13. November 1956	Der Oberste Gerichtshof der USA erklärt die Rassentrennung in Montgomerys öffentlichem Verkehrssystem für verfassungswidrig.
21. Dezember 1956	Zum ersten Mal fahren schwarze und weiße Passagiere in Montgomery in nicht segregierten Bussen.
9. Januar 1957	Gründung der Southern Christian Leadership Conference (SCLC) in Atlanta. King wird zum Präsidenten gewählt.

14. April 1957	Das NoI-Mitglied Hinton Johnson wird in New York von weißen Polizisten brutal zusammengeschlagen und verhaftet. Malcolm und seine Anhänger setzten sich erfolgreich dafür ein, daß Johnson in ein Krankenhaus gebracht wird und die Polizisten bestraft werden.
Mai 1957	Kings *Prayer Pilgrimage* nach Washington, D. C.
Juni 1957	King erhält die Ehrenmedaille der NAACP.
1957	Ghana wird ein unabhängiger Staat. Innerhalb der nächsten sieben Jahre erlangen auch die anderen afrikanischen Kolonialstaaten ihre Unabhängigkeit.
September 1957	Der Kongreß verabschiedet den *Civil Rights Act* von 1957, durch den eine neue Bürgerrechtskommission im Justizministerium eingerichtet wird. Präsident Eisenhower mobilisiert Bundestruppen zum Schutz schwarzer Schüler, die laut Gerichtsbeschluß die zuvor nur weißen zugängliche Little Rock Central High School in Arkansas besuchen wollen.
23. Oktober 1957	Geburt von Kings erstem Sohn, Martin Luther III.
1958	Malcolm X beginnt mit der Herausgabe der NoI-Zeitschrift *Muhammad Speaks.*
14. Januar 1958	Malcolm X heiratet Betty X (Sanders), die seit 1956 Mitglied seines Tempels ist.
23. Juni 1958	Gemeinsam mit NAACP-Präsident Roy Wilkins und dem schwarzen Gewerkschaftsführer A. Philip Randolph trifft King sich mit Präsident Eisenhower.
20. September 1958	King wird beim Signieren seines neuen Buches, *Stride Toward Freedom: The Montgomery Story*, bei einem Attentat in Harlem schwer verletzt.
November 1958	Geburt von Malcolms erster Tochter, Attallah
Februar 1959	Martin Luther und Coretta King reisen einen Monat lang durch Indien, um sich noch intensiver mit Gandhis Werk auseinandersetzen zu können.
Juli 1959	Als Botschafter Elijah Muhammads reist Malcolm durch Ägypten, den Iran, Syrien und Ghana.
	Durch die Fernsehdokumentation *The Hate That Hate Produced* werden Malcolm X und die NoI erstmals einer breiteren Öffentlichkeit bekannt.
November 1959	King kündigt seine Stelle als Pfarrer der Dexter Avenue Baptist Church in Montgomery.
Januar 1960	King zieht mit seiner Familie zurück nach Atlanta und übernimmt die zweite Pastorenstelle in der Gemeinde seines Vaters.

Februar 1960	Beginn der neuen Studentenprotestbewegung (*Sit-in-Movement*) in Greensboro, North Carolina
April 1960	Gründung des Student Nonviolent Coordinating Committee (SNCC) in Raleigh, North Carolina
Juni 1960	King trifft sich mit Präsidentschaftskandidat John F. Kennedy, um über Rassenbeziehungen zu sprechen.
Oktober 1960	King wird während eines Sitzstreiks verhaftet und zu vier Monaten schwerer Zwangsarbeit verurteilt. Erst nach der Intervention von Senator John F. Kennedy wird King aus der Haft entlassen.
Dezember 1960	Der Oberste Gerichtshof der USA entscheidet, daß die Rassentrennung an Busbahnhöfen und in Bussen des innerbundestaatlichen Reiseverkehrs (*interstate travel*) ungesetzlich ist.
25. Dezember 1960	Geburt von Malcolms zweiter Tochter, Qubilah
Januar 1961	Die ersten schwarzen Studenten, Charlayne Hunter und Hamilton Holmes, werden an der Universität von Georgia eingeschrieben.
30. Januar 1961	Geburt von Kings zweitem Sohn, Dexter Scott
Mai 1961	Beginn der von CORE und SNCC veranstalteten *Freedom Rides*, um gegen die fortdauernde Segregation im *interstate travel* zu protestieren.
November 1961	Die Interstate Commerce Commission sorgt für die Aufhebung der Rassentrennung im *interstate travel.*
Dezember 1961	Beginn von Kings Bemühungen, die Stadt Albany in Georgia zu desegregieren. Er wird mehrfach verhaftet, aber die Bewegung scheitert letztlich. King verläßt die Stadt im August 1962.
1962	Geburt von Malcolms dritter Tochter, Ilyasah
27. April 1962	Das NoI-Mitglied Ronald Stokes wird von weißen Polizisten in Los Angeles erschossen, sechs andere NoI-Mitglieder werden bei der Auseinandersetzung verletzt. Malcolm wird nach L. A. geschickt, um die Situation zu beruhigen, und protestiert öffentlich gegen den Rassismus des L.A. Police Department.
September 1962	Nachdem bei Protesten gegen die Integration der Universität von Mississippi zwei Menschen getötet und zahlreiche verletzt wurden, setzt Präsident John F. Kennedy schließlich mit Bundestruppen die Einschreibung des schwarzen Studenten James Meredith durch.
16. Oktober 1962	King trifft sich mit Präsident Kennedy im Weißen Haus.
28. März 1963	Geburt von Kings zweiter Tochter, Bernice Albertine

April 1963	Beginn der von King und der SCLC geleiteten Massendemonstrationen für Bürgerrechte in Birmingham, Alabama. Während eines Gefängnisaufenthaltes schreibt King seinen berühmten *Letter from a Birmingham Jail.*
Mai 1963	Die SCLC-Zentrale und das Haus von Kings Bruder A. D. King in Birmingham werden durch Bombenanschläge zerstört. Es kommt zu blutigen Rassenunruhen in der Stadt, die sich erst nach dem Einsatz von Bundestruppen beruhigen. Am 20. Mai erklärt der Oberste Gerichtshof die Rassentrennungsgesetze der Stadt Birmingham für verfassungswidrig.
Juni 1963	Nach massivem Druck Präsident Kennedys wird die Universität von Alabama durch die Zulassung zweier schwarzer Studenten integriert.
12. Juni 1963	Medgar Evers, NAACP-Leiter im Staat Mississippi, wird von einem weißen Rassisten aus dem Hinterhalt erschossen.
28. August 1963	Der »Marsch auf Washington« ist mit über 250 000 Teilnehmern die bis dahin größte Bürgerrechtsdemonstration der Geschichte. Kings »I Have A Dream«-Rede wird zum Höhepunkt der Veranstaltung. Malcolm X bezeichnet den Marsch als sinnlose »Farce on Washington«.
September 1963	Veröffentlichung von Kings Buch *Strength to Love*
15. September 1963	Durch einen Bombenanschlag am Sonntag wird eine schwarze Kirche in Birmingham zerstört, dabei kommen vier schwarze Mädchen ums Leben.
10. November 1963	Malcolm X hält seine berühmte *Message to the Grassroots*-Rede in Detroit.
November 1963	Malcolm X wird von Elijah Muhammad zu seinem Stellvertreter und zum *First National Minister* der NoI ernannt.
22. November 1963	Präsident Kennedy wird in Dallas, Texas, ermordet.
1. Dezember 1963	Entgegen der Anordnung von Elijah Muhammad macht Malcolm X bei einer Pressekonferenz eine despektierliche Bemerkung über den Tod Kennedys.
4. Dezember 1963	Als Strafe für seinen Ungehorsam wird Malcolm X von Elijah Muhammad für 90 Tage von allen Ämtern suspendiert.
Januar 1964	Malcolm X besucht zusammen mit seiner Familie das Trainingslager seines Freundes, des Boxers Cassius Clay (alias Muhammad Ali), in Florida. King wird vom *Time Magazine* zum »Mann des Jahres« ernannt.
8. März 1964	Nachdem Elijah Muhammad Malcolms Suspendierung auf unbestimmte Zeit verlängerte, verkündet dieser seinen Austritt aus der NoI.

12. März 1964	Bei einer Pressekonferenz in New York kündigt Malcolm X die Gründung einer eigenen neuen Organisation an, der Muslim Mosque Incorporated (MMI). In der NoI-Zeitschrift *Muhammad Speaks* wird Malcolm daraufhin als Verräter bezeichnet und erhält während der folgenden Monate zahlreiche Morddrohungen.
26. März 1964	Malcolm X und Martin Luther King begegnen sich auf einem Flur des amerikanischen Kongreßgebäudes.
April/Mai 1964	Malcolm X fährt nach Mekka, der heiligen Stadt des Islam, und nimmt den Namen El Hajj Malik El-Shabazz an. Nach seiner Pilgerfahrt reiste Malcolm noch drei Wochen lang durch den afrikanischen Kontinent, trifft sich mit Staatsoberhäuptern in Nigeria, Ghana, Liberia, Senegal, Marokko und Algerien und hält zahlreiche Reden in Parlamenten sowie an Universitäten.
Mai 1964	King wird bei Bürgerrechtsprotesten in Augustine, Florida, verhaftet.
Juni 1964	Veröffentlichung von Kings Buch *Why We Can't Wait* Beginn des vom SNCC veranstalteten Mississippi Freedom Summer
28. Juni 1964	Malcolm gründet die Organization of Afro-American Unity (OAAU).
2. Juli 1964	Präsident Lyndon B. Johnson unterzeichnet im Beisein von King den *Civil Rights Act* von 1964, durch den die Rassentrennung in allen Bereichen des öffentlichen Lebens der USA verboten wird.
9. Juli 1964	Malcolm X beginnt eine über vier Monate dauernde Reise durch Afrika.
September 1964	In New York werden schwarze Schüler mit Bussen zu weißen Schulen gefahren und umgekehrt, um das öffentliche Schulsystem zu integrieren. Dieses sogenannte *Busing* wird bis Anfang der 1970er Jahre auch in zahlreichen anderen Städten praktiziert, stößt aber in vielen Fällen auf erbitterten Widerstand weißer Eltern und Lehrer.
November 1964	FBI-Chef J. Edgar Hoover bezeichnet King öffentlich als »Kommunistenfreund« und als den »schlimmsten Lügner im ganzen Land«.
24. November 1964	Malcolm kehrt nach New York zurück, fliegt jedoch eine Woche später nach London, um dort an einer Konferenz teilzunehmen.
1964	Geburt von Malcolms vierter Tochter, Gamilah
10. Dezember 1964	King erhält den Friedensnobelpreis. Er ist der zwölfte

	Amerikaner, der dritte Schwarze und mit 35 Jahren der bislang jüngste Empfänger des Preises.
Februar 1965	Entsendung der ersten US-Bodentruppen nach Vietnam, um Südvietnam im Kampf gegen das kommunistische Nordvietnam zu unterstützen
2. Februar 1965	Die von King und der SCLC geleitete Protestbewegung zur Durchsetzung des afroamerikanischen Wahlrechts beginnt in Selma, Alabama.
8. Februar 1965	Malcolm X nimmt in London am ersten Kongreß des *Council of African Organizations* teil.
9. Februar 1965	King trifft sich im Weißen Haus mit Präsident Johnson, um über das Wahlrecht für Schwarze zu sprechen.
14. Februar 1965	Einen Tag nach Malcolms Rückkehr nach New York brennt sein Haus nachts nieder, und seine Familie entgeht nur knapp den Flammen. Malcolm vermutet, daß die NoI hinter dem Anschlag steckt, kann dies jedoch nicht beweisen.
18. Februar 1965	Jimmie Lee Jackson, ein junger Bürgerrechtler und Teilnehmer der Selma-Demonstration, wird bei einer Auseinandersetzung mit der Polizei tödlich verletzt.
21. Februar 1965	Malcolm X wird bei einer OAAU-Veranstaltung im Audubon Ballroom in Harlem erschossen.
22. Februar 1965	Elijah Muhammad bestreitet öffentlich, daß die NoI irgend etwas mit der Ermordung Malcolm X' zu tun hat.
27. Februar 1965	Beerdigung von Malcolm X in der Faith Temple Church in Harlem, an der rund 1500 Personen teilnehmen.
7. März 1965	In Selma werden am sogenannten Blutigen Sonntag die friedlich marschierenden Bürgerrechtler auf der Emund-Pettus-Brücke von Polizisten und Soldaten aus Alabama aufgehalten und brutal zusammengeschlagen. Am gleichen Abend wird ein weißer Pfarrer, der an den Protesten teilnahm, von Rassisten schwer verletzt und stirbt zwei Tage später.
15. März 1965	Präsident Johnson spricht sich in einer Rede vor dem Kongreß vehement für die Verabschiedung eines neuen Wahlrechtsgesetzes zum Schutz schwarzer Wähler aus. Er beendet seine im Fernsehen übertragene Rede mit dem Wahlspruch der Bürgerrechtsbewegung »We Shall Overcome!«
21. März 1965	Unter dem Schutz von Bundestruppen beginnen King und über dreitausend andere Bürgerrechtler einen fünftägigen Protestmarsch von Selma nach Montgomery, der Hauptstadt Alabamas, wo am 25. März eine große Kundgebung mit über 25 000 Teilnehmern stattfindet. Auf dem Rückweg nach Selma wird die Bürgerrechtlerin Viola Liuzzo erschossen.

30. März 1965	Nach schärfster Verurteilung des Ku-Klux-Klans durch Präsident Johnson beginnt der Kongreß eine offizielle Untersuchung der Verbrechen des KKK.
6. August 1965	Präsident Johnson unterzeichnet den *Voting Rights Act* von 1965, der jegliche Benachteiligung schwarzer Wähler (oder anderer Minderheiten) streng verbietet und Bundesbeamte zum aktiven Schutz schwarzer Wahlrechte im Süden einsetzt.
11. August 1965	Beginn von sechstägigen schweren Rassenunruhen in Los Angeles. Über 34 Menschen sterben, 900 werden verletzt, über 4000 verhaftet, der Sachschaden beträgt rund 34 Millionen Dollar. Auch in Chicago, Detroit und anderen Großstädten kommt es in diesem Sommer zu Rassenunruhen.
September 1965	Geburt von Malcolms Zwillingstöchtern, Malaak und Malikah
November 1965	Veröffentlichung der Autobiographie von Malcolm X, die er während seiner letzten Lebensmonate dem Schriftsteller Alex Haley diktiert hatte.
Januar 1966	Johnson ernennt den ersten schwarzen Minister Robert Weaver (*Secretary of Housing and Urban Development*) und die erste schwarze Bundesrichterin, Constance Baker Motley.
Februar 1966	Beginn von Kings *Open Housing Campaign* in Chicago. Um Solidarität mit den Betroffenen zu zeigen, zieht King mit seiner Familie in eine heruntergekommene Wohnung im schwarzen Ghetto der Stadt.
11. März 1966	Die am Tatort festgenommenen NoI-Mitglieder Talmadge Hayer, Norman 3X Butler und Thomas 15X Johnson werden des Mordes an Malcolm X für schuldig befunden und zu lebenslanger Haft verurteilt.
12. März 1966	Beim *Chicago Freedom Festival* bezeichnete King das Ghetto als »System des internen Kolonialismus« und forderte Präsident Johnson dazu auf, durch staatliche Hilfe die Situation schwarzer Amerikaner in den Städten zu verbessern.
6. Juni 1966	Bei seinem »Marsch gegen die Angst« nach Jackson, Mississippi, wird James Meredith angeschossen und schwer verletzt. King und andere Bürgerrechtler setzen seinen Marsch fort. Dabei benutzt SNCC-Anführer Stokely Carmichael zum ersten Mal öffentlich den Begriff »Black Power«.
Juli 1966	Schwere Rassenunruhen in Chicago und anderen Städten in Illinois, Michigan, Ohio und Georgia
August 1966	Bei einem Protestmarsch durch Chicago werden die Bürger-

	rechtler von weißen Rassisten angegriffen und King von einem Stein am Kopf getroffen.
Oktober 1966	Die Black Panther Party (BPP) wird von Huey P. Newton und Bobby Seale in Oakland, Kalifornien, gegründet.
Januar 1967	Veröffentlichung von Kings Buch *Where Do We Go From Here*
4. April 1967	In seiner berühmten Rede in der Riverside Church in New York verurteilt King zum ersten Mal öffentlich den Vietnam-Krieg.
2. Juni 1967	Beginn von blutigen Rassenunruhen in 75 amerikanischen Großstädten, vor allem in Boston, Newark, Cincinnati und Detroit. 83 Menschen sterben, rund 4000 werden verletzt und über 8000 verhaftet. Präsident Johnson setzte Bundestruppen gegen die Aufständischen ein.
13. Juni 1967	Der NAACP-Anwalt Thurgood Marshall wird von Präsident Johnson zum ersten schwarzen Mitglied des Obersten Gerichtshofes der USA ernannt.
Juli 1967	Über 1000 Afroamerikaner nehmen an der ersten Black Power Conference in Newark, New Jersey, teil.
25. Juli 1967	In einem Telegramm an Johnson bezeichnet King die »kollektive Verzweiflung« der schwarzen Unterschicht als die eigentliche Ursache der Aufstände und fordert die Regierung erneut dazu auf, anstelle von Soldaten, mit konstruktiven Hilfsmaßnahmen die Situation in den Ghettos zu verbessern. Die von Johnson eingesetzte Kommission zur Untersuchung der Ursachen jener Aufstände kommt in ihrem 1968 veröffentlichten Abschlußbericht zu demselben Ergebnis, doch Johnson stellt keine neuen Mittel für Sozialprogramme zur Verfügung.
7. November 1967	Carl Stokes wird zum Bürgermeister von Cleveland, Ohio, gewählt. Er ist der erste schwarze Bürgermeister einer amerikanischen Großstadt.
27. November 1967	King verkündet öffentlich seine Pläne für eine *Poor People's Campaign* in Washington, D.C.
1968	Veröffentlichung von Kings Buch *The Trumpet of Conscience*
12. Februar 1968	Beginn des Streiks der Müllabfuhr- und Kanalisationsarbeiter in Memphis, Tennessee. Die Arbeiter fordern mehr Lohn und bessere Arbeitsbedingungen.
28. März 1968	Bei einem von King angeführten Protestmarsch zur Unterstützung der Streikenden in Memphis kommt es zu blutigen Auseinandersetzungen mit der Polizei. Dabei wird ein

	Schwarzer getötet, und über 50 Menschen werden verletzt. King verläßt die Stadt.
3. April 1968	King kehrt in der Hoffnung nach Memphis zurück, diesmal einen erfolgreichen friedlichen Protestmarsch anzuführen und hält seine berühmte letzte Rede, *I've Been to the Mountaintop.*
4. April 1968	Martin Luther King, Jr., wird auf dem Balkon seines Hotels in Memphis erschossen. James Earl Ray, ein Weißer mit KKK-Verbindung, gesteht die Tat und wird zu 99 Jahren Gefängnis verurteilt. Ob er alleine handelte oder Unterstützung von dritter Seite hatte (z. B. vom FBI), ist bis heute umstritten.
April 1968	Nach Bekanntwerden der Nachricht von Kings Ermordung brechen Rassenunruhen in über 100 Städten der USA aus, bei denen 46 Menschen ums Leben kommen. Präsident Johnson erklärt den 7. April zum nationalen Trauertag für King.
8. April 1968	Coretta Scott King führt anstelle ihres Mannes einen Protestmarsch durch Memphis. Wenig später werden die Forderungen der Streikenden erfüllt.
9. April 1968	Rund 100 000 Menschen nehmen an Kings Beerdigung in Atlanta teil, über 120 Millionen verfolgen die Zeremonie auf dem Bildschirm. Zu den Trauergästen zählt u.a. Präsidentschaftskandidat Robert Kennedy.
11. April 1968	Der Kongreß verabschiedet den *Civil Rights Act* von 1968 mit dem – von King seit 1966 geforderten – strengen Verbot von Rassendiskriminierung bei Vermietung und Immobiliengeschäften.
3. Juni 1968	Ermordung Robert Kennedys in Los Angeles
Dezember 1968	Die Anzahl der in Vietnam kämpfenden US-Truppen erreicht mit über 540 000 Soldaten ihren Höhepunkt. Der Krieg endet im April 1975 mit der Kapitulation Südvietnams.
Oktober 1983	Der Geburtstag von Martin Luther King, Jr., wird zum nationalen Feiertag der USA erklärt.

Anmerkungen

[1] Die in der Abolitionistenbewegung engagierten Frauen verstießen gegen die sozialen Konventionen der Zeit, welche Frauen von einer aktiven Teilnahme am öffentlichen Leben ausschlossen. Der Kampf gegen die Sklaverei machte zudem vielen Frauen ihre eigene Rechtlosigkeit und politische Entmündigung erst richtig bewußt. Es ist daher kein Zufall, daß bekannte Abolitionistinnen, z. B. Elizabeth Cady Stanton, Angelina und Sarah Grimké sowie Susan B. Anthony, in den 1840er Jahren maßgeblich an der Gründung der amerikanischen Frauenbewegung beteiligt waren.

[2] Die schwarze Schriftstellerin und Nobelpreisträgerin Toni Morrison erzählt in ihrem Roman *Beloved* die wahre Geschichte einer solchen Sklavin (Margaret Garner), die beim Herannahen der Sklavenfänger ihrer Tochter die Kehle durchschneidet, um ihr die eigenen schrecklichen Erfahrungen als Sklavin zu ersparen.

[3] Dies war allerdings nicht überall so: In Haiti beispielsweise, wo die Schwarzen im Gegensatz zu den USA die Mehrheit der Bevölkerung ausmachten, führte eine Sklavenrevolte am Ende des 18. Jahrhunderts zur Entmachtung der Weißen und 1804 zur Gründung der ersten schwarzen Republik.

[4] Das Wahlrecht wurde allerdings nur schwarzen Männern erteilt – zur Enttäuschung der weiße Frauenrechtlerinnen, die sich vorher für die Abschaffung der Sklaverei und die Gleichberechtigung der Schwarzen eingesetzt hatten. Erst fünfzig Jahre später, durch den 19. Verfassungszusatz von 1920, erhielten Frauen in den USA das Wahlrecht.

[5] Fast dreißig Jahre lang saß daraufhin kein schwarzes Mitglied im Kongreß mehr.

[6] Die Farben der UNIA waren Schwarz, Rot und Grün: »Schwarz für die Rasse, Rot für das Blut der Rasse, Grün für die Hoffnung der Rasse.«

[7] In seiner Autobiographie beharrt Malcolm darauf, sein Vater sei ermordet worden. Die meisten Historiker halten dagegen die Unfalltheorie für die glaubwürdigere. Auch an einigen anderen Stellen seiner *Autobiographie* stellt Malcolm

Ereignisse seines Lebens so dar, daß sie seine politischen Überzeugungen von 1965 untermauern. Andere läßt er aus demselben Grund aus.

[8] Die Bezeichnung »Neger« (»Negroes«) für schwarze Amerikaner war in den USA bis in die 1970er Jahre üblich. Sie gilt jedoch seither als Terminologie der Segregationsära und wurde durch die Begriffe »Schwarze« (»Blacks«) oder »Afroamerikaner« (»Afro-American«, seit den 1990er Jahren »African American«) ersetzt. Gemäß seiner Zeit benutzte Martin Luther King in der Regel das Wort »Neger«, das deshalb bei wörtlichen King-Zitaten in diesem Buch ebenfalls verwendet wird. Im Gegensatz zu King verachtete Malcolm X die Bezeichnung »Neger« als eine den Schwarzen von Weißen aufoktroyierte. Als schwarzer Nationalist betonte er zudem gerne die ursprüngliche Herkunft schwarzer Amerikaner und ihre Verbundenheit mit der afrikanischen Heimat. Deshalb verwendete Malcolm schon damals die Begriffe »Afroamerikaner« und »Schwarze« oder sprach von den »sogenannten Negern«.

[9] Auch heute noch sehen viele das US-Militär als die Institution an, in der Schwarze (trotz gleich guter oder gleich schlechter Ausbildung) ein größeres Maß an Chancengleichheit haben als in jeder anderen öffentlichen oder privaten Einrichtung in den USA.

[10] So ist es kein Zufall, daß von Martin Luther King bis zu Jesse Jackson nahezu alle Anführer der Bürgerrechtsbewegung schwarze Pfarrer waren bzw. sind.

[11] Um wählen zu können, muß man sich in den USA in einem Registrationsbüro einschreiben lassen. Wie beschrieben, wurden Schwarze in vielen Südstaaten durch sogenannte Großvatergesetze, hohe Wahlsteuern oder dubiose Rechtschreibetests an der Einschreibung gehindert. Afroamerikanern, denen es trotzdem gelang, sich einschreiben zu lassen, verloren als Konsequenz oft ihren Arbeitsplatz oder wurden vom Ku-Klux-Klan terrorisiert.

[12] Da kein offizielles Mitgliederverzeichnis der NoI existiert, beruhen diese Zahlen auf Schätzungen. Die NoI selbst behauptete zu Beginn der 1960er Jahre, über 200 000 Mitglieder zu zählen, diese Angabe gilt jedoch bei Historikern als stark übertrieben.

[13] King glaubte, daß die schwarzen Bürgerrechtler durch ihre Bereitschaft, wie Christus Haß mit Liebe und Gewalt mit geduldigem Leiden zu überwinden, nicht nur ihre eigenen Seelen retten würden, sondern auch die kollektive Schuld ablösen könnten, welche die weiße Mehrheit durch ihren Rassismus auf sich geladen hatte. Vgl. hierzu Kings Buch *Strength to Love.*

[14] Ein weiterer Vorfall, bei dem die Gewalt der Segregationisten ein Eingreifen von Bundestruppen herbeiführte, geschah im September 1962: Der schwarze Student James Meredith hatte die gerichtliche Erlaubnis erhalten, an der bisher rein weißen Universität von Jackson, Mississippi, zu studieren. Die segregationistische Mehrheit der Universität, unterstützt von Mississippis Gouverneur Ross Barnett, versuchte jedoch mit aller Gewalt, dies zu verhindern. Präsident Kennedy schickte schließlich Bundestruppen zu Meredith' Schutz nach Jackson.

Eine Nacht lang lieferte sich ein wütender weißer Mob Gefechte mit den Soldaten. Am nächsten Tag konnte sich Meredith einschreiben und sein Studium beginnen.

[15] Nach drei Tagen zeigten sich einige Polizisten allerdings doch von der Gewaltlosigkeit der Demonstranten beeindruckt und weigerten sich, den Befehlen von Connor weiter Folge zu leisten.

[16] In seiner Rede betonte Kennedy u. a., daß Amerika sich unmöglich weiter als das Land der Freiheit rühmen könne, wenn man den Schwarzen diese Freiheit verweigere. Damit reagierte der Präsident auf die vor allem von sowjetischer Seite stammende Kritik am amerikanischen Rassismus, der für die USA im Licht der Weltöffentlichkeit ein zunehmend peinliches Problem darstellte. Angesichts des seit der Kuba-Krise von 1962 besonders scharf geführten kalten Krieges lag Kennedy besonders daran, dieses Problem in den Griff zu bekommen.

[17] Diese Übersetzung der weltberühmten »I Have a Dream«-Rede Kings kann natürlich der brillanten Rhetorik des Originals nicht gerecht werden. Viele Bibliotheken verfügen jedoch über Tonbandaufnahmen der Rede; Auszüge sind auch über das Internet verfügbar. Das gleiche gilt für die anderen Zitate von King genauso wie für jene von Malcolm X in diesem Buch.

[18] Dies ist eines der biblischen Lieblingszitate Kings (vgl. Jesaja 40 : 4).

[19] Walter Reuther, Präsident der amerikanischen Automobilhersteller-Gewerkschaft, war einer der vier weißen Organisatoren des Marsches. Zu den sechs schwarzen Organisatoren gehörten neben King die Bürgerrechtler A. Philip Randolph, Roy Wilkins, Whitney Young, James Farmer und John Lewis.

[20] Als Beispiele dieser von der US-Regierung verursachten oder tolerierten Gewalt führte Malcolm die Ermordung schwarzer Bürgerrechtler durch weiße Rassisten an sowie die seiner Ansicht nach vom CIA ausgeführten Morde an dem afrikanischen Freiheitskämpfer Patrice Lumumba und dem vietnamesischen Präsidenten Ngo Dinh Diem.

[21] Der spätere Schwergewichtsboxweltmeister Cassius Clay, alias Muhammad Ali, war aufgrund von Malcolms Einfluß in die Nation of Islam eingetreten und später ein persönlicher Freund Malcolms und seiner Familie geworden. Daß Clay sich nach Malcolms Bruch mit der NoI auf die Seite Elijah Muhammads stellte, verletzte Malcolm besonders tief.

[22] So schnitt das FBI am 7. Januar 1964 ein Telefonat Muhammads mit, in dem dieser unmißverständlich äußerte: »Es ist Zeit, seine {Malcolms, Anm. d. Verf.} Augen zu schließen.«

[23] Gamilah, die vierte Tochter von Betty und Malcolm, wurde 1964 geboren. Die Zwillinge Malaak und Malikah kamen im September 1965 zur Welt – sieben Monate nach Malcolms Tod.

[24] Die neugegründete integrierte Mississippi Freedom Democratic Party (MFDP) scheiterte zwar bei dem nationalen Parteikongreß im Sommer 1964 noch daran, die ausschließlich weiße Parteidelegation der alten Demokratischen Partei von

Mississippi zu ersetzten. Doch unter der Führung von Fannie Lou Hamer erreichte die MFDP, daß die Demokratische Partei für die Zukunft die Segregation von Staatsdelegationen verbot.

[25] Das FBI versuchte auch mehrfach, King durch Tonbandaufnahmen zu diskreditieren bzw. zu erpressen, die belegten, daß King auf seinen Reisen sexuelle Beziehungen zu verschiedenen Frauen gehabt hatte.

[26] Der Anteil von Afroamerikanern bei den Kampftruppen in Vietnam betrug 20 Prozent. Ein Grund hierfür lag darin, daß Studenten in der Regel vom Kriegsdienst ausgenommen wurden und es prozentual wesentlich weniger schwarze Studierende als weiße gab.

[27] Der geständige Ray wurde im März 1969 zu 99 Jahren Gefängnisstrafe verurteilt. Jahre später widerrief er sein Geständnis. Dadurch wurde die alte These gestärkt, daß es eine größere Verschwörung gegen Kings Leben (vermutlich mit FBI-Beteiligung) gab. Die meisten Historiker sind jedoch der Ansicht, daß Ray schoß, um das auf King ausgesetzte Kopfgeld des KKK zu bekommen.

[28] Wie bereits erwähnt, brachte Betty Shabazz im September 1965 noch Zwillinge zur Welt und wurde so zur alleinerziehenden Mutter von sechs Töchtern. Ossie Davis und andere Freunde halfen der Familie – auch finanziell –, die ersten schwierigen Jahre zu überstehen. Als die Kinder älter waren, studierte Betty Shabazz Erziehungswissenschaften, promovierte und unterrichtete später an der schwarzen Medgar-Evers-Universität. Sie hielt auch Vorträge über das Leben und die Arbeit ihres Mannes und war an der Publikation mehrerer Bücher über Malcolm X beteiligt. 1997 kam Betty Shabazz bei einem tragischen Unfall – ein Enkelkind hatte im Haus Feuer gelegt – ums Leben.

[29] Malcolms Halbschwester Ella Collins übernahm nach seinem Tod den Vorsitz der OAAU, die zwar – ebenso wie die MMI – heute noch existiert, aber nur wenige Mitglieder zählt und sowohl in politischer als auch in kultureller Hinsicht nur von marginaler Bedeutung ist.

[30] Eine ausgezeichnete Analyse des Malcolm-Revival in deutscher Sprache findet sich in der 1998 erschienenen Studie von Albert Scharenberg *Schwarzer Nationalismus in den USA: Das Malcolm X-Revival.*

[31] Wie berechtigt dieser Einwand von Mays war, zeigt auch ein Blick auf die Gratulationsbriefe, die der Mörder Kings im Gefängnis erhielt. So äußerte z. B. ein gewisser L.S. Gary aus Indiana: »Martin Luzifer Coon war ein arrogantes, habgieriges Scheusal, das man beseitigen mußte. Sie haben Ihre Pflicht als guter Amerikaner getan.«

[32] Auch heute noch pilgern jedes Jahr Hunderte von Menschen aus aller Welt nach Atlanta, um Kings letzte Ruhestätte und das von seiner Witwe eingerichtete Martin Luther King, Jr., Center for Nonviolent Studies zu besuchen.

[33] Es ist eine Ironie der Geschichte, daß ausgerechnet Ronald Reagan, der stärkere Kürzungen im sozialen Bereich bei gleichzeitiger Erhöhung des Rüstungsetats durchsetzte als irgendein anderer US-Präsident vor ihm, das Gesetz zur Ein-

richtung des Martin-Luther-King-Feiertages unterschrieb. Allerdings sei nicht verschwiegen, daß der von vielen als Rassist bezeichnete Reagan zunächst versucht hatte, das Gesetz durch sein Veto zu Fall zu bringen. Er wurde jedoch vom Kongreß überstimmt.

34 Die beiden Töchter von King und Malcolm X, Yolanda und Attallah, sind seit Ende der 1970er Jahre miteinander befreundet und arbeiten oft zusammen. 1981 gründeten sie gemeinsam die Theatergruppe *Nucleus* in Los Angeles, deren Stücke sich mit den Problemen schwarzer Jugendlicher auseinandersetzen. Beide sind der Ansicht, daß diese Kooperation ganz im Sinne ihrer Väter wäre. »Ich bin sicher, daß sich unsere Väter heute gut verstehen würden«, sagte Yolanda King 1991, und Attallah fügte hinzu: »Als Malcolm und Martin starben, waren sie kurz davor, sich zu vereinen. Yolanda und ich schließen diese Lücke.«

35 In einer von C. Salley 1999 herausgegebenen »Rangordnung der einflußreichsten Afroamerikaner« (*The Black 100: Ranking of the Most Influential African Americans, Past and Present,* Secaucus, N.J) steht Martin Luther King an erster Stelle. Malcolm X folgt erst auf Platz 23. Diese Positionierung Malcolms ist sicherlich angreifbar, aber kaum jemand würde die Positionierung Kings auf Platz eins in Frage stellen.

36 Es ist beachtenswert, daß gerade die scharfe Verurteilung durch weiße Medien zu einer Popularisierung der NoI innerhalb der *Black Community* geführt hat. Seit Ende der 1980er Jahre ist die NoI die größte schwarz-nationalistische Organisation in den USA, und in einer Umfrage der Zeitschrift *Time* gaben im Februar 1994 70 Prozent aller befragten Afroamerikaner an, Farrakhan zu unterstützen. Seit Mitte der 1990er Jahre bemüht sich Farrakhan – u. a. durch die Minderung seiner antisemitischen Äußerungen – auch um eine Zusammenarbeit mit anderen schwarzen Organisationen. So gelang es ihm zum Beispiel 1995, die Kooperation der NAACP und des Congressional Black Caucus für einen von ihm einberufenen »Millionen-Männer-Marsch« in Washington zu gewinnen. Trotz zahlreicher Kritik an dieser Aktion (z. B. von jüdischer und feministischer Seite) nahmen tatsächlich rund eine Million afroamerikanischer Männer an der Demonstration teil. Der *Million Men March* löste somit den historischen *March on Washington* von 1963 als größte schwarze Demonstration der Geschichte ab.

37 Vor allem in protestantischen Kirchen, die traditionell nur weiße oder schwarze Mitglieder hatten, sind die Gemeinden de facto auch heute noch nicht integriert. In neueren evangelisch-charismatischen sowie in katholischen Gemeinden findet sich ein höheres Maß an Integration. Trotzdem ist der berühmte Ausspruch Jesse Jacksons, »Sonntags 10 bis 11 Uhr ist die am meisten segregierte Stunde im amerikanischen Leben«, wohl immer noch zutreffend.

38 Ella Baker und Fannie Lou Hamer gehören zum Beispiel zu den weniger beachteten, aber für den Erfolg der Bewegung wichtigen »Heldinnen«. Eine ausführlichere Diskussion über die Rolle schwarzer Frauen im Kampf für Rassengleichberechtigung und soziale Gerechtigkeit findet sich im 1998 erschienenen

Buch der Autorin *From Protest to Politics: Schwarze Frauen in der Bürgerrechtsbewegung und im Kongreß der Vereinigten Staaten.*

[39] Der *Civil Rights Act* enthält übrigens auch eine Bestimmung, die Geschlechterdiskriminierung verbietet. Weiße Südstaatler, die für eine Beibehaltung der Rassentrennung waren, hatten diesen Zusatz in den Gesetzentwurf eingebracht, da sie annahmen, er würde das Gesetz ganz zu Fall bringen. Ihre Hoffnung wurde jedoch enttäuscht, und heute sagen viele, daß kaum eine Gruppe so stark vom *Civil Rights Act* und von *Affirmative Action* profitiert habe wie weiße Frauen.

[40] Allerdings ist die amerikanische Wahlbeteiligung insgesamt stark zurückgegangen. Gingen 1965 noch rund 71 Prozent der weißen und 58 Prozent der schwarzen Amerikaner zur Wahl, waren es 1996 nur 56 bzw. 51 Prozent. Bei 18- bis 24jährigen schwarzen und weißen Amerikanern gibt es heute praktisch keinen Unterschied mehr bei der Wahlbeteiligung; bei beiden Gruppen liegt sie bei knapp über 30 Prozent.

[41] Relativ gesehen sind Schwarze im Kongreß besser repräsentiert als andere Minderheiten oder als Frauen. Die sogenannten Hispanic Americans verfügen bei einem Bevölkerungsanteil von 9 Prozent nur über 3,6 Prozent der Sitze, »Asian Americans« (3 Prozent der Bevölkerung) über 1,7 Prozent, Indianer oder »Native Americans« (1 Prozent der Bevölkerung) über 0,15 Prozent, und obwohl 51,3 Prozent der amerikanischen Bevölkerung weiblich sind, stellen Frauen nur 10 Prozent der Kongreßabgeordneten.

[42] Haitis Bevölkerung ist zu 90 Prozent schwarz und sehr arm; weiße Haitianer gehören in der Regel zur gesellschaftlichen Elite. In den ersten demokratischen Wahlen Haitis seit 1950 wurde im Dezember 1990 der linksliberale schwarze Priester Aristide mit zwei Dritteln der Stimmen zum Präsidenten gewählt. Bereits im September 1991 fiel seine Regierung einem rechten Militärputsch zum Opfer, und Aristide floh in die USA. Angesichts der Menschenrechtsverletzungen des Putschgenerals Cédras verabschiedete der UN-Sicherheitsrat 1994 eine Resolution, die die Wiedereinsetzung von Präsident Aristide »mit allen notwendigen Mitteln« forderte.

[43] Die von King zur Durchsetzung dieser *Economic Bill of Rights* geplante *Poor People's Campaign* (PPC) wurde unter der Leitung seines Freundes Ralph Abernathy am 13. Mai 1968 eröffnet. Doch sie blieb relativ wirkungslos, und die von den Armen errichtete Zeltstadt »Resurrection City« wurde bereits am 24. Juni von der Polizei aufgelöst. Der von King zu seinem Nachfolger bestimmte Abernathy führte die SCLC bis 1977 weiter. Sie existiert heute noch, erlangte jedoch nie wieder den Einfluß, den sie zu Lebzeiten ihres Gründers gehabt hatte.

Literatur

Zu und von Martin Luther King, Jr., und Malcolm X

Einen Überblick über die King- und Malcolm-X-Literatur bis 1986 liefern die Bibliographien von Sherman Pyatt und Timothy Johnson.

Asante, Molefi K. *Malcolm X as Cultural Hero – and other Afrocentric Essays.* Trenton 1993

Boesak, Allan. *Coming in out of the Wilderness: A Comparative Interpretation of the Ethics of Martin Luther King, Jr. and Malcolm X.* Dampen 1976

Branch, Taylor. *Parting the Waters: America in the King Years, 1954–1963.* New York 1988

Branch, Taylor. *Pillar of Fire: America in the King Years, 1963–1965.* New York 1998

Breitman, George, ed. *Malcolm X Speaks.* New York 1965

Breitman, George, *The Last Year of Malcolm X: The Evolution of a Revolutionary.* New York 1992²

Clarke, John Henrik, ed. *Malcolm X: The Man and His Times.* Trenton 1990

Collins, Rodnell P. und A. Peter Bailey. *Seventh Child: A Family Memoir of Malcolm X.* Secaucus 1998

Cone, James H. *Martin & Malcolm & America: A Dream or a Nightmare.* Maryknoll 1992

Daynes, Gary. *Making Villains, Making Heroes: Joseph R. McCarthy, Martin Luther King, Jr. and the Politics of American Memory.* New York 1997

De Caro, Louis A. *Malcolm and the Cross: The Nation of Islam, Malcolm X, and Christianity.* New York und London 1998

Dyson, Michael E. *Making Malcolm: The Myth and Meaning of Malcolm X.* New York 1995

Ensslen, Klaus. *The Autobiography of Malcolm X: Schwarzes Bewußtsein in Amerika.* München 1983

Epps, Archie, ed., *The Speeches of Malcolm X at Harvard.* New York 1969

Eskew Glenn T. *But for Birmingham: The Local and National Movements in the Civil Rights Struggle.* Chapel Hill 1998
Fairclough, Adam. *Martin Luther King, Jr.* Athens und London 1995
Gallen, David. *Malcolm X: As They Knew Him.* New York 1992
Garrow, David J. *Bearing the Cross: Martin Luther King, Jr. and the Southern Christian Leadership Conference.* New York 1999
Garrow, David J. *The FBI and Martin Luther King, Jr.* New York 1981
Garrow, David. J. *Protest at Selma: Martin Luther King, Jr., and the Voting Rights Act of 1965.* New Haven 1978
Goldman, Peter. *The Death and Life of Malcolm X.* New York 1973
Grosse, Heinrich. *Die Macht der Armen: Martin Luther King und der Kampf für soziale Gerechtigkeit.* Hamburg 1971
Harding, Vincent. *Martin Luther King: The Inconvenient Hero.* Marknoll 1996
Ivory, Luther D. *Toward a Theology of Radical Involvement: The Theological Legacy of Martin Luther King, Jr.* Nashville 1997
Johnson, Timothy. *Malcolm X: A Comprehensive Annotated Bibliography.* New York und London 1986
King, Coretta Scott. *My Life with Martin Luther King.* New York 1969
King, Martin Luther, Jr. *Strength to Love.* New York 1963
King, Martin Luther, Jr. *Stride Toward Freedom: The Montgomery Story.* New York 1958
King, Martin Luther, Jr. *The Trumpet of Conscience.* New York und London 1968
King, Martin Luther, Jr. *Where Do We Go From Here?* New York 1967
King, Martin Luther, Jr. *Why We Can't Wait.* New York 1964
Leader, Edward R. *Understanding Malcolm X: The Controversial Changes in His Political Philosophie.* New York 1993
Lewis, David L. *King: A Critical Biography.* New York 1970
Malcolm X with Alex Haley. *The Autobiography of Malcolm X.* New York 1965
McKnight, Gerald. *The Last Crusade: Martin Luther King, Jr., the FBI, and the Poor People's Campaign.* Boulder 1998

Miller, Keith D. *Voice of Deliverance: The Language of Martin Luther King, Jr., and Its Sources.* Athens 1998
Moses, Greg. *Revolution of Conscience: Martin Luther King, Jr., and the Philosophy of Nonviolence.* New York 1997
O'Reilly, Kenneth. *»Racial Matters«: The FBI's Secret File on Black America, 1960–1972.* New York 1989
Oates, Stephen B. *Let the Trumpet Sound: The Life of Martin Luther King, Jr.* New York 1982
Perry, Bruce. *Malcolm: The Life of a Man Who Changed Black America.* Barrytown 1991
Posner, Gerald L. *Killing the Dream: James Earl Ray and the Assassination of Martin Luther King, Jr.* San Diego 1999

Pyatt, Sherman E. *Martin Luther King, Jr. An Annotated Bibliography.* New York, Westport and London 1986

Ralph, James R. *Northern Protest: Martin Luther King, Jr., Chicago and the Civil Rights Movement.* Cambridge 1993

Ray, James Earl. *Who Killed Martin Luther King? The True Story by the Alleged Assassin.* New York 1997

Rothman, David B. *Volcano: A Scientific Study of the Kennedy and King, and Malcolm X Assassinations.* New York 1992

Sales, William W. *From Civil Rights to Black Liberation: Malcolm X and the Organization of Afro-American Unity.* Boston 1994

Scharenberg, Albert. *Schwarzer Nationalismus in den USA: Das Malcolm X-Revival.* Münster 1998

Schulke, Flip und Penelope McPhee. *King Remembered: The Story of Dr. Martin Luther King, Jr., In Words and Photographs.* New York 1986

Ward, Brian und Tony Badger, ed. *The Making of Martin Luther King and the Civil Rights Movement.* London 1996

Washington, James M., ed. *I Have a Dream: Writings and Speeches that Changed the World.* Glenview 1992

Wolfenstein, E. Victor. *The Victims of Democracy: Malcolm X and the Black Revolution.* London 1989

Wood, Joe, ed. *Malcolm X: In Our Own Image.* New York 1992

Zur Bürgerrechtsbewegung und zur Geschichte des schwarzen Nationalismus

Bennett, Lerone Jr. *The Shaping of Black America: The Struggle and Triumphs of African Americans, 1619 to the 1990s.* New York 1993

Bracey, John H., August Meier und Elliott Rudwick. *Black Nationalism in America.* New York 1970

Carson, Clayborne. *In Struggle: SNCC and the Black Awakening of the 1960s.* Cambridge 1981

Chafe, William. *Civilities and Civil Rights: Greensboro, North Carolina, and the Black Struggle for Freedom.* Cambridge 1995[2]

Cowan, Tom and Jack Maguire. *Timelines of African American History.* New York 1994

Crawford, Vicki Lynn et al., ed. *Women in the Civil Rights Movement: Trailblazers and Torchbearers, 1941–1965.* New York 1990

Davidson, Chandler und Bernard Grofman, ed. *Quiet Revolution the South: The Impact of the Voting Rights Act, 1965–1990.* Princeton 1994

Farley, Reynolds und Walter R. Allen. *The Color Line and the Quality of Life in America.* New York 1989

Farmer, James. *Lay Bare the Heart: An Autobiography of the Civil Rights Movement.* New York 1985

Forman, James. *The Making of Black Revolutionaries.* New York 1972
Franklin, John Hope und Alfred A. Moss, Jr. *From Slavery to Freedom: A History of African Americans.* New York 1988[6]
Gardell, Mattias. *In the Name of Elijah Muhammad: Louis Farrakhan and the Nation of Islam.* Durham 1996
Hacker, Andrew. *Two Nations: Black and White, Separate, Hostile, Unequal.* New York 1992
Hampton, Henry und Steve Fayer. *Voices of Freedom: An Oral History of the Civil Rights Movement from the 1950s through the 1980s.* New York 1990
Lawson, Steven F. *Running for Freedom: Civil Rights and Black Politics in America Since 1941.* Philadelphia 1991
Lee, Martha F. *The Nation of Islam: An American Milleanarian Movement.* Lewiston 1988
Lincoln, C. Eric. *The Black Muslims in America (1961).* Boston 1973
Marable, Manning. *Black Leadership.* New York 1998
Marable, Manning. *Race, Reform, and Rebellion: The Second Reconstruction in Black America, 1945–1990.* Jackson 1991
O'Reilly, Kenneth. *Nixon's Piano: Presidents and Racial Politics from Washington to Clinton.* New York 1995
Oppenheimer, Martin. *The Sit-In Movement of 1960.* New York 1989
Patterson, Orlando. *The Ordeal of Integration: Progress and Resentment in America's »Racial« Crisis.* Washington 1997
Payne, Charles. *I've Got the Light of Freedom: The Organizing Tradition and the Mississippi Freedom Struggle.* Berkeley und Los Angeles 1995
Sitkoff, Harvard. *The Struggle for Black Equality.* New York 1993[2]
Steinberg, Stephen. *Turning Back: The Retreat from Racial Justice in American Thought and Policy.* Boston 1995
Stern, Mark. *Calculating Visions: Kennedy, Johnson, and Civil Rights – Perspectives on the Sixties.* New Brunswick 1992

Stoper, Emily. *The Student Nonviolent Coordinating Committee: The Growth of Radicalism in a Civil Rights Organization.* New York 1989
Tamar, Jacoby. *Someone Else's House: America's Unfinished Struggle for Integration.* New York 1998
Van Deburg, William L. *New Day in Babylon: The Black Power Movement and American Culture, 1965–1975.* Chicago und London 1992
Weisbrot, Robert. *Freedom Bound: A History of America's Civil Rights Movement.* New York und London 1990
Williams, Juan. *Eyes on the Prize: America's Civil Rights Years, 1954–1965.* New York 1987

Bildnachweis

S. 26 Ullstein Bildarchiv; S. 27 Ullstein Bildarchiv / AP; S. 52 Ullstein Bildarchiv / dpa; S. 53 Ullstein Bildarchiv; S. 78 Ullstein Bildarchiv; S. 94 Ullstein Bildarchiv / Camera Press Ltd.; S. 95 Ullstein Bildarchiv / AP; S. 106 Ullstein Bildarchiv / dpa; S. 120 Ullstein Bildarchiv / AP; S. 152 Ullstein Bildarchiv / dpa; S. 153 Ullstein Bildarchiv / dpa; S. 164 Ullstein Bildarchiv / AP

Danksagung

Für die umsichtige Lektoratsarbeit sowie für wertvolle Hinweise und Anregungen, die zum Gelingen dieses Buches beigetragen haben, möchte ich Ursula Beierlein, Dr. Klaus Ensslen, Claudio Gallio, Dr. Randi Gunzenhäuser und Dr. Jost Waldschmidt herzlich danken.

Britta Waldschmidt-Nelson